"十二五"职业教育国家规划教材
经全国职业教育教材审定委员会审定

国家职业教育专业教学资源库配套教材

汽车零部件识图

Qiche Lingbujian Shitu

卢 明 主编

高等教育出版社·北京

内容提要

本书是“十二五”职业教育国家规划教材；同时也是国家职业教育汽车检测与维修专业教学资源库配套教材。

本书以学习任务驱动为导向，充分考虑学生的认知规律，主要从“识图”着手，以汽车零部件为载体编写而成。本书以传统的机械制图为基础，运用正投影基本原理，来研究如何绘制和阅读汽车机械图样。全书共有3个学习情境，教学内容有机械识图的基本知识、识读标准件和常用件、识读汽车零件图和装配图。课程参考学时为60学时。

本书注重实用，深入浅出，通俗易懂，适合高职高专汽车类专业及相关专业师生使用，还可与中职相关专业课程有机衔接和贯通。本书还可以作为相应专业选修课程和相关企业员工培训的教材。

图书在版编目（CIP）数据

汽车零部件识图/卢明主编. --北京：高等教育出版社，2014.5（2020.9重印）

ISBN 978-7-04-038908-1

Ⅰ.①汽… Ⅱ.①卢… Ⅲ.①汽车-零部件-机械图-识别-高等职业教育-教材 Ⅳ.①U463

中国版本图书馆CIP数据核字(2013)第289465号

策划编辑 徐 进　　责任编辑 刘东良　　封面设计 张 志　　版式设计 杜微言
插图绘制 尹 莉　　责任校对 孟 玲　　责任印制 尤 静

出版发行 高等教育出版社
社　　址 北京市西城区德外大街4号
邮政编码 100120
印　　刷 北京鑫丰华彩印有限公司
开　　本 787mm×1092mm 1/16
印　　张 11.25
字　　数 260千字
购书热线 010-58581118
咨询电话 400-810-0598
网　　址 http://www.hep.edu.cn
　　　　 http://www.hep.com.cn
网上订购 http://www.landraco.com
　　　　 http://www.landraco.com.cn
版　　次 2014年2月第1版
印　　次 2020年9月第6次印刷
定　　价 19.80元

物 料 号 38908-A0

出版说明

教材是教学过程的重要载体，加强教材建设是深化职业教育教学改革的有效途径，推进人才培养模式改革的重要条件，也是推动中高职协调发展的基础性工程，对促进现代职业教育体系建设，切实提高职业教育人才培养质量具有十分重要的作用。

为了认真贯彻《教育部关于“十二五”职业教育教材建设的若干意见》（教职成〔2012〕9号），2012年12月，教育部职业教育与成人教育司启动了“十二五”职业教育国家规划教材（高等职业教育部分）的选题立项工作。作为全国最大的职业教育教材出版基地，我社按照“统筹规划，优化结构，锤炼精品，鼓励创新”的原则，完成了立项选题的论证遴选与申报工作。在教育部职业教育与成人教育司随后组织的选题评审中，由我社申报的1 338种选题被确定为“十二五”职业教育国家规划教材立项选题。现在，这批选题相继完成了编写工作，并由全国职业教育教材审定委员会审定通过后，陆续出版。

这批规划教材中，部分为修订版，其前身多为普通高等教育“十一五”国家级规划教材（高职高专）或普通高等教育“十五”国家级规划教材（高职高专），在高等职业教育教学改革进程中不断吐故纳新，在长期的教学实践中接受检验并修改完善，是“锤炼精品”的基础与传承创新的硕果；部分为新编教材，反映了近年来高职院校教学内容与课程体系改革的成果，并对接新的职业标准和新的产业需求，反映新知识、新技术、新工艺和新方法，具有鲜明的时代特色和职教特色。无论是修订版，还是新编版，我社都将发挥自身在数字化教学资源建设方面的优势，为规划教材开发配备数字化教学资源，实现教材的一体化服务。

这批规划教材立项之时，也是国家职业教育专业教学资源库建设项目及国家精品资源共享课建设项目深入开展之际，而专业、课程、教材之间的紧密联系，无疑为融通教改项目、整合优质资源、打造精品力作奠定了基础。我社作为国家专业教学资源库平台建设和资源运营机构及国家精品开放课程项目组织实施单位，将建设成果以系列教材的形式成功申报立项，并在审定通过后陆续推出。这两个系列的规划教材，具有作者队伍强大、教改基础深厚、示范效应显著、配套资源丰富、纸质教材与在线资源一体化设计的鲜明特点，将是职业教育信息化条件下，扩展教学手段和范围，推动教学方式方法变革的重要媒介与典型代表。

教学改革无止境，精品教材永追求。我社将在今后一到两年内，集中优势力量，全力以赴，出版好、推广好这批规划教材，力促优质教材进校园、精品资源进课堂，从而更好地服务于高等职业教育教学改革，更好地服务于现代职教体系建设，更好地服务于青年成才。

高等教育出版社
2014年7月

总序

为贯彻落实《教育部财政部关于实施国家示范性高等职业院校建设计划加快高等职业教育改革与发展的意见》(教高[2006]14号)和《关于全面提高高等职业教育教学质量的若干意见》(教高[2006]16号)文件精神,深化高职教育教学改革,加强专业与课程建设,推动优质教学资源共建共享,提高人才培养质量,教育部启动高等职业教育专业教学资源库建设项目,旨在运用信息技术手段,采取校企合作模式,整合社会资源,采用整体顶层设计、先进技术支撑、开放式管理、网络运行的方式建设专业教学资源库,带动全国高职院校专业教学模式和教学方法改革,整体提升高等职业教育人才培养质量和社会服务能力。

2007年11月,在国家示范性高等职业院校建设工作委员会的指导下成立课程开发与教学资源建设协作组,开始开展汽车检测与维修专业教学资源库的建设研究工作。2010年6月,汽车检测与维修专业教学资源库被教育部正式确定为首批高等职业教育专业教学资源库立项建设项目,由邢台职业技术学院牵头,联合柳州职业技术学院、芜湖职业技术学院、湖南交通职业技术学院、长春汽车工业高等专科学校、辽宁省交通高等专科学校、无锡职业技术学院、深圳职业技术学院、贵州交通职业技术学院、云南交通职业技术学院、长春职业技术学院、天津交通职业学院、黄冈职业技术学院、大连职业技术学院、湖北职业技术学院、金华职业技术学院、重庆工业职业技术学院、成都航空职业技术学院、新疆昌吉职业技术学院、日照职业技术学院等19所高职示范校,以及中国汽车工程学会、一汽大众公司、柳州五菱汽车工业有限公司、芜湖市运安机动车检测有限公司、长沙申湘丰田汽车销售有限公司、河北华安投资有限责任公司、辽宁和兴大众汽车销售服务有限公司、深圳市深业实业(集团)有限公司、一汽无锡柴油机厂、贵州汽车修理公司、云南交通职业技术学院汽车服务中心、吉林省华阳集团长春宝兴行、天津市优耐特汽车电控技术服务有限公司、黄石市德众汽车销售服务有限公司、大连上通汽车(集团)、孝感国富汽车销售服务有限公司、众泰控股集团有限公司、成都畅易信息服务有限公司、四川申蓉汽车股份有限公司、邢台蓝池汽车集团有限公司、韩国现代集团等行业协会和企业,共建汽车检测与维修专业教学资源库。项目按照“跟踪先进、用户为本、校企合作、共建共享”的建设思路,系统完成了“三级六层”(专业级、课程级、素材级三级教学资源,专业标准、课程标准、学习情境、学习单元、八要素学习包、素材资源六层建设内容)平台研制;系统开发了在全国范围内具有普适性和先进性的专业人才培养方案及课程体系，校企合作开发了12门核心课程，研制了覆盖“亚、欧、美”三大车系的视频、图片、动画等多种媒体的优质教学资源。本项目已于2013年1月通过教育部财政部验收（教职成司函[2013]17号）。

为了实现汽车检测与维修专业教学资源库建设成果的转化和推广，切实扩大优质教学资源的辐射效应，更好地服务全国高职汽车检测与维修专业教育教学，并为相关产业领域在岗人员提高和更新技能、满足社会人员多样化学习需要提供有效服务，在高等教育出版社的大力支持和配合下，我们策划成套出版高职汽车检测与维修专业系列教材。本套教材具有如下特点：

1. 以资源库建设项目的整体框架和技术路线作为本套教材顶层设计的依据，以扎实的专业人才需求调研为基础，以广泛论证的人才培养方案为准绳，综合考虑职业能力发展规律、高职教育规律、院校教学实践等现实需求，规划系列教材。

2. 围绕培养学生的综合职业能力这条主线设计教材的结构，将源于企业的真实项目作为课程教学内容的主要载体，理论联系实际，从应用的角度组织内容，突出实用性，并同时注意将新技术等内容纳入教材。

3. 将“问题引导式”“案例式”“任务驱动式”“项目驱动式”等多种教学方法引入本套教材体例的设计中，融入启发式教学方法，务求好教好学爱学。遵循高职院校学生的认知规律和学习特点，对于基本理论和方法的讲述力求简单易于理解，多用图表来表达信息。

4. 充分利用教学资源库项目中丰富的数字化教学资源，注重立体化教材的建设。学习者可登录高等职业教育教学资源中心网站，浏览课程标准、教学设计、八要素学习包等课程教学辅助资源，通过主教材、教学辅助资源的有机结合，切实提高学习效果。

5. 为了引导学习者充分使用配套资源，打造真正的“自主学习型”教材，本套教材增加了辅学资源标注，在教材中通过图标（文本、PPT、视频、动画、案例、录像、图表），形象地提示读者本教学内容所配备的资源类型、内容和用途，从而将教材内容和教学资源有机整合，浑然一体。

希望本套教材的出版能为全国高职汽车检测与维修专业提供一套完整的、教学理念和专业技术先进的、可学习借鉴的课程教学解决方案和资源，从而有效推动汽车专业教育教学改革，提高人才培养质量，进而整体提升汽车专业服务经济社会发展的能力。

国家职业教育汽车检测与维修专业教学资源库项目组

2014年1月

前言

本书是“十二五”职业教育国家规划教材；同时也是国家职业教育汽车检测与维修专业教学资源库建设项目规划教材。在编写过程中始终体现了国家有关高等职业教育人才培养的精神，以提高学生专业素质为目标，以培养学生认识和绘制汽车零部件机械工作图为目的。

本书以项目任务驱动为导向，充分考虑学生的认知规律，主要是从“识图”着手，以汽车零部件为载体编写而成。本书坚持以传统的机械制图为基础，运用正投影基本原理，来研究如何绘制和阅读汽车机械图样。所设置的项目任务是从简单到复杂，循序渐进，既讲清基础知识和基本方法，又注重了与实际生产中的工作图相结合。全书共有 3 个学习情境，内容有机械识图的基本知识、识读标准件和常用件、识读汽车零件图和装配图。

本书体现了行业发展要求，对接职业标准和岗位要求，具有鲜明的行业、职业特点。本书图文生动、通俗易懂、标准新、指导性强、配套教学资源新颖丰富，书中配有从企业收集来的大量汽车零部件图样。学生既可以学到机械识图的知识，又可以认识汽车的部分典型零部件。

汽车零部件识图课程是汽车检测与维修专业的专业基础课程，课程参考学时为 60 学时。建议学时分配如下表所示。

参考学时分配表

序号	授课内容	学时分配/学时	
1	学习情境 1　识图基础	讲课 15	实践 15
2	学习情境 2　识读曲柄连杆机构部件装配图	讲课 12	实践 12
3	学习情境 3　识读汽车零部件图图例	讲课 3	实践 3
合计		60	

本书由柳州职业技术学院卢明教授担任主编，柳州职业技术学院刘驰、邓益民任副主编，邓海英参编。具体编写分工如下：卢明负责整体策划和统稿工作；刘驰编写学习情境 1、学习情境 3；邓海英编写学习情境 2 的学习单元 1 至学习单元 4；邓益民编写学习情境 2 的学习单元 5 至学习单元 7、学习情境 3。在编写过程中得到了林聪、曾林、黄柳仙、李海清等教师的帮助和大力支持，在此表示真诚

的谢意！

本书除了可以作为高职高专院校汽车类专业必修的基础课程教材外，还可与中职相关专业课程有机衔接和贯通。也可以作为相应专业选修课程和相关企业员工培训的教材。

由于作者水平有限，书中难免有疏漏与不足之处，敬请专家、同行和读者批评指正，反馈邮箱：minglu2101@sina.com。

编　者

2014年1月

目　录

资源链接

- ppt
- 教学设计
- 试题库
- 实训指导

学习情境1 识图基础

学习单元1 绘制基本体视图

【知识目标】

- 掌握绘图工具及其使用方法。
- 掌握基本制图标准。
- 掌握正投影法。
- 掌握三视图的形成及其投影关系。
- 掌握基本体视图的画法和尺寸标注。

【技能目标】

能正确绘制棱柱、棱锥、圆柱、圆锥、球的视图并正确标注视图上的尺寸。

【任务导入】

正确绘制气门挺柱(图1-1-1)的视图。

图1-1-1 气门挺柱

【知识准备】

1.1.1 绘图工具及其使用方法

正确使用绘图工具和仪器，是保证绘图质量和加快绘图速度的一个重要方面，因此，必须养成正确使用绘图工具和仪器的良好习惯。

1. 铅笔

绘图铅笔的笔芯有软硬之分，标号B表示铅芯软度，B前的数字越大则表示铅芯越软；标号

H 表示铅芯硬度,H 前的数字越大表示铅芯越硬;标号 HB 表示铅芯软硬适中。削铅笔时应从无标号的一端削起以保留标号,铅芯露出 6～8 mm 为宜。根据需要,铅芯可削成相应的形状。写字或画细线时,铅芯削成锥状(图 1-1-2a);加深粗线时,铅芯削成四棱柱状(图 1-1-2b)。圆规的铅芯削成斜口圆柱状或斜口四棱柱状。

2. 三角板

三角板除了画直线外,用两块三角板还能画与水平线成 15°、75°角的倾斜线(图 1-1-3),还可以画已知直线的平行线和垂直线。

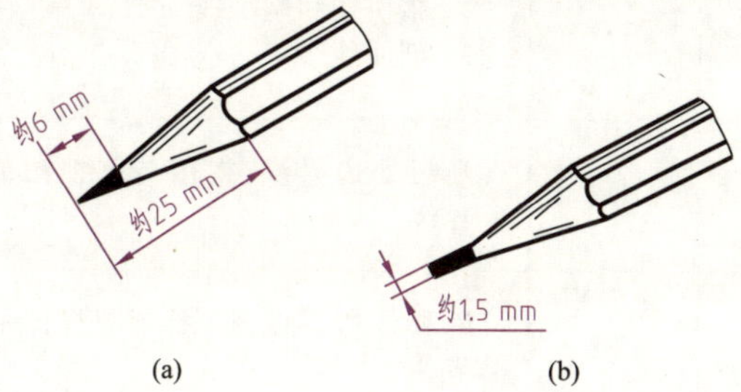

图 1-1-2　铅芯的长度与形状

图 1-1-3　画与水平线成 15°、75°角的倾斜线

3. 圆规和分规

在使用圆规前,应先调整针脚,使针尖略长于铅芯。在使用圆规画图时,应将圆规向前进方向稍微倾斜;画较大圆时,应使圆规两脚都与纸面垂直。分规用于等分和量取线段(图 1-1-4)。分规两脚的针尖并拢后,应能对齐。

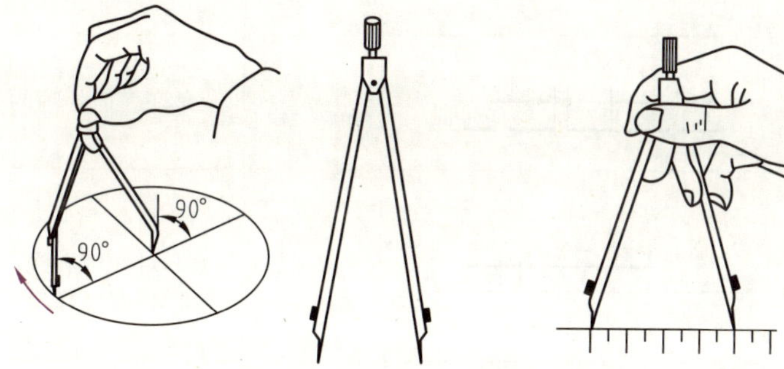

图 1-1-4　圆规和分规

1.1.2　制图的基本规定

1. 图线的线型、应用及画法

机械制图用线型有 9 种(表 1-1-1)。9 种线型分属四种基本线型。

实线——粗实线、细实线、波浪线、双折线

虚线——粗虚线、细虚线

点画线——细点画线、粗点画线

双点画线——细双点画线

表 1-1-1 图线的类型及应用

图线名称	代码 No.	线型	线宽	一般应用
细实线	01.1		*d*/2	1. 过渡线 2. 尺寸线 3. 尺寸界线 4. 指引线和基准线 5. 剖面线
波浪线	01.1		*d*/2	断裂处边界线；视图与剖视图的分界线
双折线	01.1	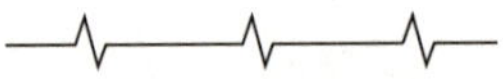	*d*/2	断裂处边界线；视图与剖视图的分界线
粗实线	01.2		*d*	1. 可见棱边线 2. 可见轮廓线 3. 相贯线 4. 螺纹牙顶线
细虚线	02.1	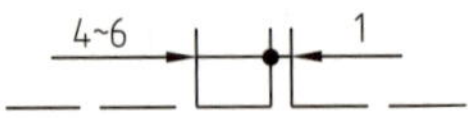	*d*/2	1. 不可见棱边线 2. 不可见轮廓线
粗虚线	02.2	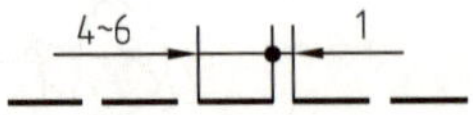	*d*	允许表面处理的表示线
细点画线	04.1	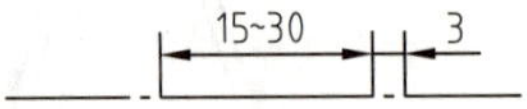	*d*/2	1. 轴线 2. 对称中心线 3. 分度圆(线)
粗点画线	04.2	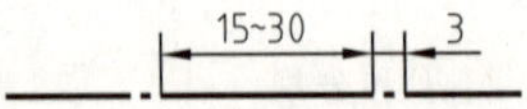	*d*	限定范围表示线
细双点画线	05.1	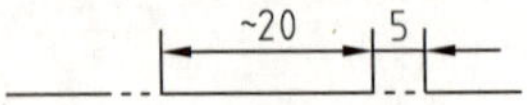	*d*/2	1. 相邻辅助零件的轮廓线 2. 可动零件的极限位置的轮廓线

图线的画法如下(图 1-1-5)：

(1) 同一图样中同类图线的宽度应基本一致。

(2) 虚线、点画线及双点画线的线段长度和间距应各自大致相等。

(3) 点画线、双点画线的首末两端应是线段，而不是短画。点画线、双点画线的点不是点，而是一个长约 1 mm 的短画。

(4) 绘制圆的中心线，圆心应为线段的交点。

(5) 在较小的图形上绘制点画线或双点画线有困难时，可用细实线代替。

(6) 虚线与虚线相交、虚线与点画线相交，应以线段相交；当虚线、点画线是粗实线的延长线时，应留有空隙；虚线与粗实线相交，不留空隙。

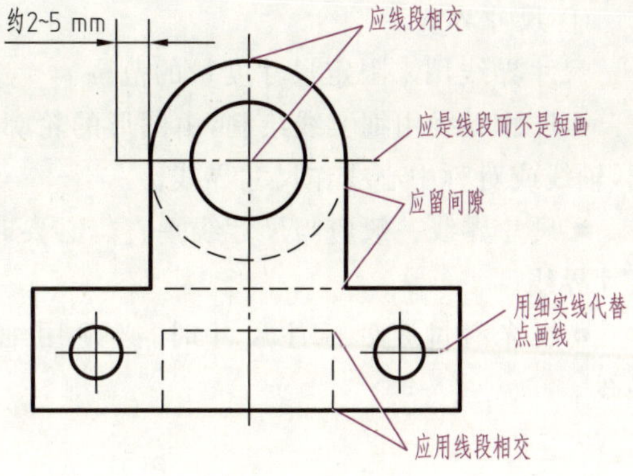

图 1-1-5 图线的画法

2. 尺寸注法

图形只能表达机件的形状，而机件的大小则由标注的尺寸确定。标注尺寸是一项极为重要的工作，必须认真细致，一丝不苟。如果尺寸有遗漏或错误，就会给生产带来困难和不必要的损失。

下面介绍国家标准“尺寸注法”(GB 4458.4—2003)中的一些基本内容。

(1) 尺寸标注的基本规则

① 机件的真实大小应以图样上所注的尺寸数值为依据，与图形的大小及绘图的准确度和比例无关。

② 图样中的线性尺寸，以 mm 为单位时，不需标注计量单位的代号或名称，如采用其他单位，则必须注明相应的计量单位的代号或名称。

③ 图样中所标注的尺寸为该图样所示机件最后完工尺寸，否则应另加说明。

④ 机件的每一个尺寸，一般只标注一次，并应标注在反映该结构最清晰的图形上。

(2) 尺寸的组成

一个完整的尺寸一般应包括四个要素：尺寸数字、尺寸线、尺寸界线和表示尺寸线终端的箭头(图 1-1-6)。

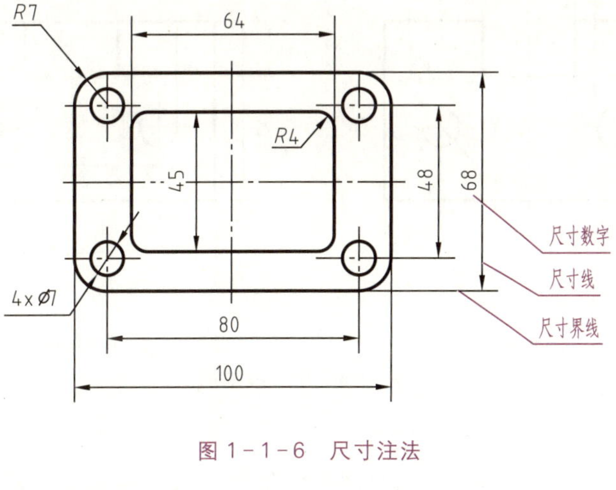

图 1-1-6 尺寸注法

① 尺寸界线。

尺寸界线用来限定尺寸度量的范围。

● 尺寸界线用细实线绘制，由图形的轮廓线、轴线或对称中心线引出。也可利用图形的轮廓线，轴线或对称中心线作尺寸界线。

● 尺寸界线一般应与尺寸线垂直。必要时才允许倾斜，如图 1-1-7 中 $\phi70$ 和 $\phi24$ 尺寸的尺寸界线。

● 在光滑过渡处标注尺寸时，必须用细实线将轮廓线延长，从它们的交点处引出尺寸界线。

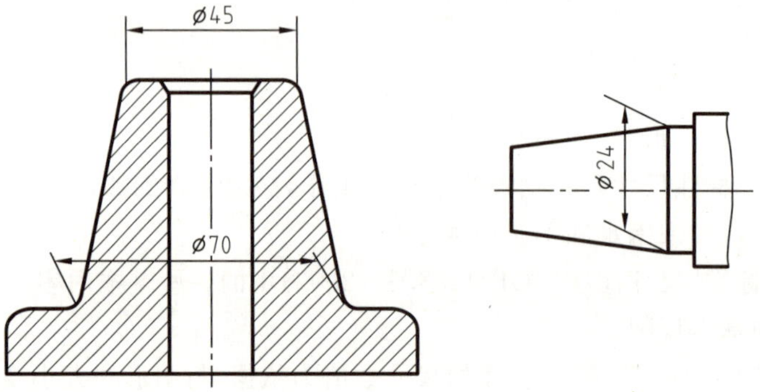

(a) (b)

图 1-1-7 尺寸界线的画法

② 尺寸线。

尺寸线用来表示所注尺寸的度量方向(图 1-1-8)。

● 尺寸线必须单独画出，不能用其他图线代替。一般也不得与其他图线重合或画在其延长线上。

● 标注线性尺寸时，尺寸线必须与所标注的线段平行。

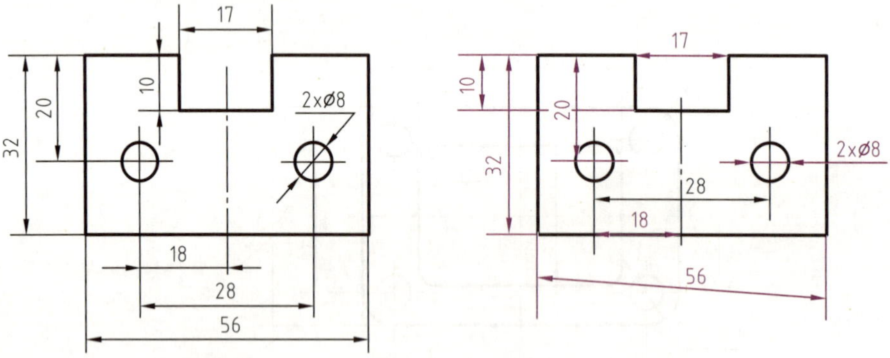

(a) 正确 (b) 错误

图 1-1-8 尺寸线的画法

③ 尺寸数字。

尺寸数字用来表示所注尺寸的数值，是图样中指令性最强的部分。要求注写尺寸时一定要认真仔细、字迹清楚，应避免可能造成误解的一切因素。

线性尺寸数字的注写位置和注写方向：

● 水平方向的尺寸，一般应注写在尺寸线的上方，数字字头向上；铅垂方向的尺寸，一般应注写在尺寸线的左方，数字字头朝左；倾斜方向的尺寸一般应在尺寸线靠上的一方。也允许注写在尺寸线的中断处（图 1－1－9）。

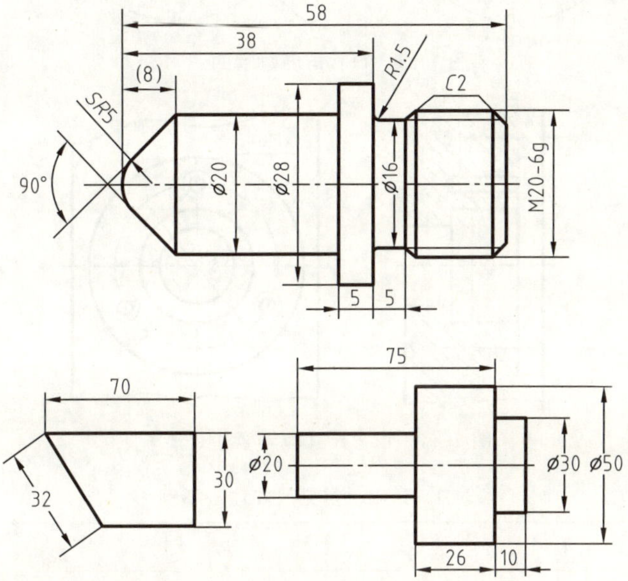

图 1－1－9　尺寸数字的注写位置和注写方向

● 应尽可能避免在铅垂方向 30°内标注尺寸，当无法避免时，可引出注写（图 1－1－10）。

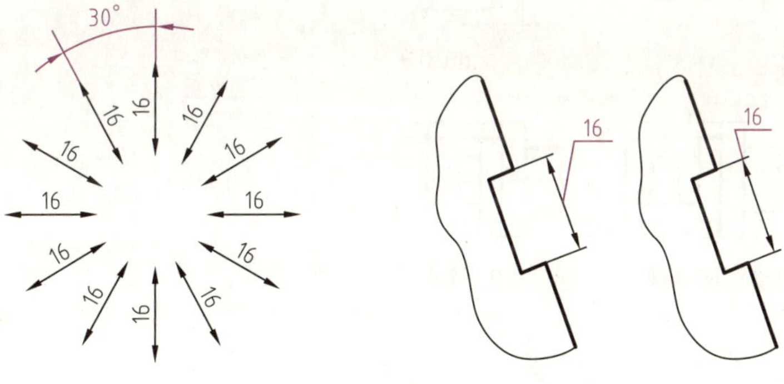

图 1－1－10　30°内尺寸数字的注写

● 角度的数字一律写成水平方向，即数字铅直向上。一般注写在尺寸线的中断处，必要时，也可注写在尺寸线的附近或注写在引出线的上方（图 1－1－11）。

● 尺寸数字要符合书写规定，且要书写准确、清楚。要特别注意，任何图线都不得穿过尺寸数字。当不可避免时，应将图线断开，以保证尺寸数字的清晰（图 1－1－12）。

常见尺寸注法见表 1－1－2。

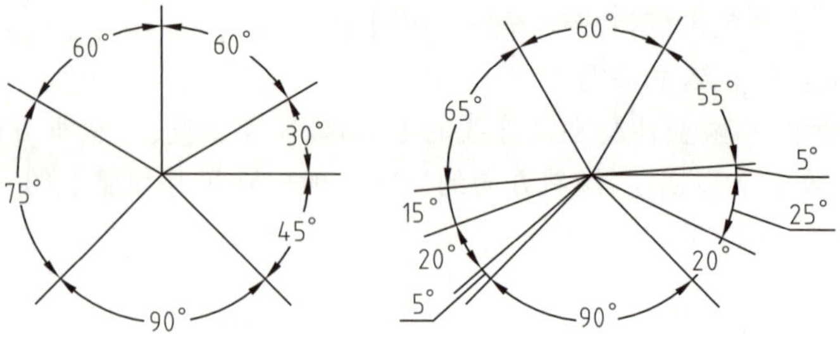

图 1-1-11 角度数字的注写

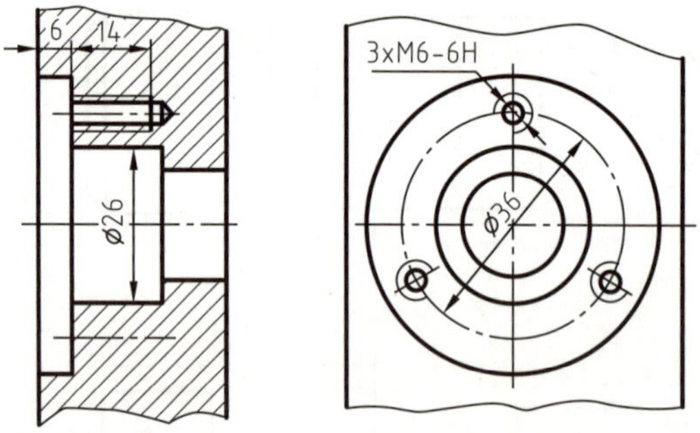

图 1-1-12 尺寸数字要注写清晰

表 1-1-2 常见尺寸注法举例

	图 例	说 明
直线尺寸的注法	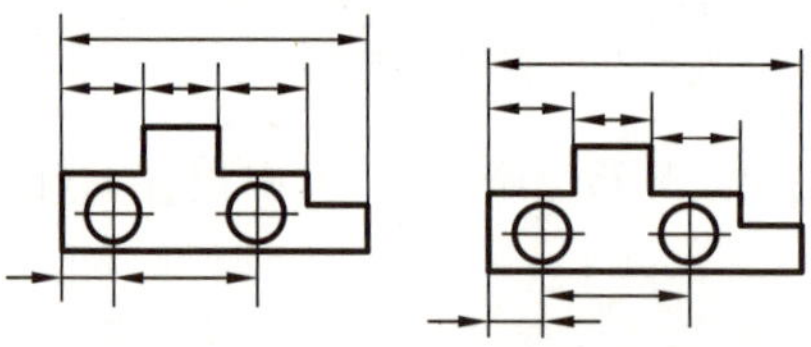 (a) 好 (b) 不好	串列尺寸,箭头对齐
	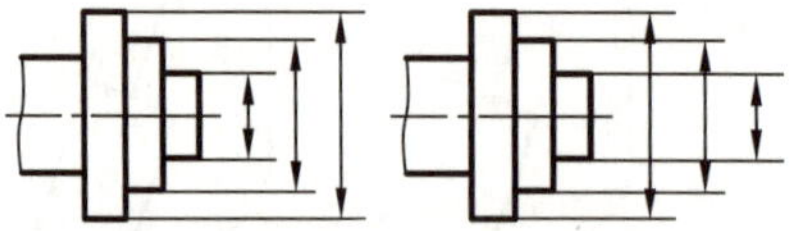 (a) 正确 (b) 错误	并列尺寸,小在内、大在外,尺寸线间隔不小于 7～10 mm
直径尺寸注法	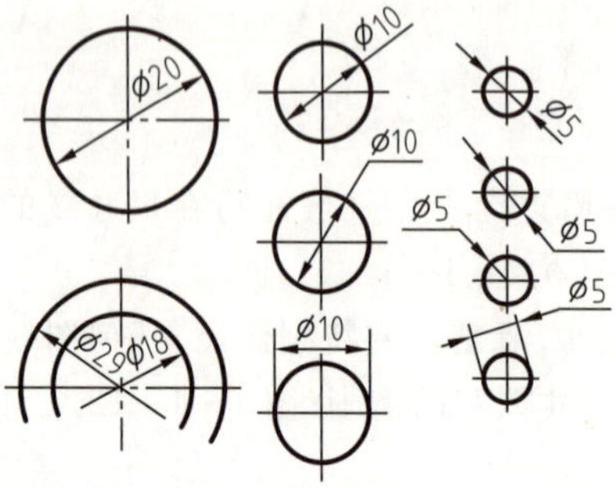	1. 标注直径,应在尺寸数字前加注符号“ϕ”。 2. 直径尺寸线应通过圆心或平行直径,小圆尺寸线方向应指向圆心。 3. 直径尺寸线与圆周或尺寸界线接触处画箭头终端。 4. 不完整圆的尺寸线应超过半径

3. 比例

比例是指图样中图形与其实物相应要素的线性尺寸之比。为看图方便，尽可能按机件的真实大小即原值比例画图。当需要按比例绘图时，优先采用表1－1－3中国家标准规定的不带括号的比例，必要时也允许选取表1－1－3中带括号的比例。

表1－1－3　绘图的比例

原值比例	1：1
缩小比例	(1：1.5)　1：2　(1：2.5)　(1：3)　(1：4)　1：5　(1：6) $1:1\times10^n$　$(1:1.5\times10^n)$　$1:2\times10^n$　$(1:2.5\times10^n)$　$(1:3\times10^n)$ $(1:4\times10^n)$　$1:5\times10^n$　$(1:6\times10^n)$
放大比例	2：1　(2.5：1)　(4：1)　5：1　$1\times10^n:1$　$2\times10^n:1$ $(2.5\times10^n:1)$　$(4\times10^n:1)$　$5\times10^n:1$

注意：无论用放大或缩小的比例，标注的尺寸都为机件的真实尺寸，如图1－1－13所示。

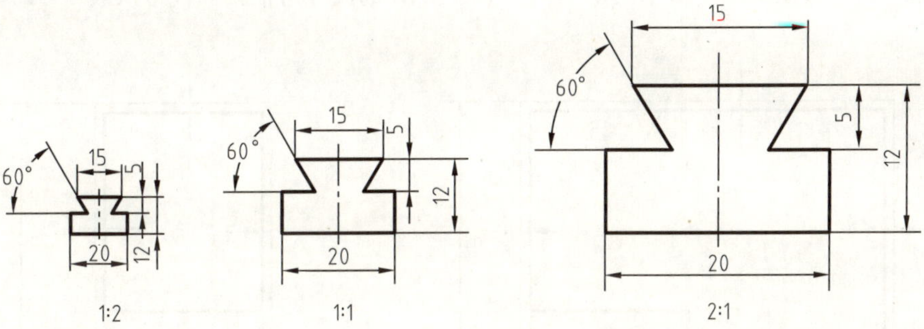

图1－1－13　图样比例

4. 字体

图样中除了用图形表达机件的结构形状外，还需要用文字、数字说明机件的名称、大小、材料和技术要求等。为使字体美观、易写、整齐，要求在图样中书写的汉字、数字、字母必须做到“字体工整、笔画清楚、间隔均匀、排列整齐”。

图样上的汉字应写成长仿宋体，并应采用国家正式公布推行的简化字。数字和字母有正体和斜体之分，一般情况下用斜体。斜体字字头向右倾斜，与水平基准线成75°。

汉字举例

10号字　字体工整　笔画清楚　间隔均匀　排列整齐

7号字　横平竖直　注意起落　结构均匀　填满方格

5号字　技术制图　机械电子　汽车船舶　土木建筑

3.5号字　螺纹齿轮　航空工业　施工排水　供暖通风　矿山港口

字母和数字举例

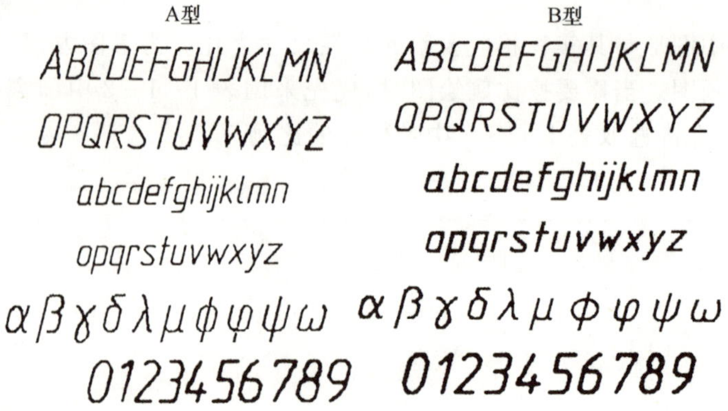

5. 图纸幅面及格式

图纸的标准幅面有五种。绘制图样时应优先采用这些幅面尺寸。必要时可以沿幅面加长、加宽，加长幅面尺寸在 GB/T 14689—2008 中另有规定。

绘图前必须先在图纸上画出图框，图框线用粗实线绘制。图框格式分为留装订边和不留装订边两种，如图 1-1-14、图 1-1-15 所示。图中 a、c、e、B、L 的尺寸可依幅面代号从表 1-1-4 中查出。

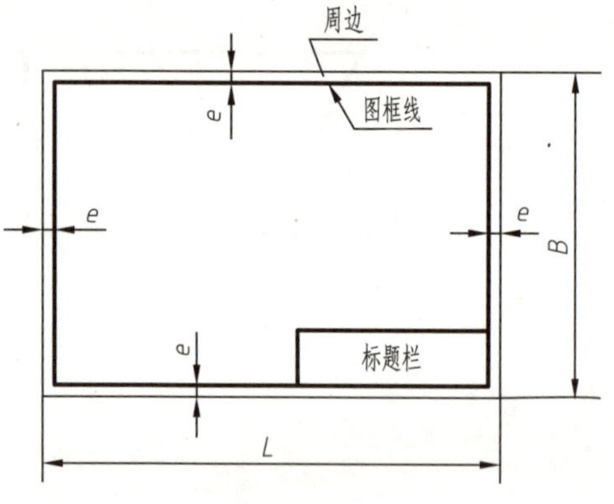

(a) 图纸横放　　(b) 图纸竖放

图 1-1-14　不留装订边的图框格式

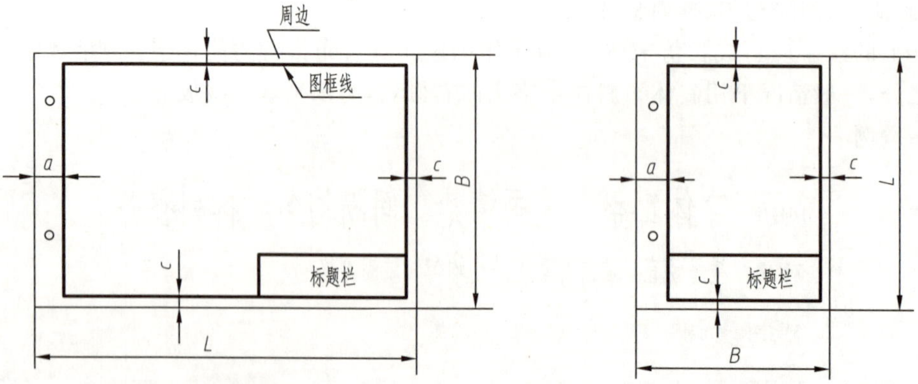

(a) 图纸横放　　(b) 图纸竖放

图 1-1-15　留装订边的图框格式

表1-1-4 幅面尺寸

尺寸代号 \ 幅面代号	A0	A1	A2	A3	A4
$B \times L$	841×1 189	594×841	420×594	297×420	210×297
a	25				
c	10			5	
e	20		10		

标题栏位于图框的右下角，如图1-1-16所示。制图作业的标题栏可采用图1-1-17所示的推荐格式。

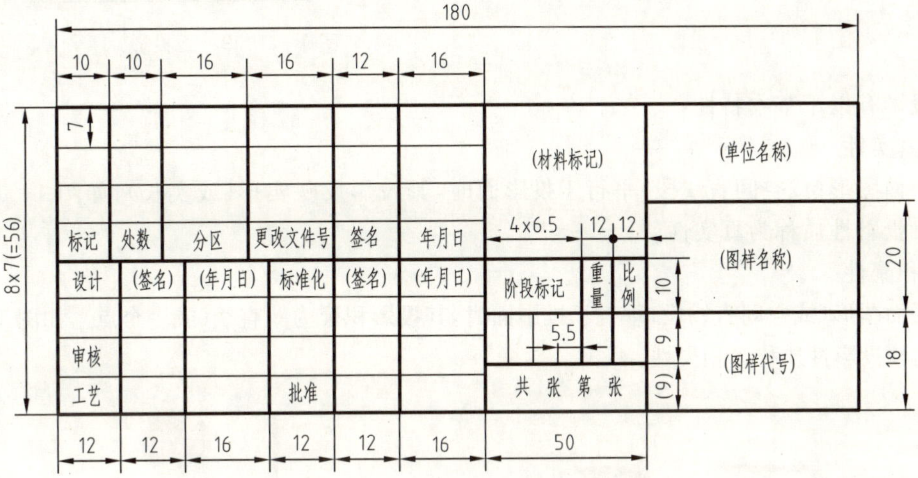

图1-1-16 标题栏的格式及各部分尺寸

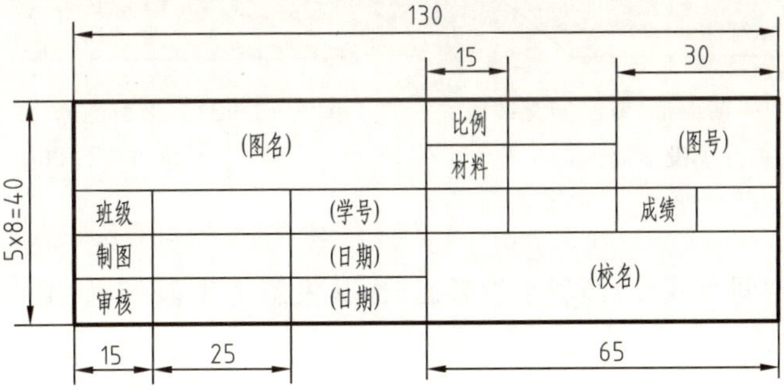

图1-1-17 制图作业的标题栏

1.1.3 正投影法与三视图

1. 正投影法

投影法是一组投射线通过物体射向预定平面而得到图形的方法，如图1-1-18所示。工程上常见的投影法有中心投影法和平行投影法。投射线汇交于一点的投影法称为中心投影法。若将投影中心移到无穷远处，投射线互相平行，此投影法称为平行投影法。投射线相互平行并且与投影面垂直，称为正投影，如图 1－1－19 所示。

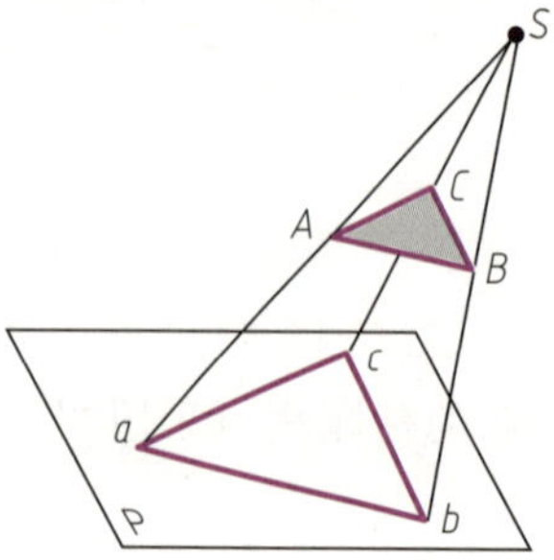

图 1－1－18 投影法

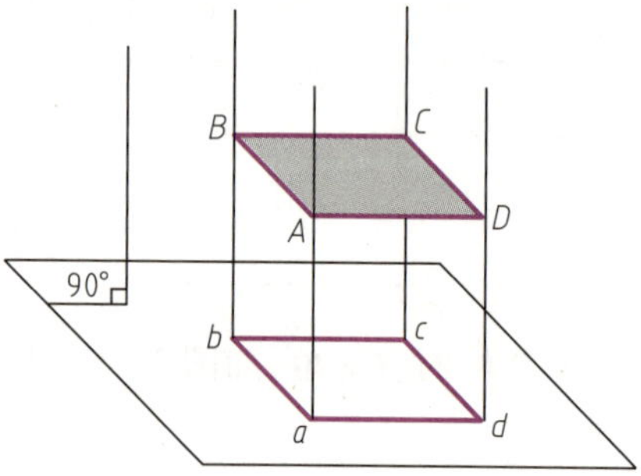

图 1－1－19 正投影

正投影有以下基本特性：

(1) 真实性

当平面图形(或空间直线段)平行于投影面时，其投影反映实形(或实长)，如图 1－1－20 所示。这种投影性质称为真实性。

(2) 积聚性

当平面图形(或空间直线段)垂直于投影面时，其投影积聚为一直线(或一个点)，如图 1－1－21 所示。这种投影性质称为积聚性。

图 1－1－20 平面图形(或空间直线段)平行于投影面

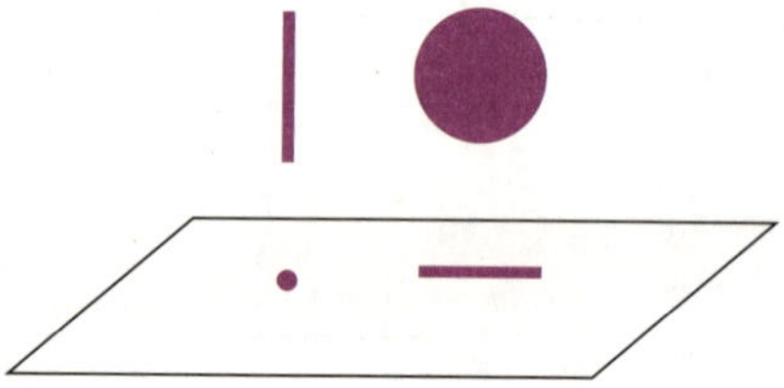

图 1－1－21 平面图形(或空间直线段)垂直于投影面

(3) 类似性

当平面图形(或空间直线段)倾斜于投影面时，其投影为类似形，如图 1－1－22 所示。这种投影性质称为类似性。

2. 三视图的形成及其投影关系

(1) 三投影面体系的建立

三个相互垂直相交的投影平面组成三投影面体系。其中，正立投影面简称正立面，用 V 表示；水平投影面简称水平面，用 H 表示；侧立投影面简称侧立面，用 W 表示。

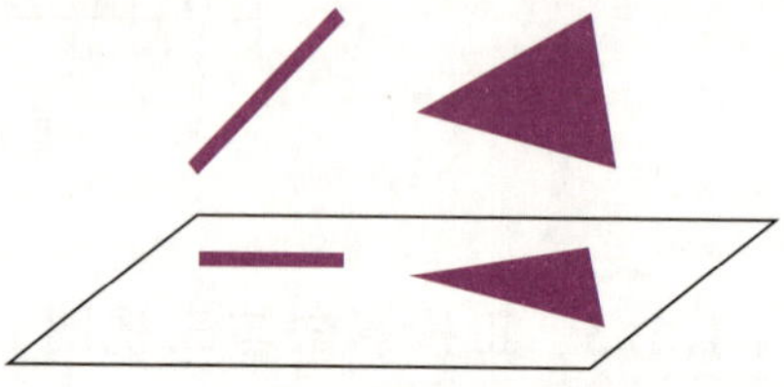

图 1－1－22 平面图形(或空间直线段)倾斜于投影面

三个投影面两两相交的交线 OX、OY、OZ 称为投影轴，三个投影轴相互垂直且交于一点 O，称为原点。

(2) 物体在三投影面体系中的投影

如图 1-1-23 所示，将物体置于三投影面体系中，按正投影法分别向 V、H、W 三个投影面进行投影，即可得到物体的相应投影，该投影也称为视图。

将物体从前向后投射，在 V 面上所得的投影称为正面投影（也称主视图）；将物体从上向下投射，在 H 面上所得的投影称为水平投影（也称俯视图）；将物体从左向右投射，在 W 面上所得的投影称为侧面投影（也称左视图）。

为了便于画图，需将三个互相垂直的投影面展开，如图 1-1-24 所示。展开规定：V 面保持不动，H 面绕 OX 轴向下旋转 90°，W 面绕 OZ 轴向右旋转 90°，使 H、W 面与 V 面重合为一个平面。

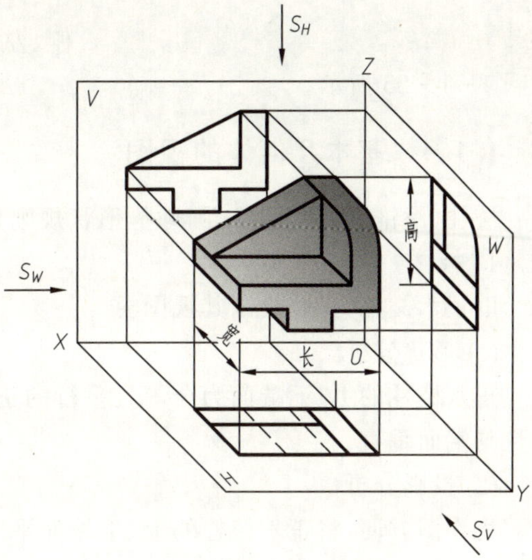

图 1-1-23 三投影面体系

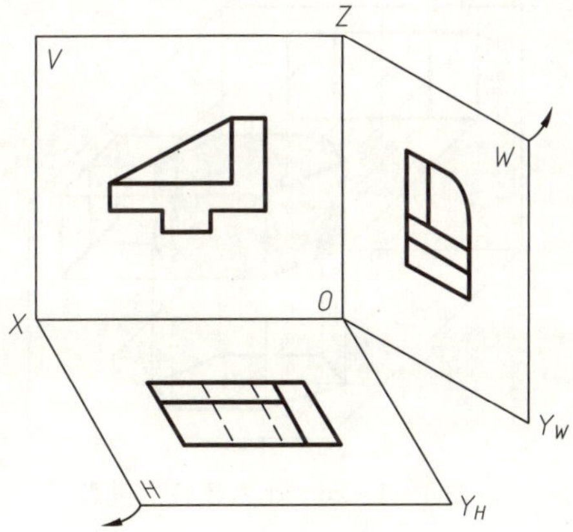

(a) 投影面的展开法

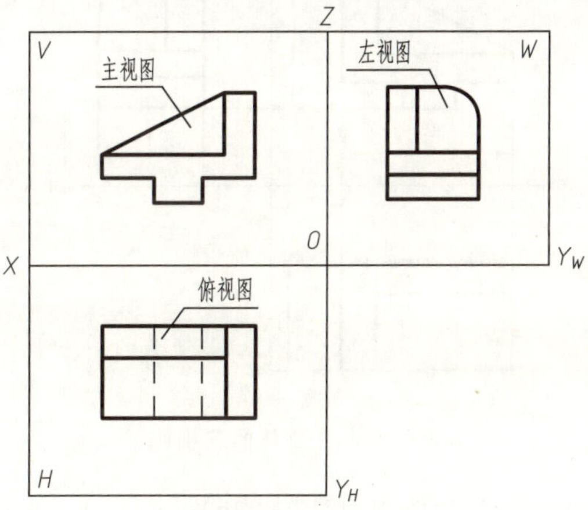

(b) 三投影面摊平在同一平面上

图 1-1-24 三投影面的展开

(3) 三视图之间的关系

① 三视图的位置关系：以主视图为准，俯视图在主视图的正下方，左视图在主视图的正右方。

② 三视图之间的投影关系：主视图和俯视图都反映了物体的长度，主视图和左视图都反映了物体的高度，俯视图和左视图都反映了物体的宽度。由此可以归纳出主、俯、左三个视图之间的投影关系为：

主、俯视图长对正
主、左视图高平齐
俯、左视图宽相等

如图 1-1-25 所示。

1.1.4 基本几何体的视图

棱柱、棱锥、圆柱、圆锥、圆球等形状规则且简单的立体，称为基本几何体，简称基本体。

1. 棱柱

以正六棱柱为例，绘制其视图。

(1) 形状分析

正六棱柱的上、下端面为全等且平行的正六边形，六个侧面为全等的矩形，六条侧棱互相平行且与端面垂直。

(2) 投影分析

为作图方便，将正六棱柱的上、下端面平行于 H 面放置，并使其前后两个侧面平行于 V 面，则可得到图 1-1-26 所示的正六棱柱的三面投影图。

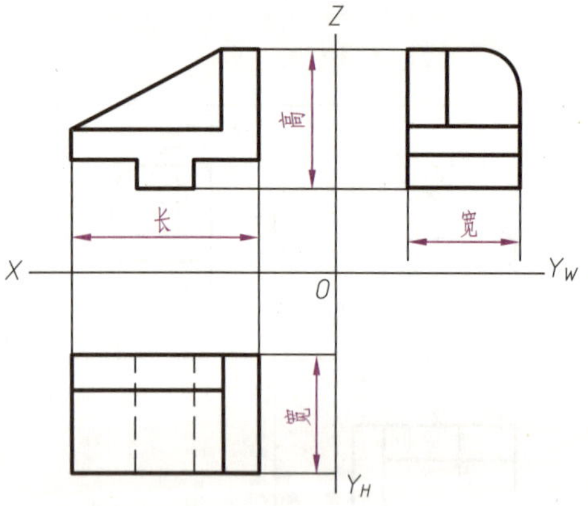

图 1-1-25 物体的三视图

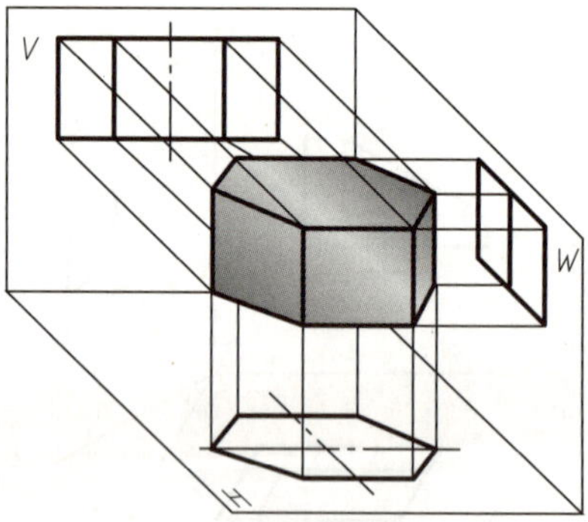

图 1-1-26 正六棱柱的投影

正六棱柱的俯视图是正六边形，它是上、下端面的重合投影，反映实形。正六边形的六条边和六个顶点分别是六个侧面和六条棱线在水平面上的积聚性投影。

主视图是三个相连的矩形线框。中间矩形线框是前、后两侧面的重合投影，反映实形；左、右两矩形框是其余四个侧面的重合投影，为类似形；正六棱柱的上、下端面为水平面，其正面投影积聚为两平行直线。

左视图是两个大小相等的矩形线框，它是左、右四个侧面的重合投影，为类似形。由于前、后平面为正平面，其左视图积聚成两条铅垂线，上、下端面的左视图积聚成两条平行直线。

(3) 投影图的作图步骤

正六棱柱投影图的作图步骤如下(图 1-1-27)：

① 布置图面，画中心线、对称线等作图基准线。

② 先画正六棱柱的特征视图，即俯视图，反映上、下端面实形的正六边形。

③ 根据正六棱柱的长、高、宽，按投影关系画主视图、左视图。

④ 检查并描深图线，完成作图。

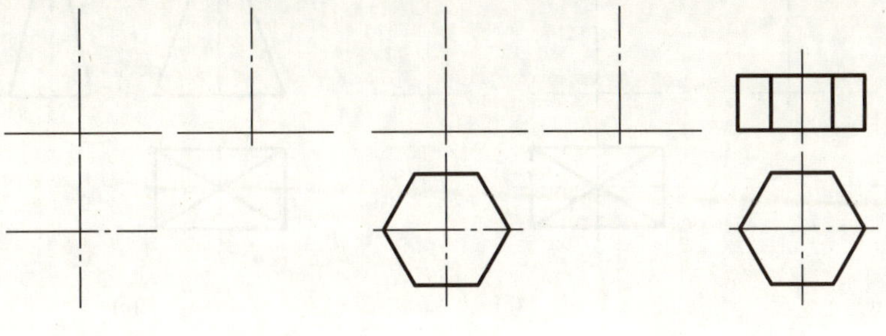

(a)　(b)　(c)

图 1-1-27　正六棱柱视图的作图步骤

2. 棱锥

以四棱锥为例。

(1) 形状分析

四棱锥的底面为四边形，四个侧面为三角形。

(2) 投影分析

将四棱锥的底面平行于 H 面放置，则可得图 1-1-28 所示的四棱锥的三面投影图。

四棱锥的俯视图是棱锥底面与四个侧面的重影。底面与水平投影面平行，其水平投影反映实形，四个侧面的水平投影均为类似形。

四棱锥的主视图是一个三角形。前后两个平面与正面倾斜，其投影为类似形；左右两个平面与正面垂直，其投影积聚成两条直线。

四棱锥的左视图是一个三角形。左右两个平面与侧面倾斜，其投影为类似形；前后两个平面与侧面垂直，其投影积聚成两条直线。

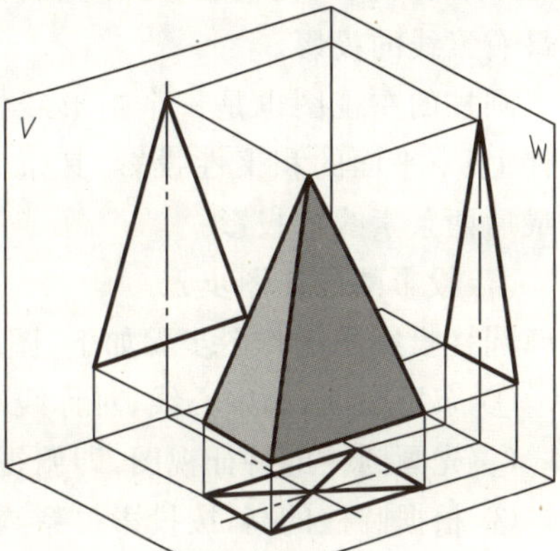

图 1-1-28　四棱锥的投影

(3) 投影图的作图步骤

四棱锥投影图的作图步骤如下(图 1-1-29)：

① 布置图面，画中心线、对称线等作图基准线。

② 先画四棱锥的特征视图，即俯视图。

③ 根据四棱锥的高，按投影关系画主视图和左视图。

④ 检查描深图线，完成作图。

3. 圆柱

(1) 形状分析

圆柱是由圆柱面和上、下底面所组成。圆柱面是由一直母线绕着与它平行的轴线回转而形成的曲面，圆柱面上任一位置的母线称为素线，母线上任意一点的回转轨迹都是垂直于轴线的圆。

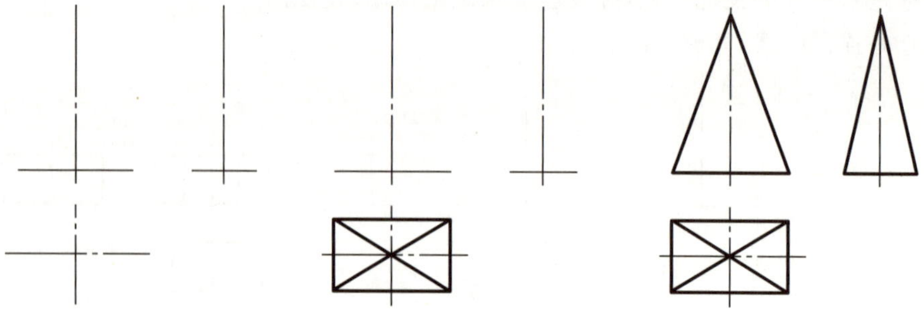

(a) (b) (c)

图 1-1-29　四棱锥视图的作图步骤

(2) 投影分析

将圆柱的轴线垂直于 H 面放置，圆柱的俯视图是一个圆，它是上、下端面的重合投影，并且反映实形。而圆周又是圆柱面的积聚性投影，圆柱面上任何点或线的投影都积聚在该圆周上，如图 1-1-30 所示。

圆柱的主视图是一个矩形线框，其上、下两边是圆柱上、下平面的积聚性投影。其左、右两边是圆柱面上最左与最右素线的投影。

圆柱的左视图也是一个矩形线框，其上、下两边仍是圆柱上、下平面的积聚性投影，其余两边是圆柱面上最前与最后两条素线的投影。

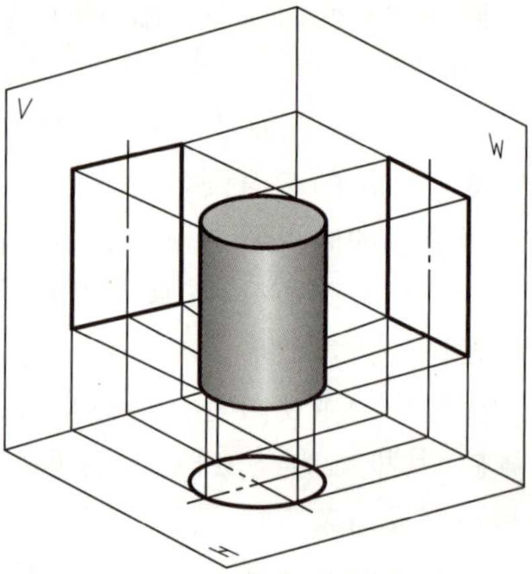

图 1-1-30　圆柱的投影

(3) 投影图的作图步骤

圆柱投影图的作图步骤如下(图 1-1-31)：

① 布置图面，画中心线、对称线等作图基准线。

② 先画圆柱的特征视图，即俯视图。

③ 根据圆柱的高，按投影关系画主视图和左视图。

④ 检查描深图线，完成作图。

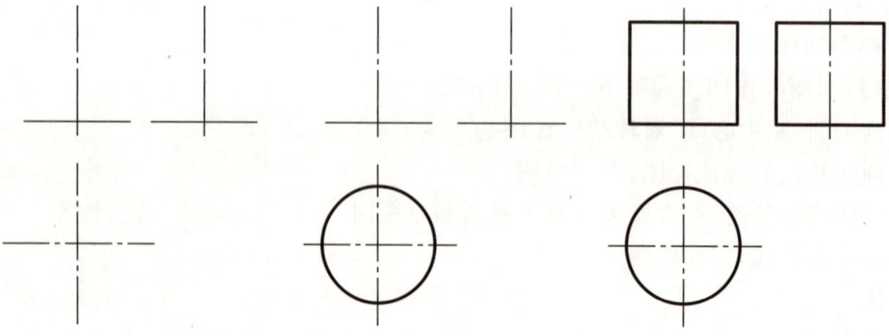

(a) (b) (c)

图 1-1-31　圆柱视图的作图步骤

4. 圆锥

(1) 形状分析

圆锥是由圆锥面和与其轴线垂直的底面所组成。圆锥面是由直母线绕着与它相交的轴线旋转而形成的曲面。圆锥面上任一位置的母线称为素线。

(2) 投影分析

将圆锥的轴线垂直于 H 面放置，则得到圆锥的三面投影图，如图 1-1-32 所示。

圆锥的俯视图是一个圆，它表示圆锥面的投影，同时也是圆锥底面的投影且反映底面的实形。

圆锥的主视图是一个等腰三角形，底边是圆锥底面的积聚性投影，圆锥的左视图也是一个等腰三角形，其底边仍是圆锥底面的积聚性投影。

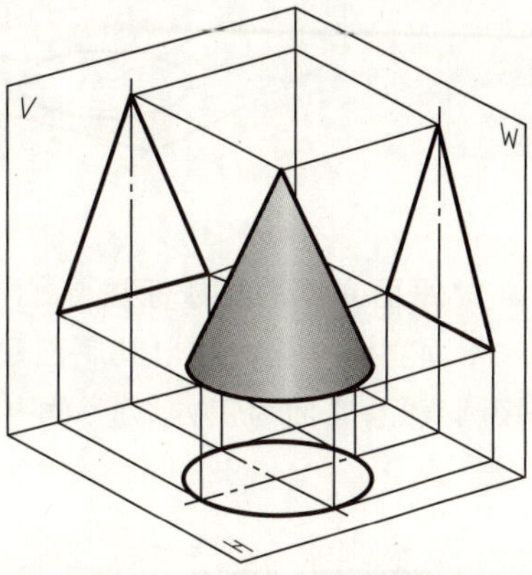

图 1-1-32　圆锥的投影

(3) 投影图的作图步骤

圆锥投影图的作图步骤如下(图 1-1-33)：

① 布置图面，画中心线和轴线。

② 先画出圆锥的特征视图，即底圆的圆投影(俯视图)。

③ 按照投影关系画出轮廓位置的素线投影。

④ 检查描深图线，完成作图。

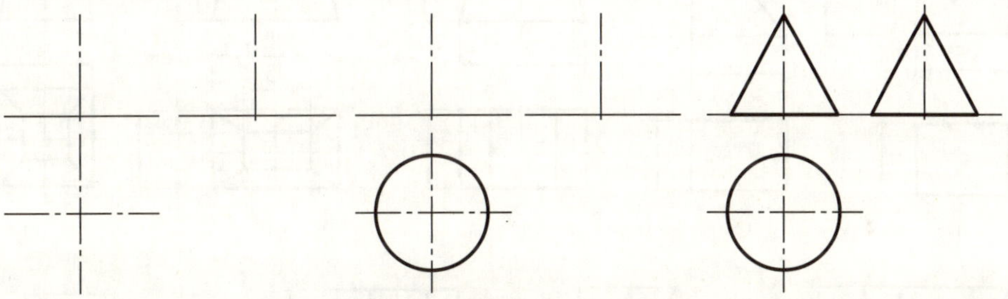
图 1-1-33　圆锥视图的作图步骤

5. 圆球

(1) 形状分析

圆球由球面组成。圆球面是以一个圆作母线，以其直径为轴线回转而成。母线上任意一点的回转轨迹都是垂直于轴线的圆。

(2) 投影分析

圆球的三面投影都是与球直径相等的圆。

(3) 投影图的作图步骤

首先画中心线，再画出与圆球直径相等的圆(图 1-1-34)。

1.1.5　基本体的尺寸标注

基本体的形状由视图来表示，但它的真实大小则需根据视图上所标注的尺寸来确定，标注基本体尺寸时，一般要注出长、宽、高三个方向的尺寸。

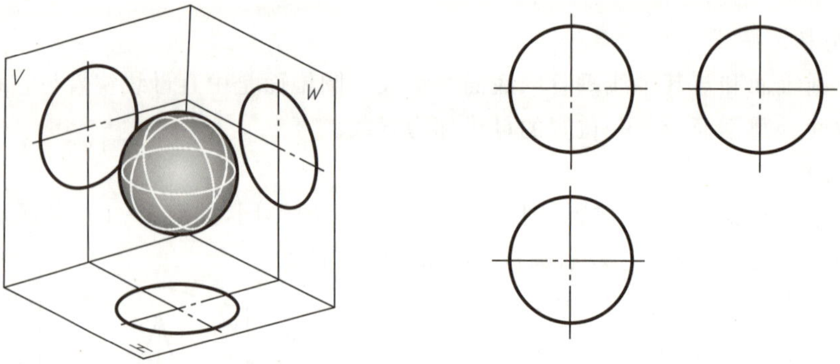

图 1-1-34 圆球的投影

1. 平面立体的尺寸标注

平面立体一般应注出其底面尺寸和高度尺寸(图 1-1-35)。底面为正多边形时,可标注其外接圆直径;底面为正方形时,可用尺寸 $AA \times AA$ 或□AA 形式标注。

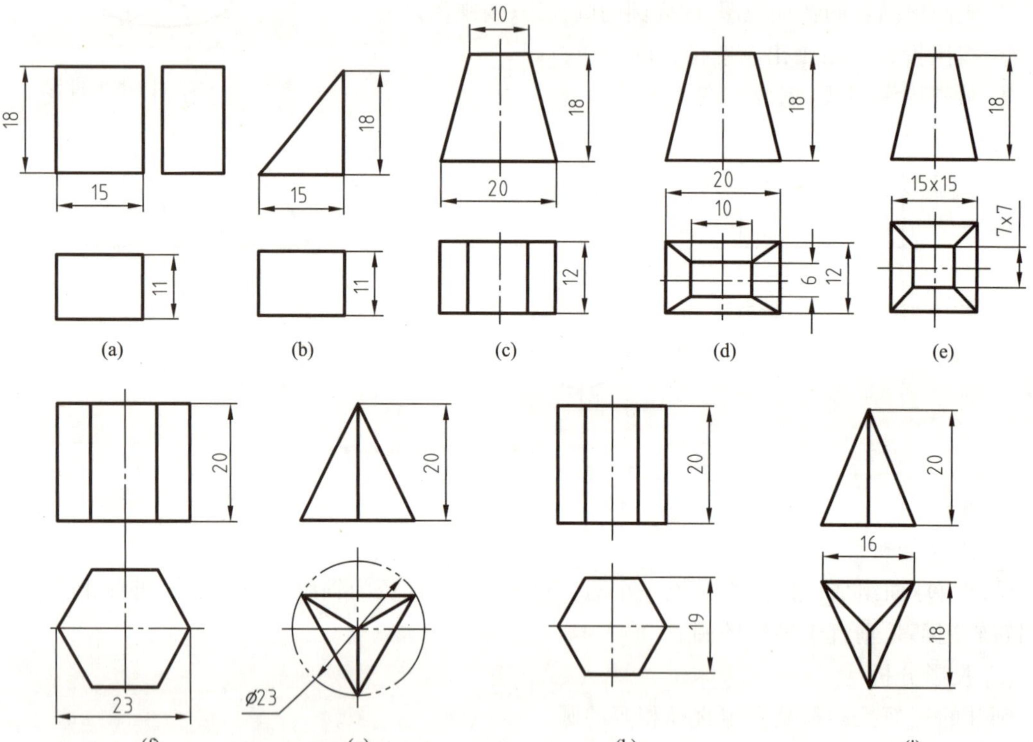

图 1-1-35 平面立体的尺寸标注

2. 曲面立体的尺寸标注

标注曲面立体的尺寸时,一般应注出其直径(径向)尺寸和轴向尺寸(图 1-1-36)。圆柱、圆锥、圆台在直径数字前加注符号"ϕ",而圆球在直径数字前加注符号"$S\phi$"。

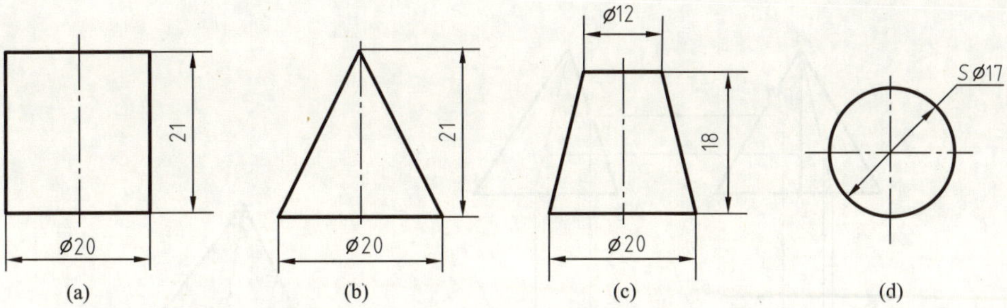

图 1-1-36　曲面立体的尺寸标注

【任务实施】

正确绘制气门挺柱(图 1-1-37)的视图。

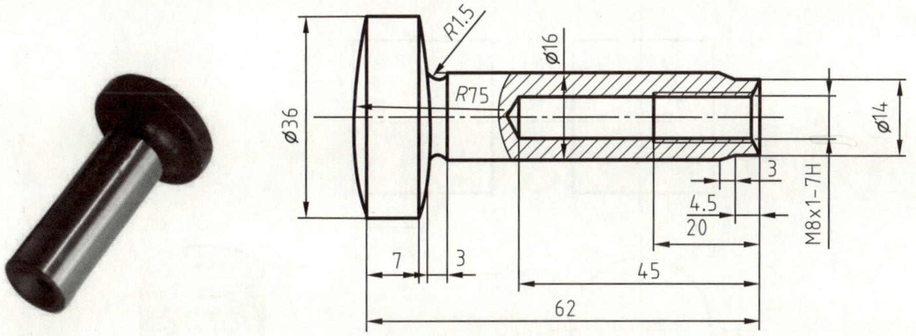

图 1-1-37　气门挺柱的视图

【知识拓展】

基本体表面取点方法(图 1-1-38～图 1-1-42)。

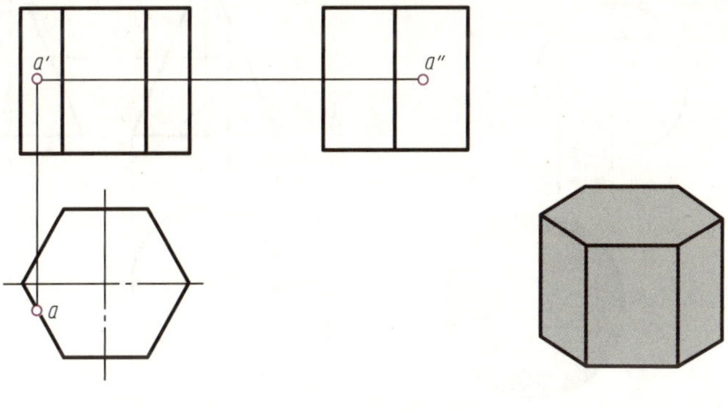

图 1-1-38　棱柱表面取点

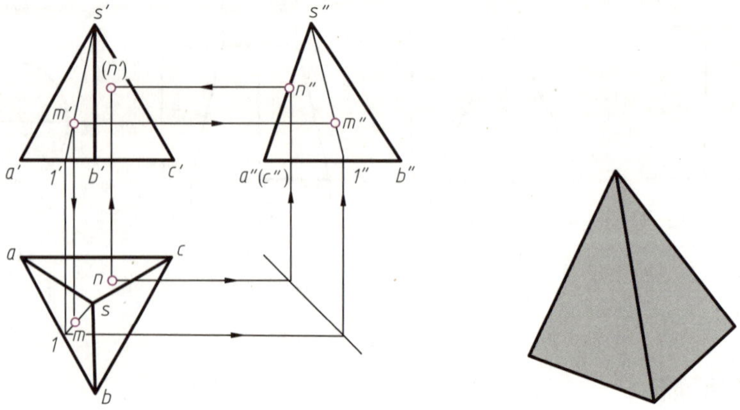

图 1-1-39 棱锥表面取点

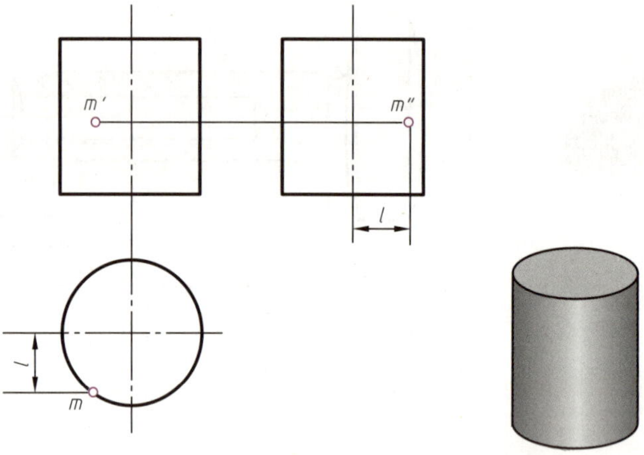

图 1-1-40 圆柱表面取点

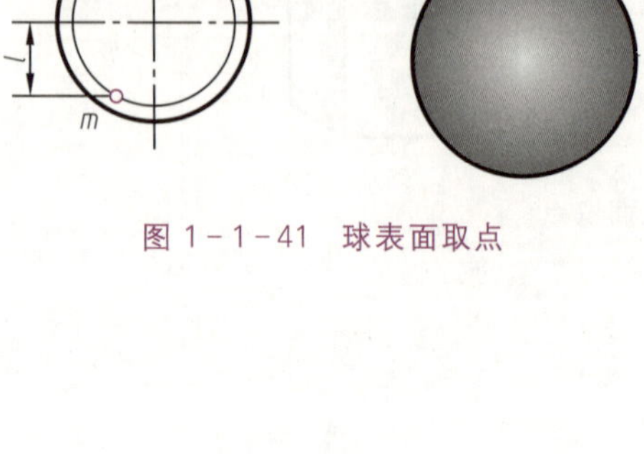

图 1-1-41 球表面取点

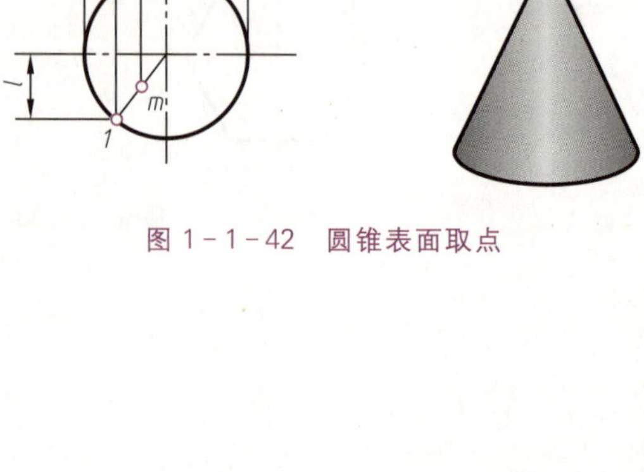

图 1-1-42 圆锥表面取点

【资源链接】

1.1 绘制基本体视图\绘制基本体图片

1.1 绘制基本体视图\动画

1.1 绘制基本体视图\绘制基本体视图评估测试

学习单元2　绘制组合体视图

【知识目标】

- 掌握形体分析法。
- 掌握组合体的组合形式及其表面连接方式。
- 掌握主视图的选择原则。
- 掌握画组合体的方法和步骤。
- 掌握组合体的尺寸标注。
- 掌握截交线与相贯线的画法。
- 掌握向视图、局部视图、斜视图的规定画法。

【技能目标】

能正确绘制组合体的视图。

【任务导入】

绘制汽车十字万向节(图1-2-1)的视图。

图1-2-1　汽车十字万向节零件

【知识准备】

1.2.1 组合体的组合形式及其表面连接方式

任何复杂零件都由若干个基本几何体组成，由两个或两个以上的基本几何体组成的物体称为组合体。

组合体的组合形式有叠加类、切割类和综合类。

组合体中的各基本体之间的相对位置关系有共面、不共面、相交和相切四种。

1. 共面

共面是指两个基本体之间用同一个面（平面或曲面）连接，它们之间无分界线（图 1－2－2）。

2. 不共面

两个基本体叠加，除叠加处表面重合外，没有公共表面，两个基本体之间有分界线（图 1－2－3）。

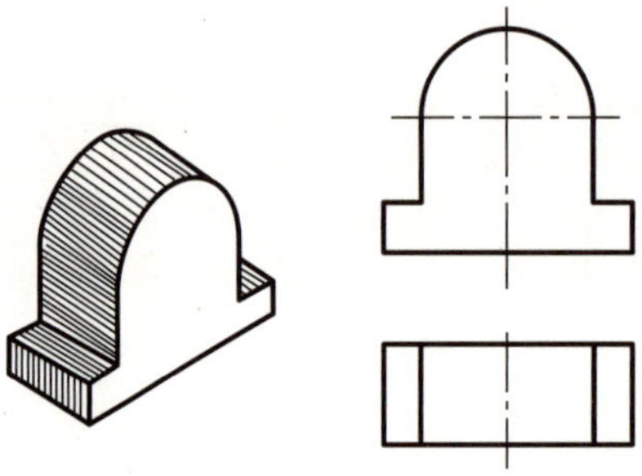

(a) (b)

图 1－2－2 共面的画法

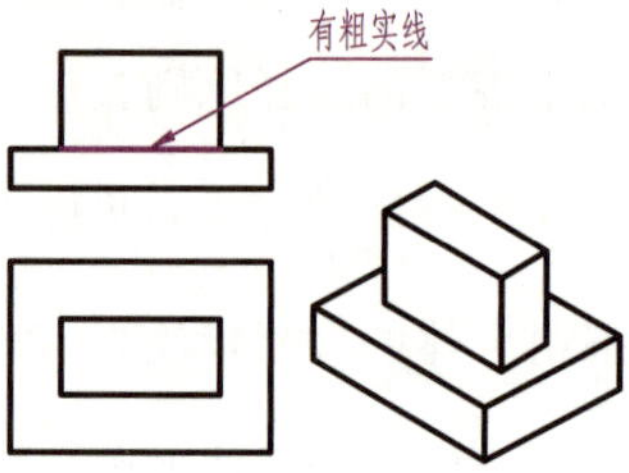

图 1－2－3 不共面的画法

3. 相交

相交是指表面相交，相交处画出交线（图 1－2－4）。

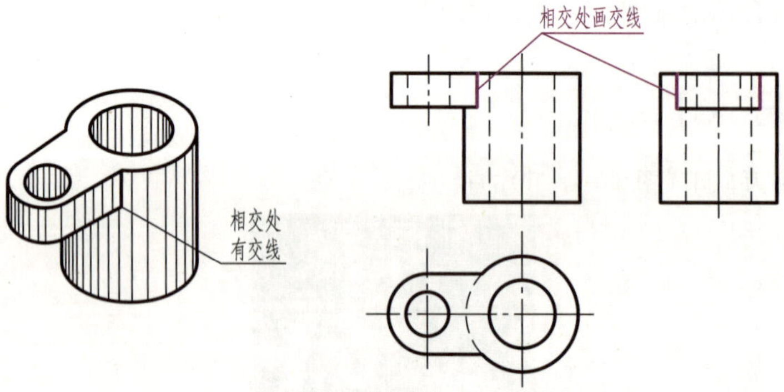

图 1－2－4 相交的画法

4. 相切

相切是指表面光滑过渡。相切处不画交线(图 1-2-5)。

1.2.2 画组合体视图的方法和步骤

1. 形体分析

画组合体投影时，经常采用形体分析法。形体分析法是假想把物体分解为几个基本几何体，并确定它们的组合形式和表面连接方式(图 1-2-6)。

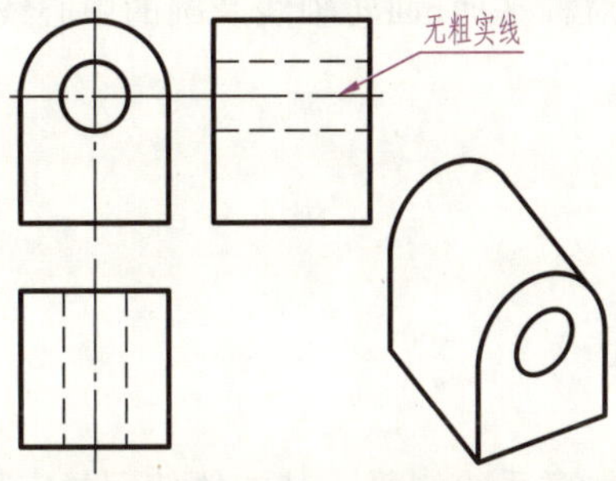

图 1-2-5 相切的画法

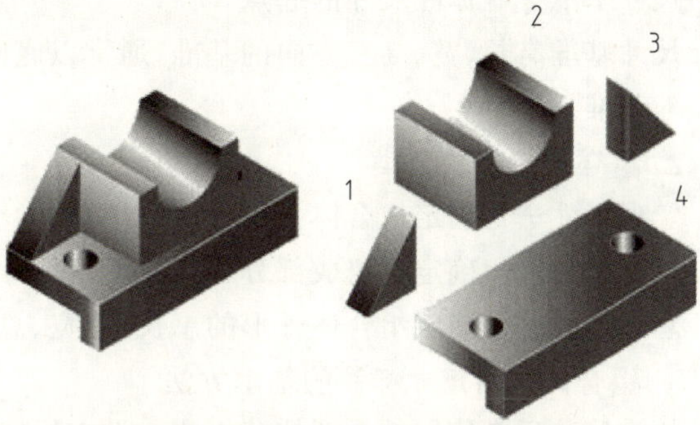

图 1-2-6 形体分析法

2. 选择视图

在分析组合体的组成后，首先选择主视图。主视图应能够较多地表达组合体各组成部分的形状特征和相对位置关系，并尽量使形体上的特征面平行于投影面，以便使投影得到真实形状。

3. 布置视图

根据组合体的大小，定比例、选图幅，确定各视图的位置，画出各视图的基准线。布置视图时，应注意在视图之间留出标注尺寸的空间。

4. 画视图底稿

画图步骤如图 1-2-7 所示。

5. 检查

检查无误后，擦去多余作图线，描深。

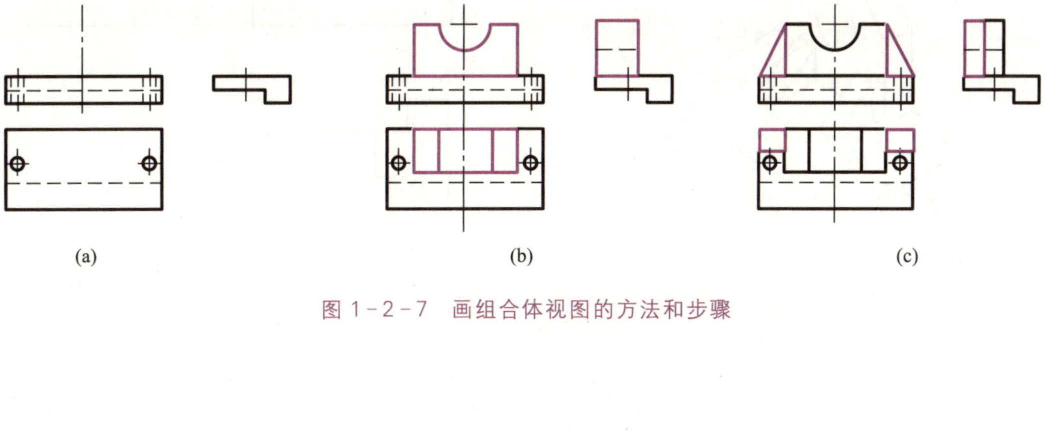

图 1-2-7 画组合体视图的方法和步骤

1.2.3 组合体视图的尺寸标注

组合体视图的尺寸标注(图 1－2－8)应达到“完整、正确、清晰”的要求。

“完整”即尺寸齐全,标注的尺寸能唯一确定组合体的形状大小和组成部分的相对位置。“正确”即尺寸数字和基准选择正确,符合国家标准的规定。“清晰”即尺寸标注在反映该结构最清晰的视图上,并尽量避免注在虚线上。

1. 尺寸基准

尺寸基准——标注尺寸的起点。

尺寸基准有长、宽、高三方向的基准,通常以底面、端面、对称平面、回转轴线及圆的中心线作为尺寸基准。

2. 组合体尺寸的分类

定形尺寸——确定组合体各组成部分形状、大小的尺寸。

定位尺寸——确定各组成部分相对位置的尺寸。

总体尺寸——确定组合体外形的总长、总宽、总高的尺寸。

3. 组合体视图尺寸标注的基本方法

标注尺寸通常使用的是形体分析法。即在标注尺寸时,要联系绘制每一基本体使用的定形、定位尺寸,就是所需标注的尺寸;而利用投影关系画出的部位不需标注尺寸。

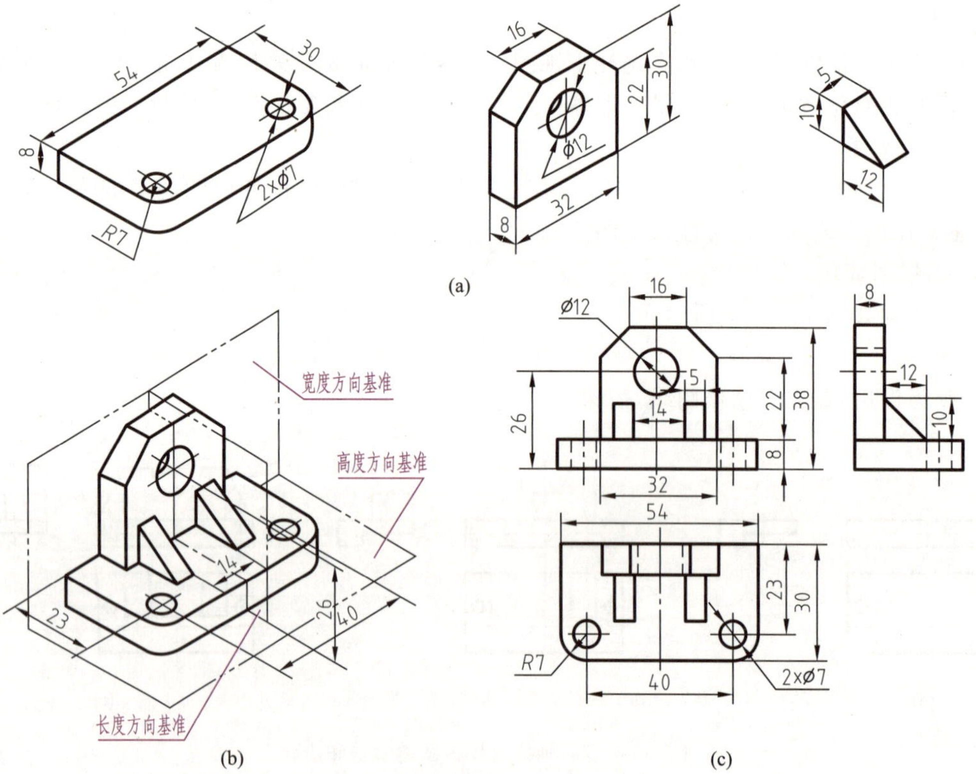

图 1－2－8 组合体视图的尺寸标注

1.2.4 截交线

1. 截交线的定义

基本体被平面截切所得的表面交线称为截交线，该平面称为截平面(图 1-2-9)。

2. 截交线的基本特性

① 截交线为封闭的平面图形。

② 截交线是截平面与立体表面的共有线，截交线上的点均为截平面与立体表面的共有点。

3. 平面立体的截交线

平面与平面立体相交，所得的截交线是由直线组成的封闭的多边形，该多边形的边就是平面立体表面与截平面的交线，其顶点是棱线与截平面的交点。所以，求平面体的截交线，关键是找到平面与立体棱线的交点，然后将各点连接即为所求(图 1-2-10)。

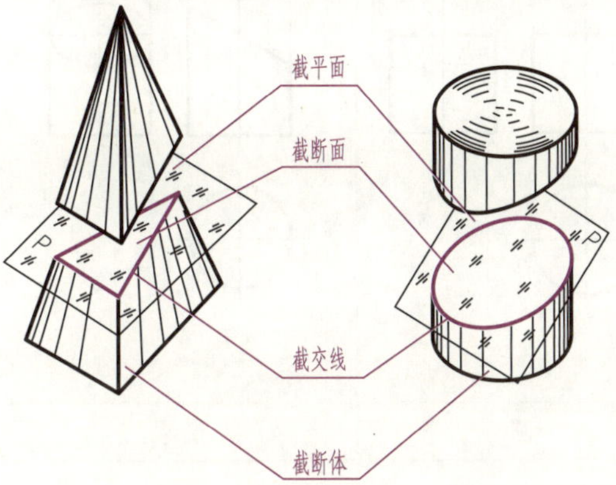

图 1-2-9 用平面截割基本几何体

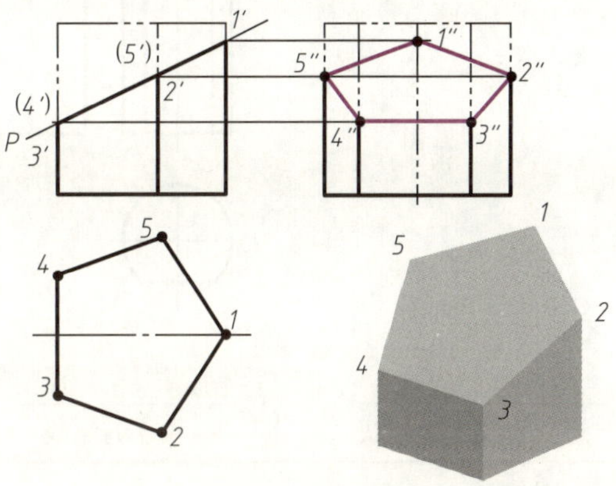

图 1-2-10 正五棱柱被截切后的视图和立体图

4. 曲面立体的截交线

平面与曲面立体相交，所得的截交线一般为一条封闭的平面曲线，也可能是由曲线和直线组成的平面图形。平面与顶尖的截交线如图 1-2-11 所示，平面与圆柱的截交线如表 1-2-1 所示。

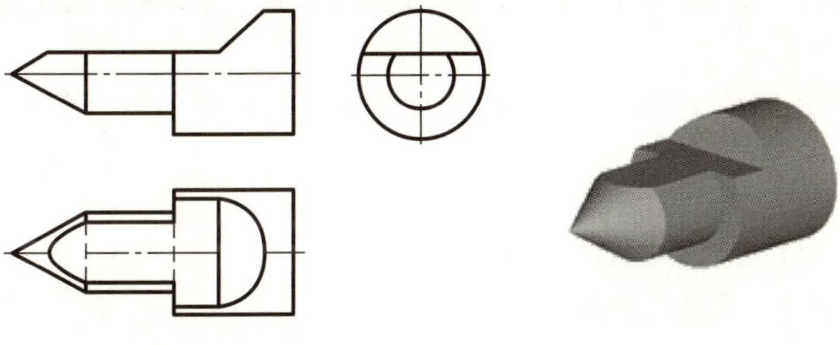

图 1-2-11 平面与顶尖的截交线

表1-2-1 平面与圆柱的截交线

截平面的位置	与轴线平行	与轴线垂直	与轴线倾斜
轴测图			
投影图	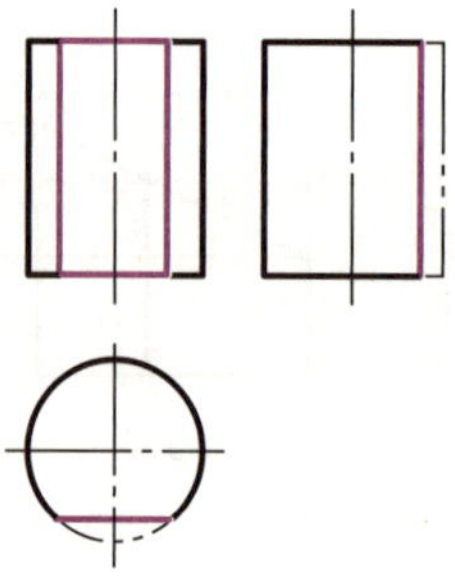	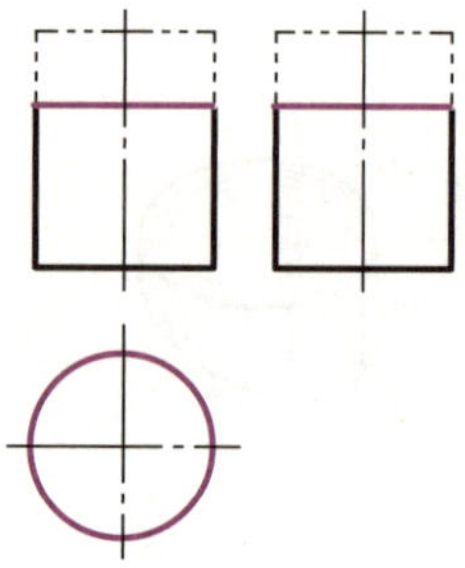	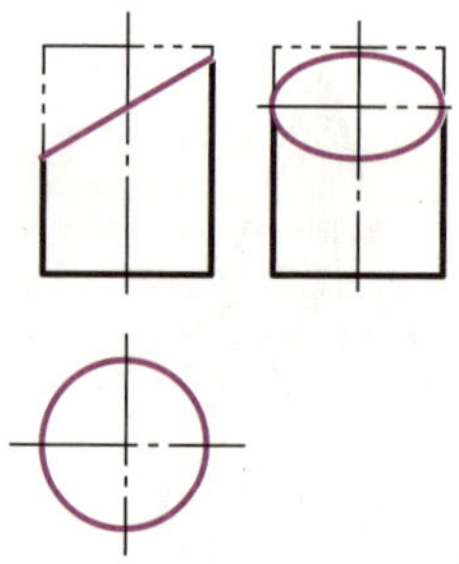
截交线的形状	两平行直线	圆	椭圆

1.2.5 相贯线

1. 相贯线的形成

两立体相交叫作相贯，其表面产生的交线叫作相贯线。

2. 相贯线的性质

(1) 共有性

相贯线位于两相交立体表面上，相贯线上所有的点都是两立体表面的共有点。

(2) 封闭性

相贯线一般为封闭的空间曲线(通常由直线和曲线组成)，特殊情况下是封闭的平面曲线。

3. 求相贯线的方法和步骤

求相贯线常用的方法是积聚性法和辅助平面法。

(1) 利用积聚性求相贯线的投影

相贯线是相交两立体表面的共有线，如果投影有积聚性，则相贯线的投影一定在该积聚性投影上。求相贯线投影的方法是：先找特殊点，然后补充中间点，最后光滑连接。

例：求不等径两正交圆柱的相贯线投影(图 1－2－12)。

(2) 利用图 1－2－13 所示的简化画法画出两圆柱直径不等、轴线正交时相贯线的投影图形($R=D/2$)。

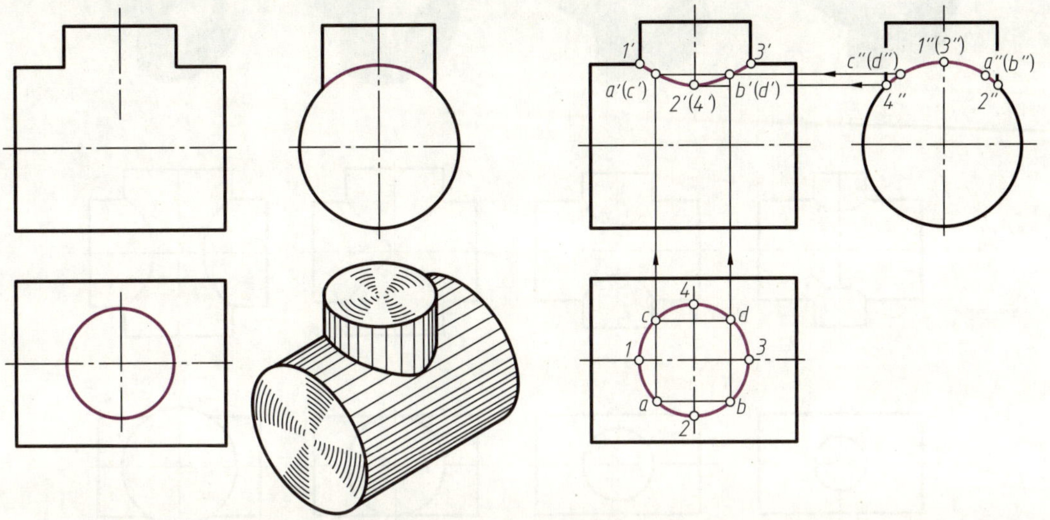

(a)　(b)

图 1－2－12　利用积聚性求不等直径两圆柱正交的相贯线投影

当圆直径变化时，相贯线的变化趋势如图 1－2－14 所示。

(3) 利用辅助平面法求相贯线的投影

例：圆锥与圆柱正交相贯(图 1－2－15)。

方法：先求特殊点，再用辅助平面法求中间点，最后光滑连接。

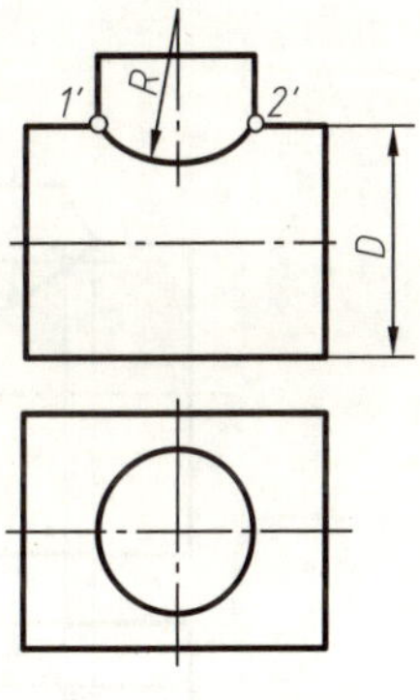

图 1－2－13　相贯线的简化画法

1.2.6　视图

视图用来表达机件的外部结构和视图主要形状，一般用粗实线画出机件的可见部分，其不可见部分必要时也可用细虚线表示。视图通常有基本视图、向视图、局部视图和斜视图四种。

1. 基本视图

物体向基本投影面投射所得的视图称为基本视图，如图 1－2－16～图 1－2－18 所示。

2. 向视图

当基本视图不能按规定的位置配置时，可采用向视图的表达方式，如图 1－2－19 所示。向视图必须进行标注。

3. 局部视图

将机件的某一部分向基本投影面投射所得的视图称为局部视图，如图 1－2－20 所示。

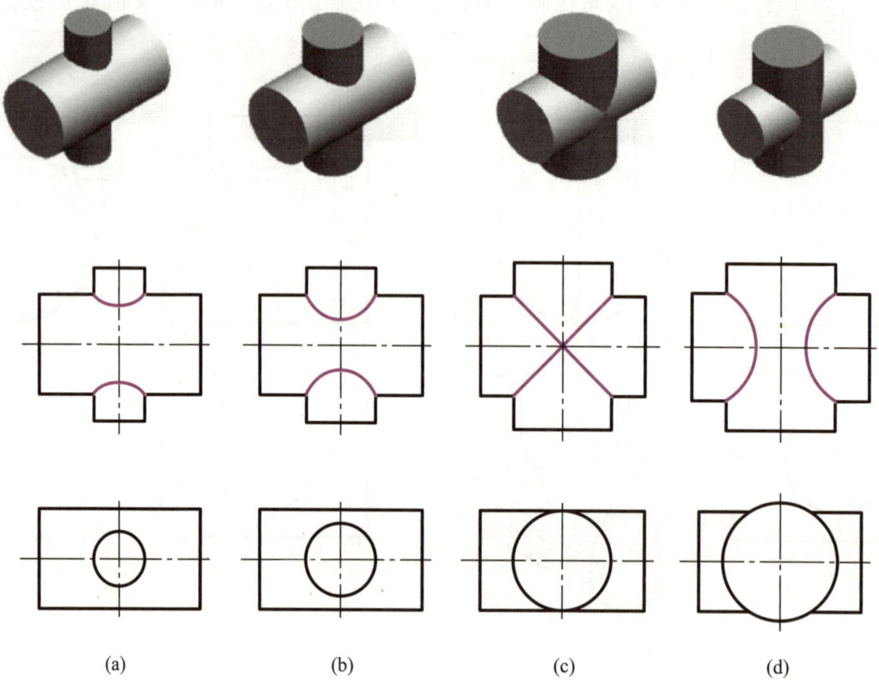

图 1-2-14 相贯线的变化趋势

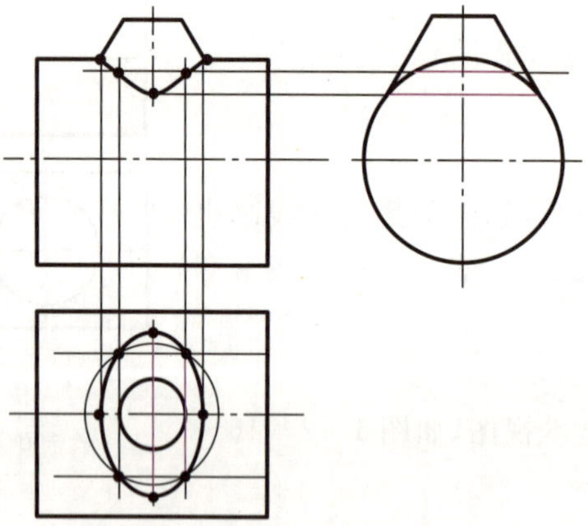

图 1-2-15 用辅助平面法求相贯线

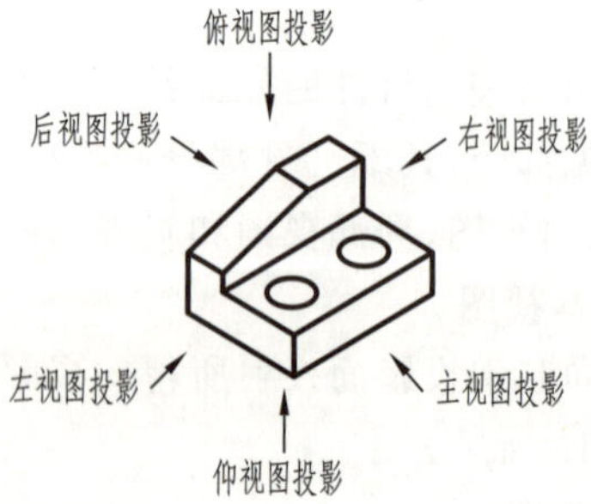

图 1-2-16 六个投影方向

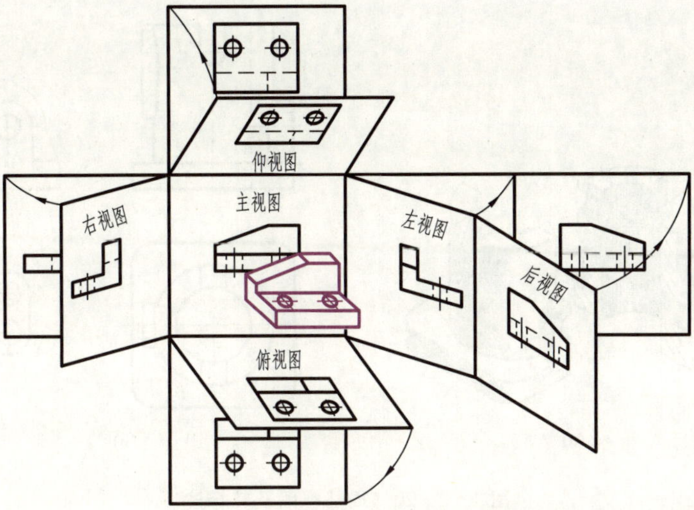

图 1-2-17 六个基本投影面的展开

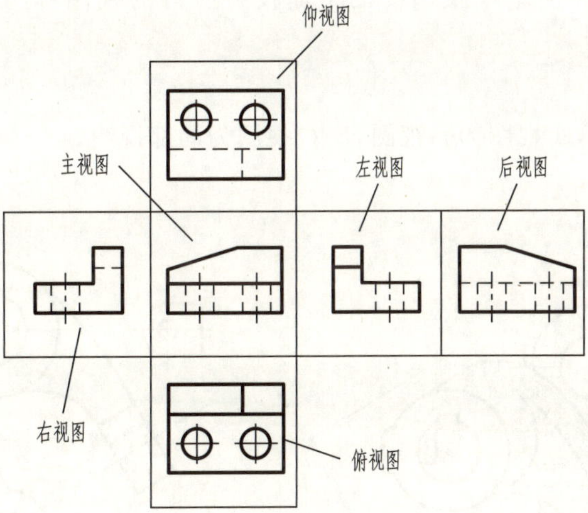

图 1-2-18 六个基本视图的位置

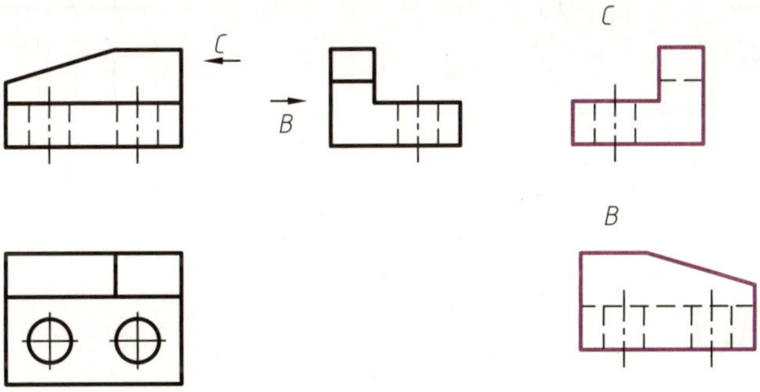

图 1-2-19 向视图及其标注

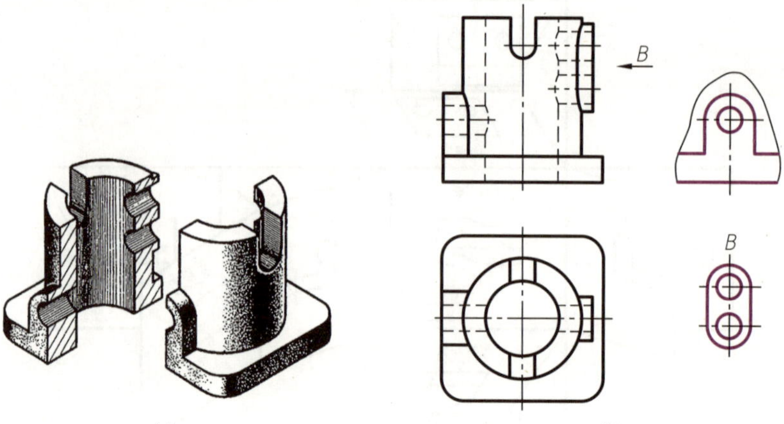

(a) (b)

图 1-2-20 局部视图及其标注

4. 斜视图

将机件向不平行于任何基本投影面的平面投射所得的视图称为斜视图，如图 1-2-21 所示。

5. 综合举例

如图 1-2-22 所示，*A* 视图为斜视图，*B*、*C* 视图为局部视图。

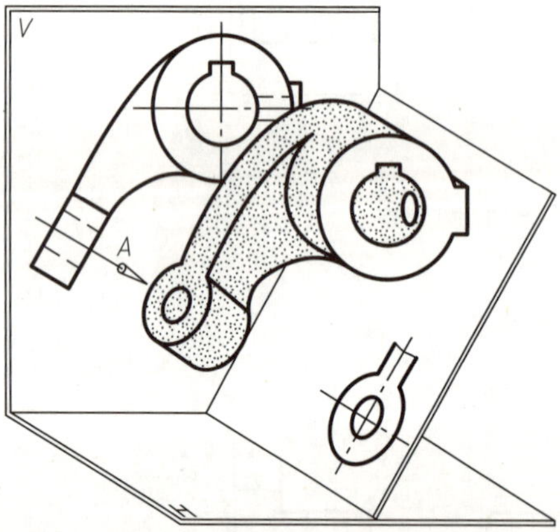

图 1-2-21 斜视图的形成

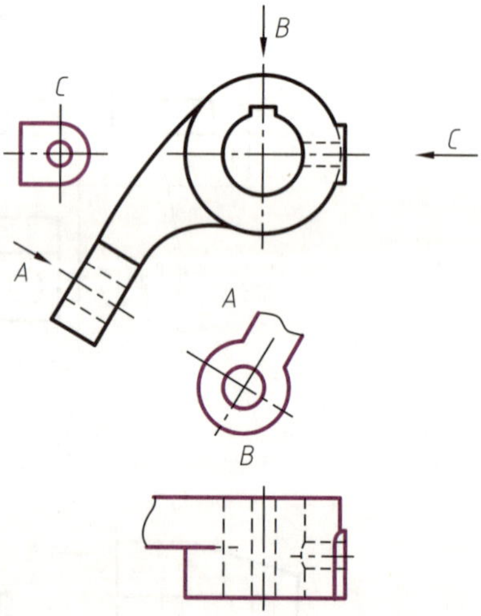

图 1-2-22 综合举例

【任务实施】

绘制汽车十字万向节(图 1-2-23)的视图。

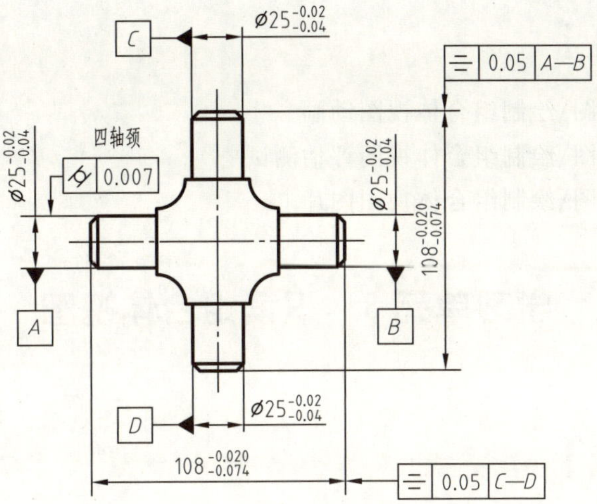

图 1-2-23　汽车十字万向节的视图

【知识拓展】

平面与圆锥的截交线如表 1-2-2 所示。

表 1-2-2　平面与圆锥的截交线

截平面的位置	与轴线垂直	过圆锥顶点	平行于任一素线	与轴线倾斜（不平行于任一素线）	与轴线平行
轴测图	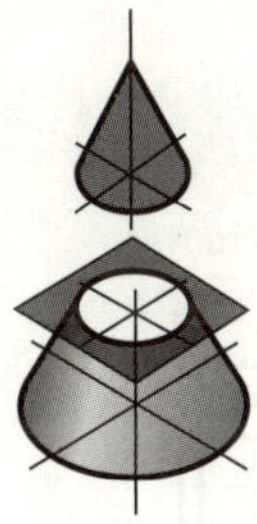	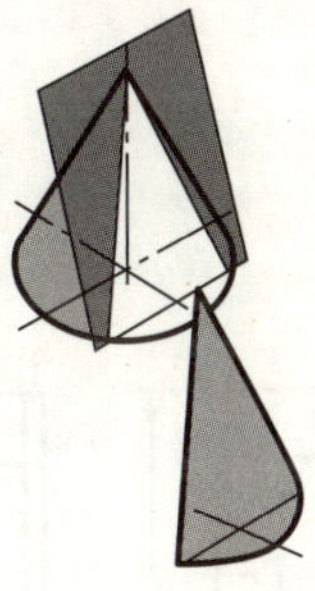	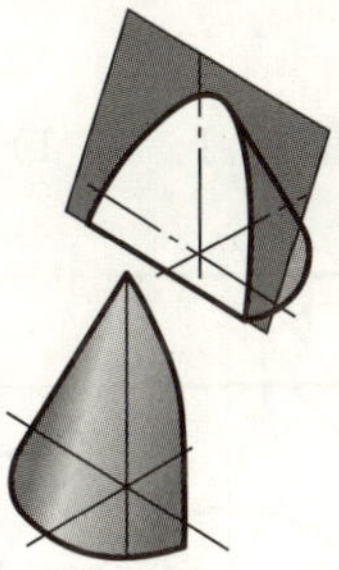	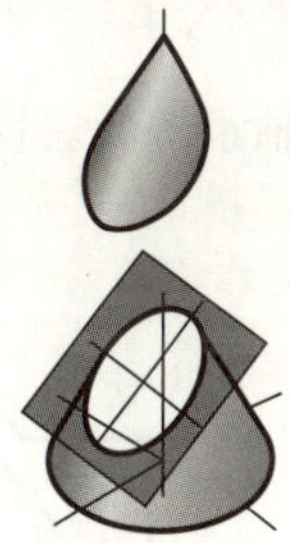	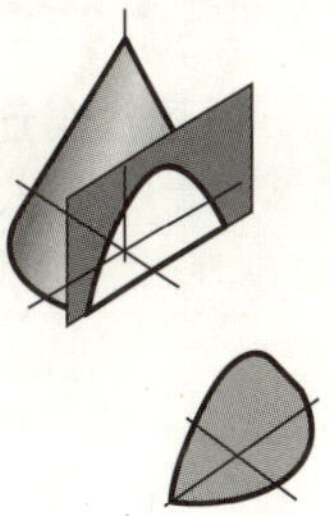
投影图	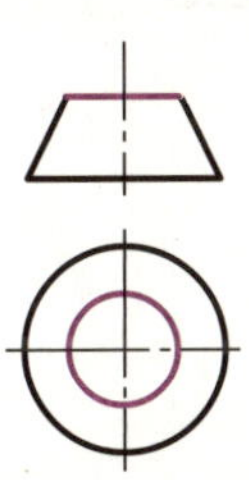	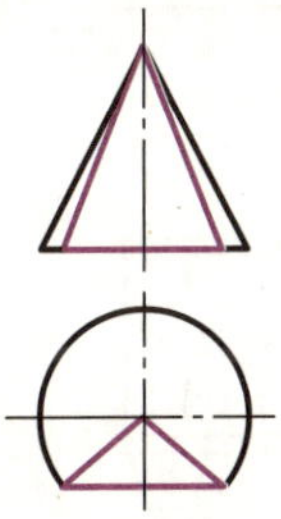	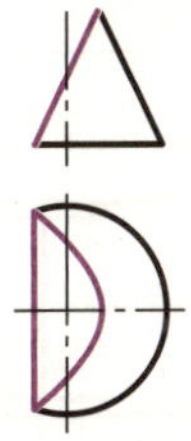	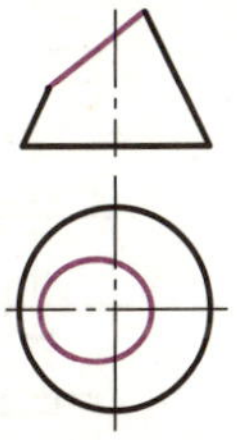	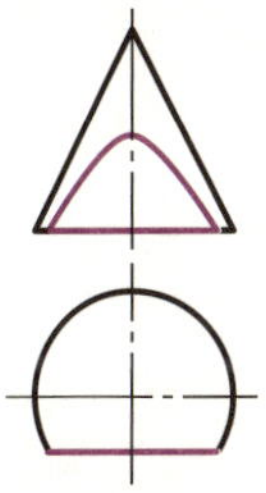
截交线的形状	圆	两相交直线	抛物线	椭圆	双曲线

【资源链接】

1.2 绘制组合体视图\绘制组合体视图动画
1.2 绘制组合体视图\绘制组合体视图评估测试
1.2 绘制组合体视图\绘制组合体视图图片

学习单元3 识读组合体视图

【知识目标】

- 掌握读组合体视图的方法和步骤。
- 掌握用形体分析法读图的步骤。
- 掌握用线面分析法读图的步骤。

【技能目标】

能正确识读组合体的视图。

【任务导入】

识读汽车连杆轴承盖的三视图(图1-3-1)。

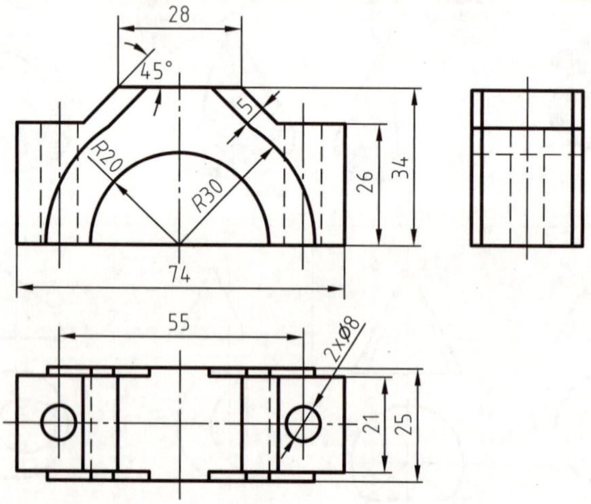

图1-3-1 汽车连杆轴承盖的三视图

【知识准备】

读图的基本方法有形体分析法和线面分析法。

1.3.1　形体分析法

用形体分析法读图的步骤如下(图 1-3-2)：

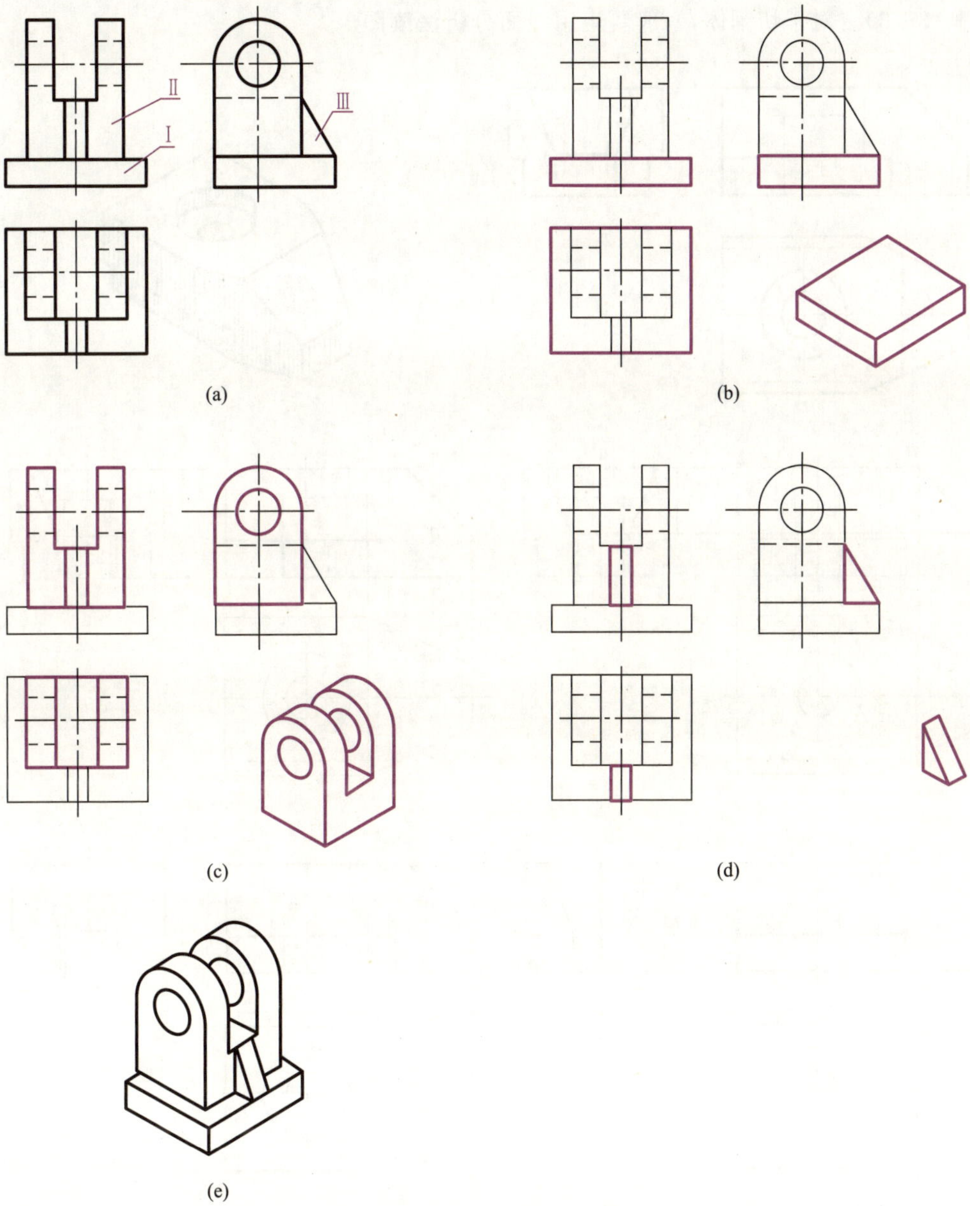

图 1-3-2　用形体分析法读图

① 按投影关系将视图中的线框分解为几个部分。

② 根据每部分的特征视图，想象出其形状。

③ 分析各部分的相对位置关系、组合形式以及表面的连接方式。

④ 最后综合起来想象整体形状。

1.3.2 线面分析法

线面分析法就是分析视图中直线、平面等几何要素的空间形状和位置，最后想象出物体的形状（图 1-3-3）。对于切割体，一般要运用线面分析法读图。

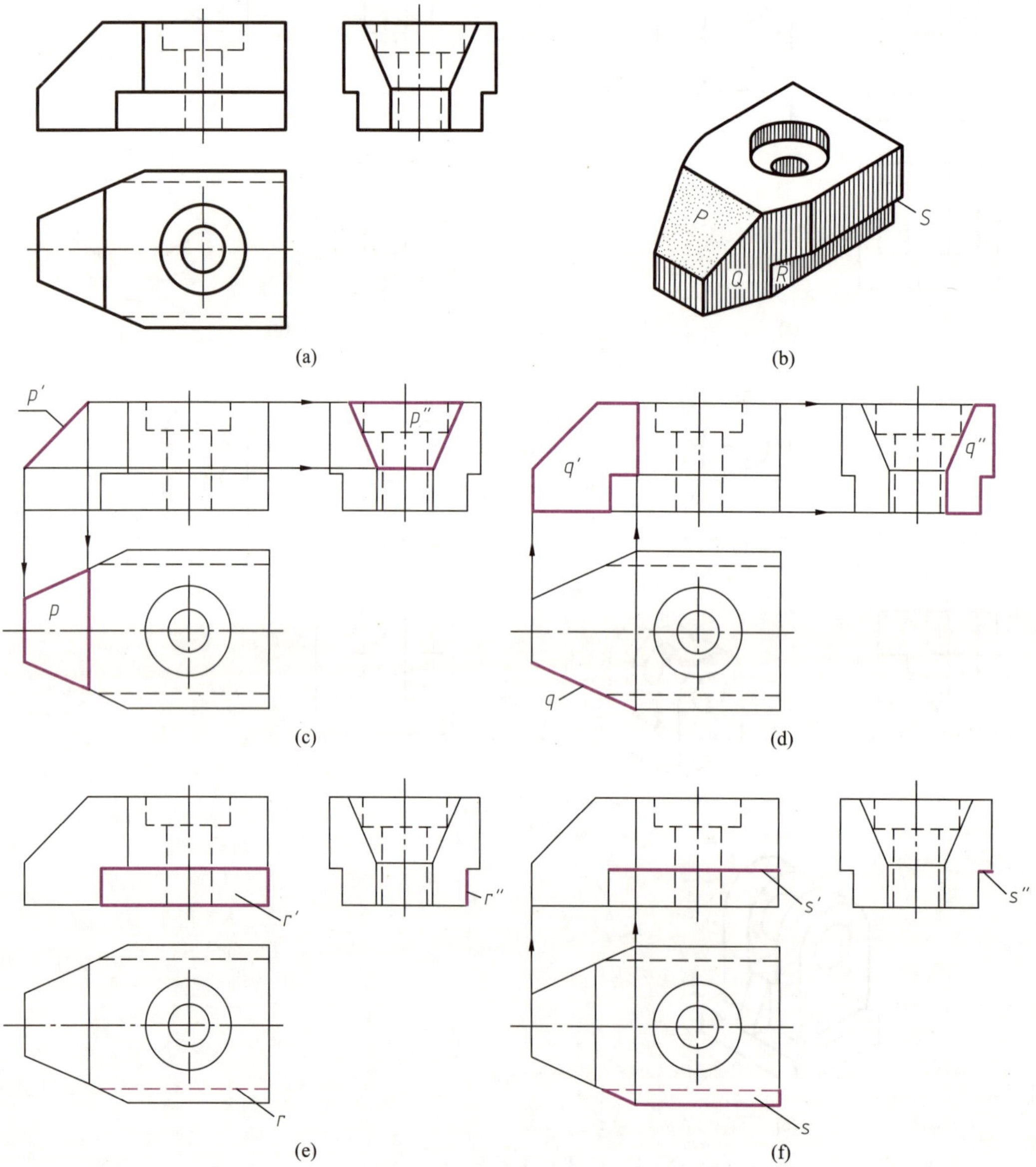

图 1-3-3 用线面分析法读图

【任务实施】

识读汽车连杆轴承盖的三视图(图 1 - 3 - 4)。

① 对应投影关系将视图中的线框分解为 1、2、3 三个部分。

② 想象出每个组成部分的形状。

③ 最后综合想象出整体(图 1 - 3 - 5)。

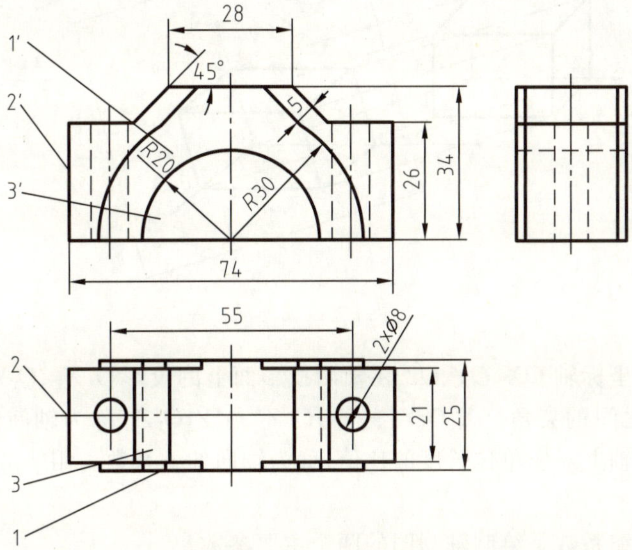

图 1 - 3 - 4　识读汽车连杆轴承盖的三视图

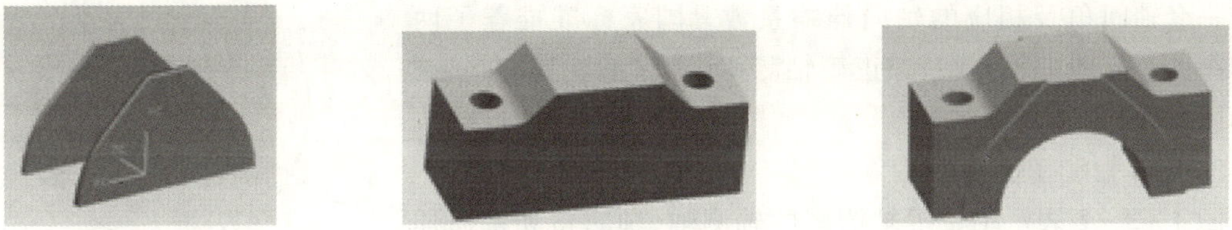

(a) 第1部分　(b) 第2部分　(c) 整体结构

图 1 - 3 - 5　汽车连杆轴承盖部分以及整体的立体图

【知识拓展】

正投影图能准确、真实地表达机件的结构形状,但缺乏立体感。因此,工程上还采用立体感较强的轴测图作为辅助图样来帮助人们看懂多面正投影图。

1. 轴测图的形成

将物体连同确定其空间位置的直角坐标系，沿不平行于任何坐标平面的方向，用平行投影法投射在某一选定的单一投影面上所得到的具有立体感的图形，称为轴测投影图，简称轴测图，如图 1-3-6 所示。

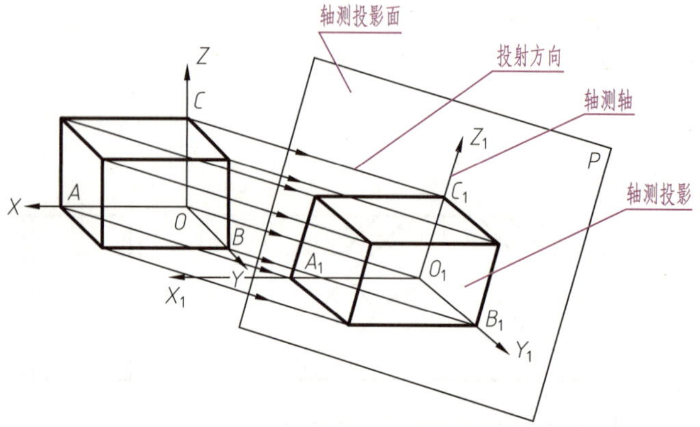

图 1-3-6 轴测图的形成

直角坐标系中的坐标轴 OX、OY、OZ 在轴测投影面上的投影 O_1X_1、O_1Y_1、O_1Z_1 称为轴测图的轴测轴；两轴测轴之间的夹角 $\angle X_1O_1Y_1$、$\angle X_1O_1Z_1$、$\angle Y_1O_1Z_1$ 称为轴间角；轴测轴上的单位长度与空间直角坐标轴上对应单位长度的比值，称为轴向伸缩系数。用 p、q、r 表示 OX、OY、OZ 轴的轴向伸缩系数。

轴间角与轴向伸缩系数是绘制轴测图的两个主要参数。

2. 轴测图的种类

由轴测图的形成过程可知，轴测图可以有很多种，每一种都有一套轴间角及相应的轴向伸缩系数。国家标准推荐了两种作图比较简便的轴测图，即正等轴测图（简称正等测）和斜二轴测图（简称斜二测）。

3. 正等轴测图的画法

图 1-3-7 表示了正等轴测图的轴测轴、轴间角和轴向伸缩系数等参数及画法。从图中可看出，正等轴测图的轴间角均等于 120°，轴向伸缩系数 $p=q=r=0.82$。为作图简便，常把正等轴测图的轴向伸缩系数简化成 1，即沿各轴向的所有尺寸都按物体的实际长度画图。

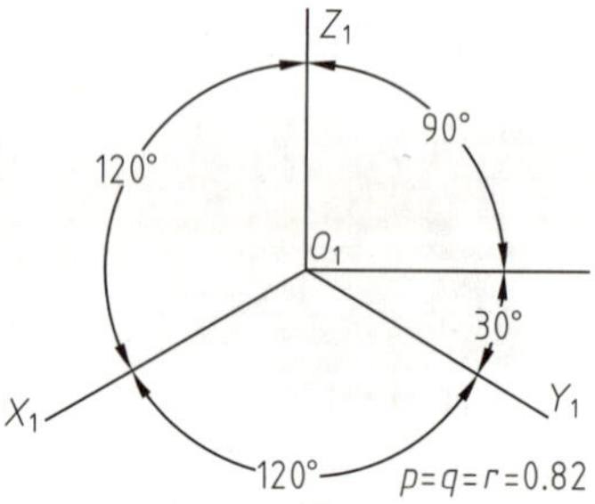

图 1-3-7 正等测的轴间角和轴向伸缩系数

画轴测图时，轴测轴位置的设置，可选择在物体上最有利于画图的位置上，图 1-3-8 是设置轴测轴位置的示例。

(1) 平面立体正等轴测图的画法

坐标法是轴测图常用的基本作图方法，它是根据坐标关系，先画出物体特征表面上各点的轴测投影，然后由各点连接物体特征表面的轮廓线，来完成正等轴测图。

长方体正等轴测图的作图步骤如图 1-3-9 所示：

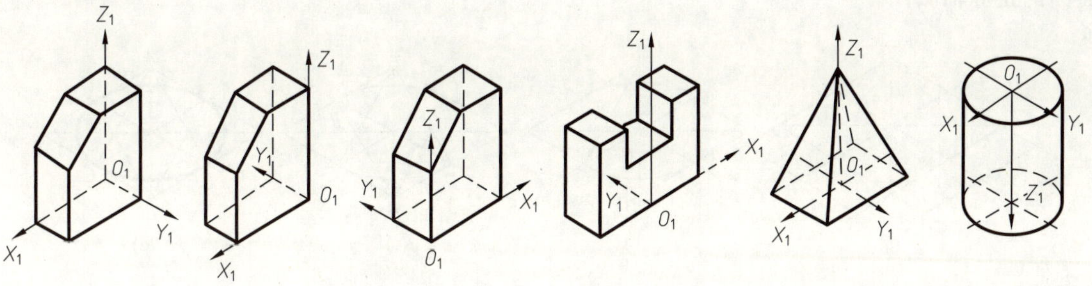

图 1-3-8　轴测轴位置设置的示例

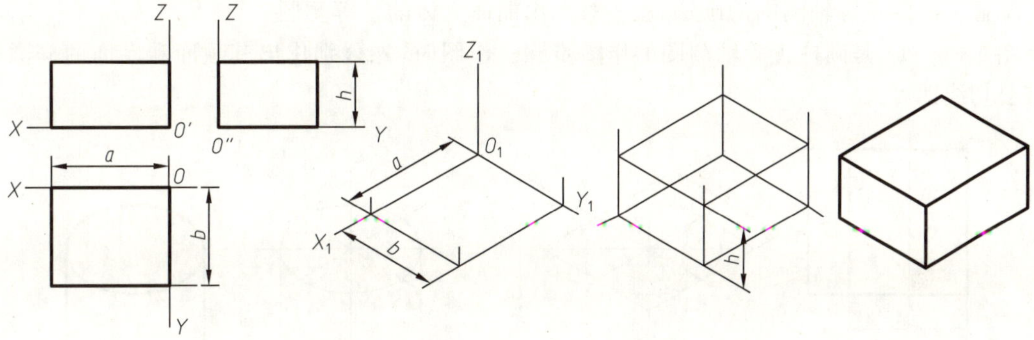

图 1-3-9　长方体正等测图的作图步骤

① 在三视图中，画出坐标轴 X、Y、Z 的投影。

② 按轴间角画出轴测轴 X_1、Y_1、Z_1。

③ 以 O_1 为原点，在 O_1X_1 轴上量取长方体的长度、在 O_1Y_1 轴上量取长方体的宽度，画出长方体底面的轴测投影。

④ 过底面各顶点向上作 O_1Z_1 轴的平行线，在各平行线上量取长方体的高度，得到顶面上各点并依次连接，得到长方体顶面的轴测投影。

⑤ 擦去多余的图线并描深，即得到长方体的正等测图。

亦可先画出长方体前面的轴测投影，过前面各点向后作 O_1Y_1 轴的平行线，在各平行线上量取长方体的宽度，得到长方体后面的轴测投影。

(2) 圆的正等轴测图的画法

平行于 H 面的圆(图 1-3-10)正等轴测图的作图步骤如图 1-3-11 所示。

① 确定平面图形的直角坐标轴，并作圆的外切四边形。

② 作出轴测轴，按圆的外切四边形画出菱形。

③ 分别以 A、B 点为圆心，以 AC 为半径在 CD 间画大弧，以 BE 为半径在 EF 间画大圆弧。

④ 连接 AC 和 AD 交长轴于Ⅰ、Ⅱ两点，分别以Ⅰ、Ⅱ两点为圆心，ⅠD、ⅡC 为半径画两小圆弧，在 C、F、D、E 处与大圆弧相切，即完成平

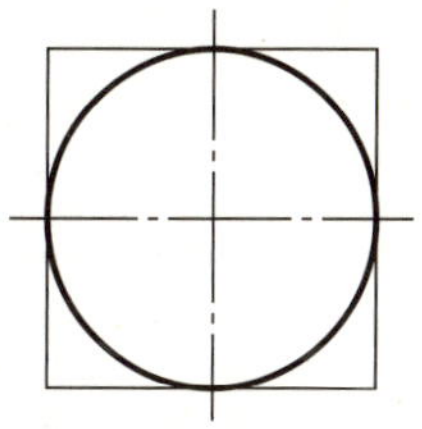

图 1-3-10　平面圆的正投影图

面圆的正等轴测图。

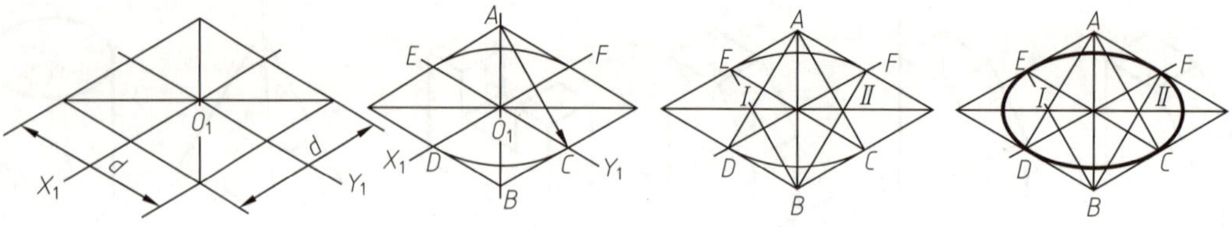

(a) (b) (c) (d)

图 1-3-11 平面圆的正等测图的作图步骤

(3) 曲面立体正等轴测图的画法

掌握了圆的正等轴测图的画法，就不难画出曲面立体的正等测图。

图 1-3-12 是圆柱正等轴测图的作图步骤。作图时，先分别作出其顶面和底面的椭圆，再作其公切线即可。

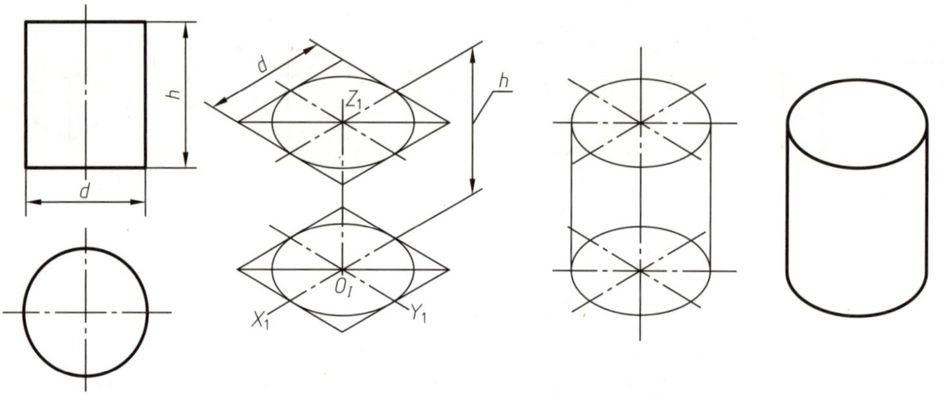

(a) 圆柱的视图　(b) 画轴测轴，定上下底圆中心，画上下底椭圆　(c) 作出两边轮廓线(注意切点)　(d) 描深并完成全图

图 1-3-12 圆柱正等测图的作图步骤

4. 斜二轴测图的画法

图 1-3-13 表示了斜二轴测图的轴测轴、轴间角和轴向伸缩系数等参数及画法。从图中可看出，斜二轴测图的轴间角等于 135°，三个轴向伸缩系数为 $p=r=1, q=0.5$。

回转体(图 1-3-14)斜二轴测图的作图步骤如图 1-3-15 所示：

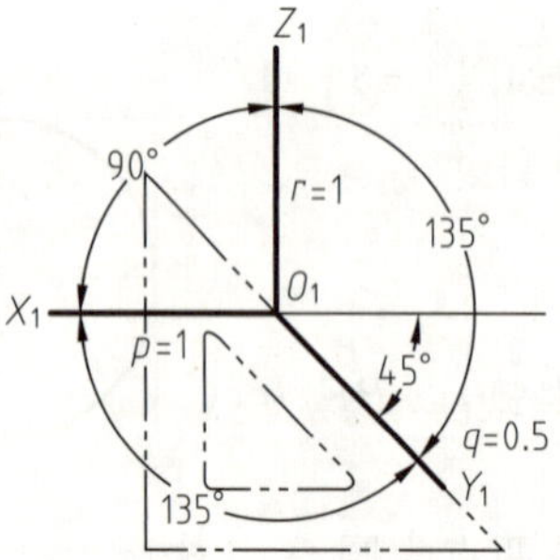

图1-3-13 斜二测的轴间角和轴向变形系数

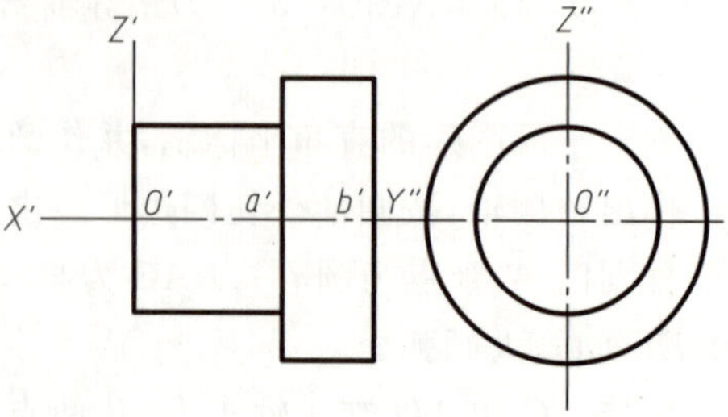

图 1-3-14 回转体的视图

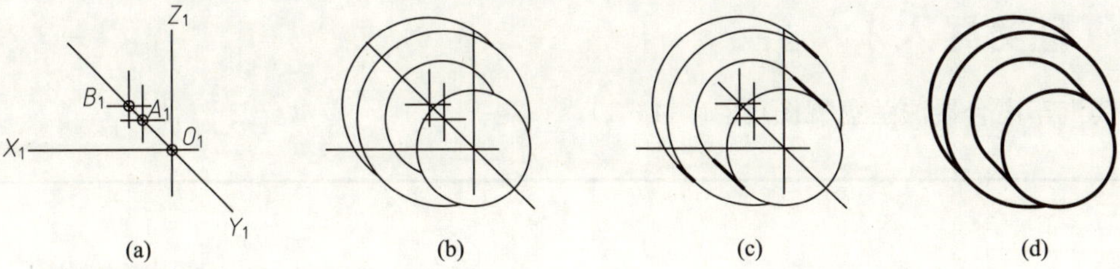

图 1-3-15　回转体斜二测图的作图步骤

① 在三视图中，画出坐标轴 X、Y、Z 的投影。

② 按轴间角画出轴测轴 X_1、Y_1、Z_1。

③ 在 O_1Y_1 上定出各端面的圆心 O_1、A_1、B_1。

④ 画出各端面的轴测投影。

⑤ 画出两端面圆的公切线。

⑥ 擦去多余的图线并描深。

【资源链接】

1.3 识读组合体视图\识读组合体视图评估测试

1.3 识读组合体视图\识读组合体视图图片

学习单元 4　识读具有复杂内部结构机件的视图

【知识目标】

- 掌握剖视图的基本概念和画法。
- 掌握全剖视图、半剖视图、局部剖视图的画法。
- 掌握单一剖切面、几个平行的剖切面、几个相交的剖切面的规定画法。
- 掌握断面图的画法和标注。

【技能目标】

能正确识读剖视图、断面图。

【任务导入】

识读汽车离合器法兰盘视图(图 1-4-1)。

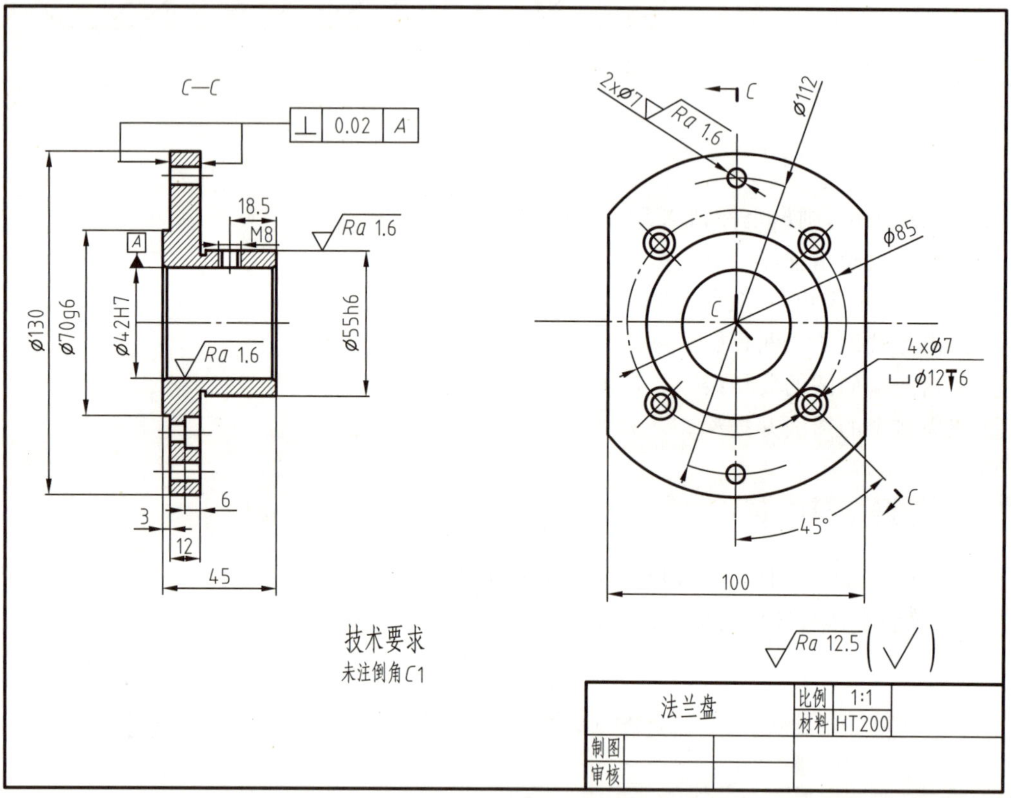

图 1-4-1 法兰盘

【知识准备】

1.4.1 剖视图的基本概念和画法

1. 剖视图的概念

剖切物体的假想平面或曲面称为剖切面。

假想用剖切面剖开机件,将处在观察者和剖切面之间的部分移去,而将其余部分向投影面投射所得的图形,称为剖视图,简称剖视(图 1-4-2)。剖视图用于表达机件的内部结构形状。

2. 剖视图的画法

(1) 确定剖切方法及剖面位置

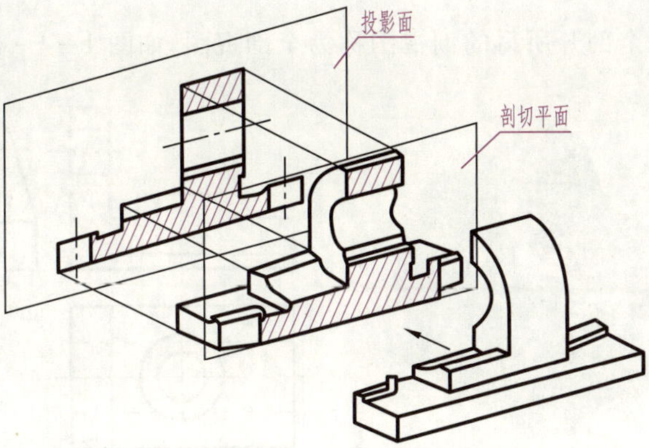

图 1-4-2　剖视的概念

选择最合适的剖切位置，以便充分表达机件的内部结构形状，剖切面一般应通过机件上孔的轴线、槽的对称面等结构。

(2) 画出剖视图

应把断面及剖切面后方的可见轮廓线用粗实线画出。

(3) 画剖面符号

为了分清机件的实体和空心部分，在被剖切到的实体部分上应画剖面符号。国家标准规定，表示金属材料的剖面区域，采用通用的剖面线，即以适当角度的细实线绘制，最好与主要轮廓或剖面区域的对称线成 45°。当图形的主要轮廓与水平成 45°时，该图形的剖面线应与水平成 30°或 60°，其倾斜方向仍与其他图形的剖面线一致。剖视的画法如图 1-4-3 所示。

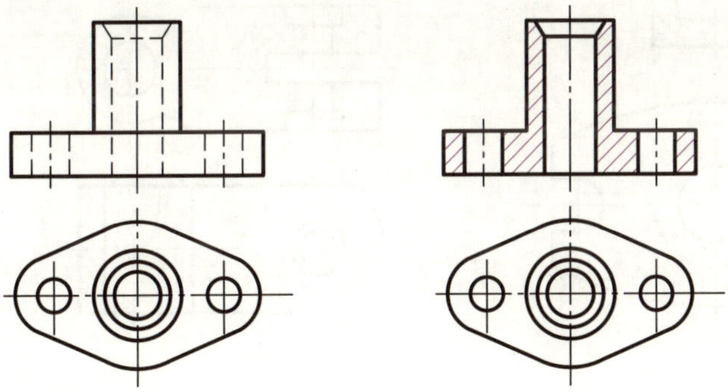

图 1-4-3　剖视的画法

1.4.2　剖视图的种类

根据剖开的范围，剖视图可分为全剖视图、半剖视图和局部剖视图三种。

1. 全剖视图

用剖切面将机件完全剖开所得的剖视图称为全剖视图，如图 1-4-4 所示。

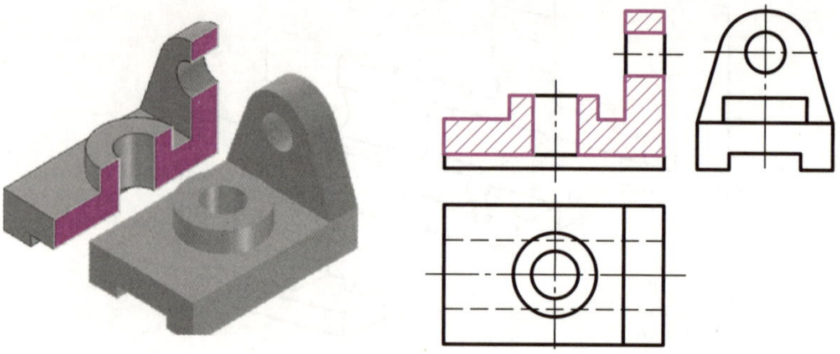

图 1-4-4 全剖视的画法

2. 半剖视图

将具有对称平面的机件，向垂直于对称平面的投影面上投射，所得的图形以对称中心为界，将图形一半画成剖视图，另一半画成视图，这种组合的图形称为半剖视图，如图 1-4-5 所示。

3. 局部剖视图

用剖切面局部剖开机件，所得的剖视图称为局部剖视图，如图 1-4-6 所示。

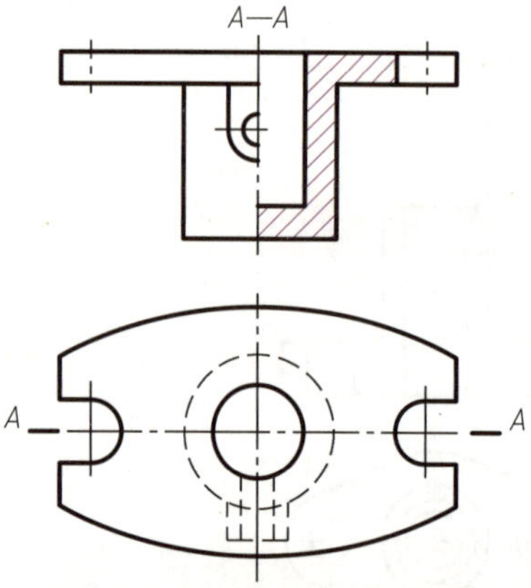

图 1-4-5 半剖视的画法

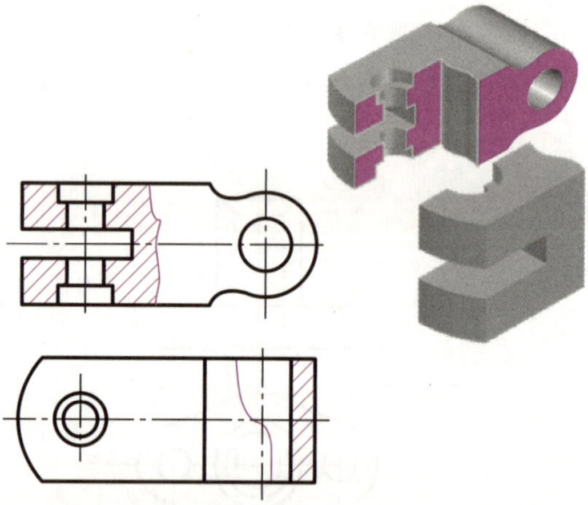

图 1-4-6 局部剖视的画法

1.4.3 剖切面的种类

根据剖切面的数量和组合形式的不同，剖切面分为单一剖切面（图 1-4-7）、几个平行的剖切面（图 1-4-8）、几个相交的剖切面（图 1-4-9、图 1-4-10）。

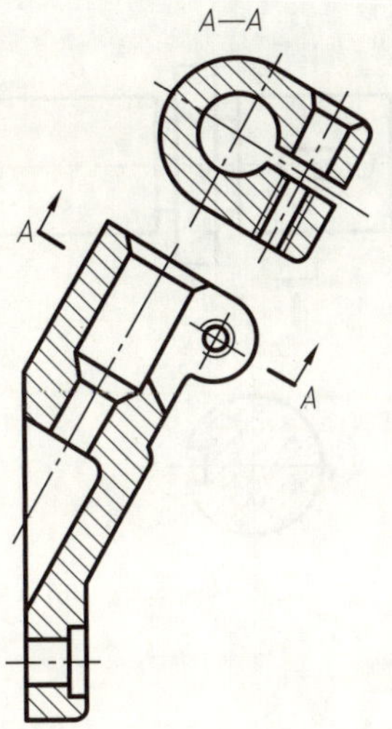

图 1-4-7　单一剖切面

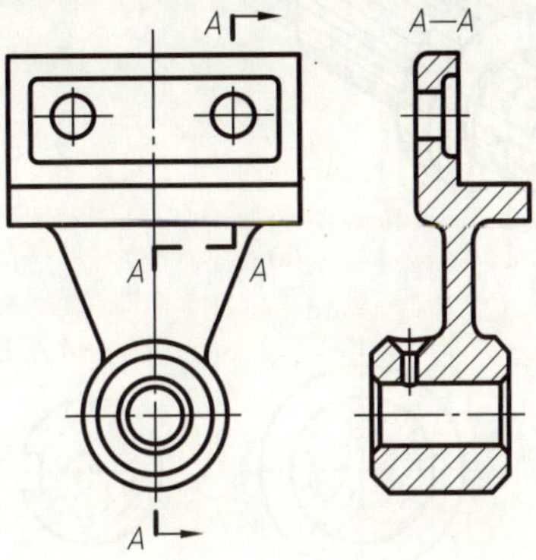

图 1-4-8　平行剖切面

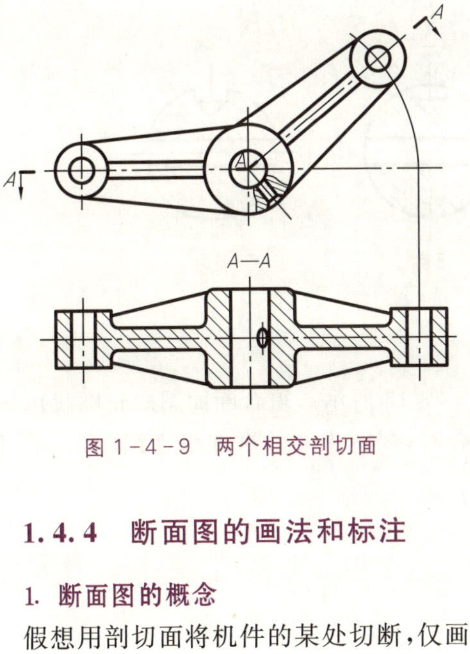

图 1-4-9　两个相交剖切面

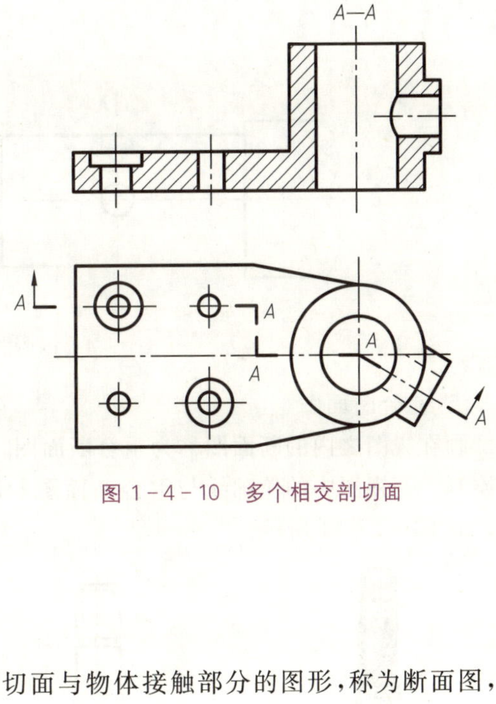

图 1-4-10　多个相交剖切面

1.4.4　断面图的画法和标注

1. 断面图的概念

假想用剖切面将机件的某处切断，仅画出该剖切面与物体接触部分的图形，称为断面图，简称断面，如图 1-4-11 所示。

2. 断面图的种类

断面图分为移出断面图和重合断面图。

(1) 移出断面图

画在视图外面的断面图称为移出断面图。如图 1-4-11b 所示。移出断面图的轮廓线用粗实线绘制，在剖面区域画出剖面符号。当剖切平面通过回转面形成的孔或凹坑的轴线，或剖平面通过非圆孔而导致出现完全分离的断面图形时，这些结构应按剖视图绘制，如图 1-4-12 所示。

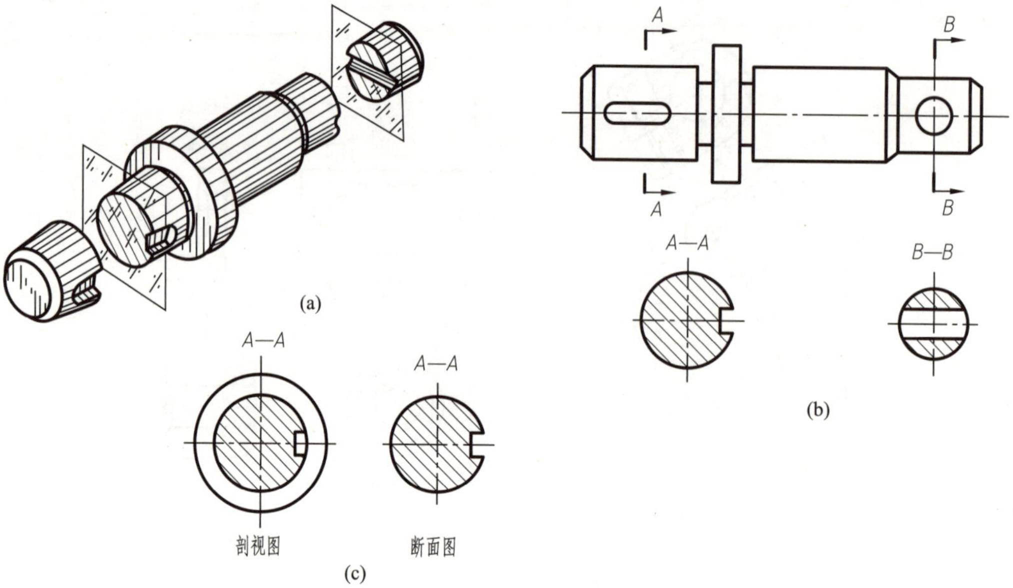

图 1-4-11 断面图的概念

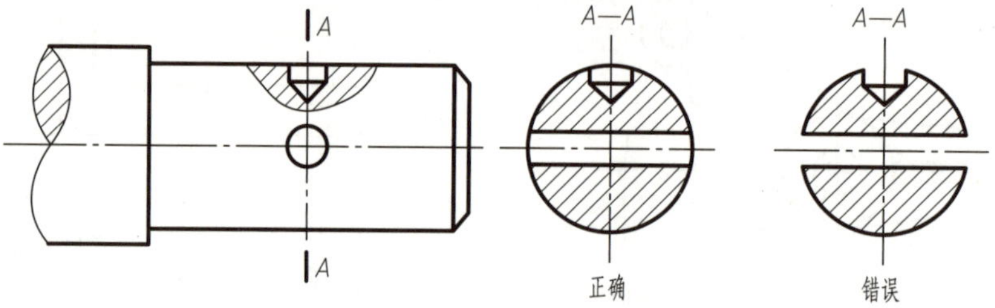

图 1-4-12 带有孔或凹坑的断面图

(2) 重合断面图

画在视图之内的断面图称为重合断面图，如图 1-4-13 所示。重合断面图的轮廓线用细实线绘制。当视图中的轮廓线与重合断面图的图线重叠时，视图中的轮廓线仍连续画出，不可间断，如图 1-4-14 所示。

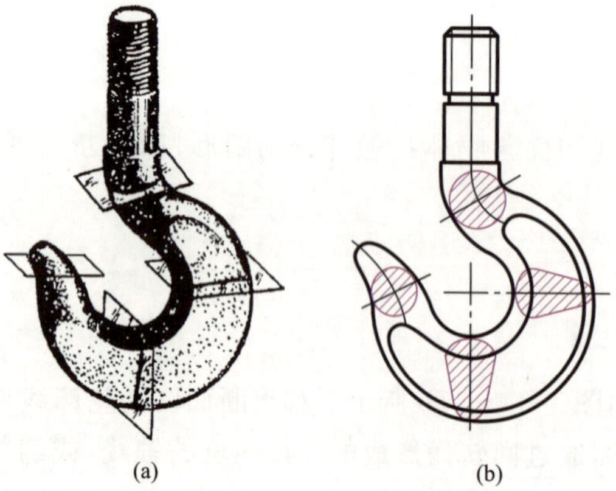

图 1-4-13 重合断面图

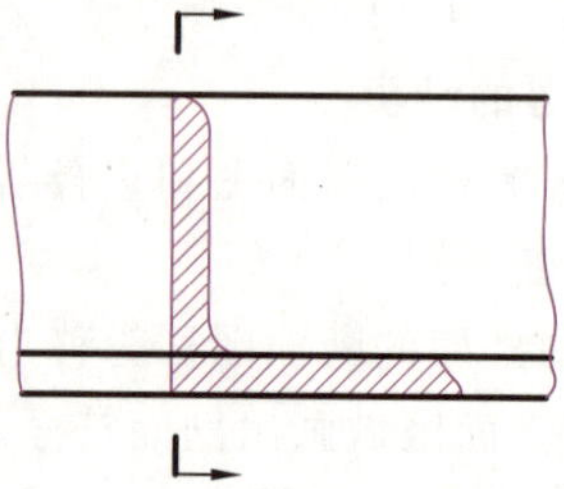

图 1-4-14 视图轮廓线与断面图的图线重合

3. 断面图的标注

移出断面图一般用剖切符号表示剖切位置，用箭头表示投射方向，并注上字母；在断面图的上方，用同样的字母标出相应的名称“×—×”（×为大写拉丁字母），如图 1-4-11b 所示。对称的移出断面图以及按投影关系配置的移出断面图可以省略箭头。

【任务实施】

识读图 1-4-1 汽车离合器法兰盘视图。

该零件采用主视图、左视图表达。主视图是采用相交剖切方法的全剖视图，主要表达孔的相贯情况。左视图表达端面的形状及端面上孔的位置。

【知识拓展】

第三角投影是将投影面放在观察者与物体之间进行投影，投影时，保持人→面→物的相对关系。由物体向投影面投影时所作的投影线与人的视线方向相反，而且，假定投影面为透明的平面。第一角投影法与第三角投影法的区别如图 1-4-15～图 1-4-19 所示。

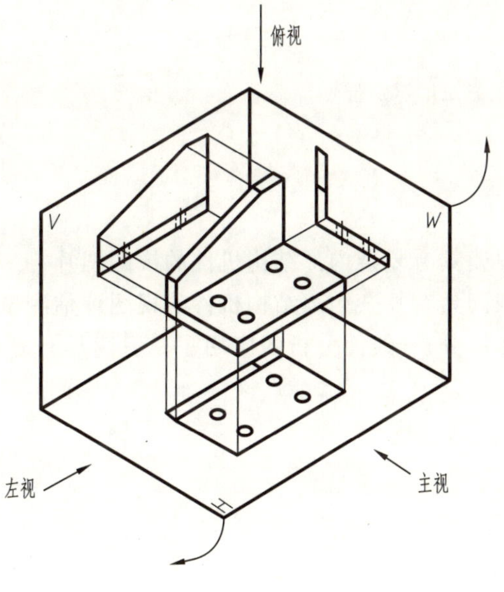

图 1-4-15　第一角投影法

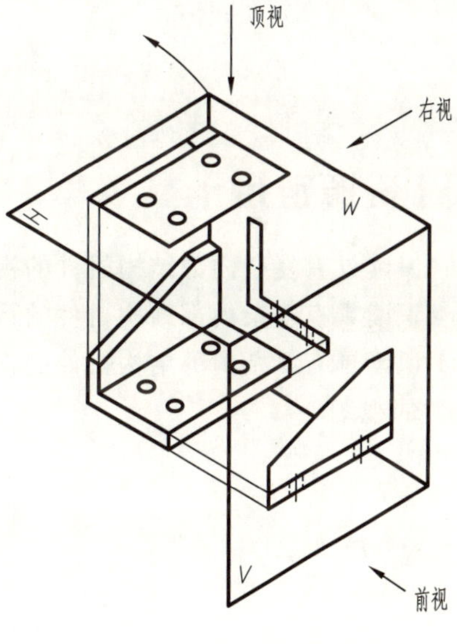

图 1-4-16　第三角投影法

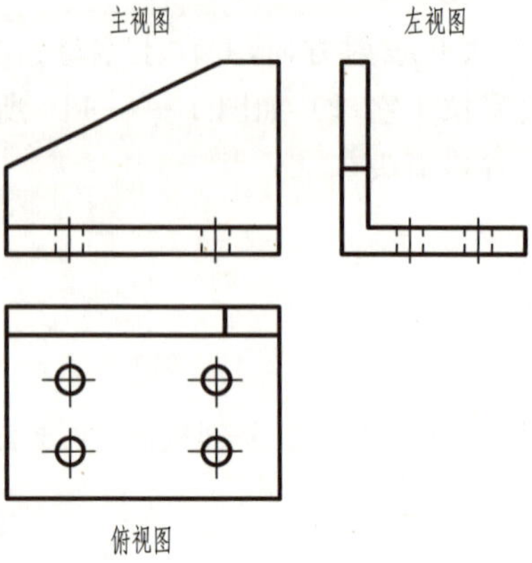

图 1-4-17 第一角投影视图

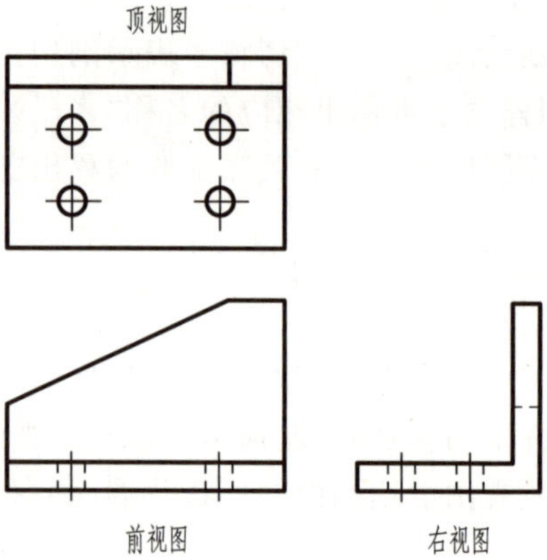

图 1-4-18 第三角投影视图

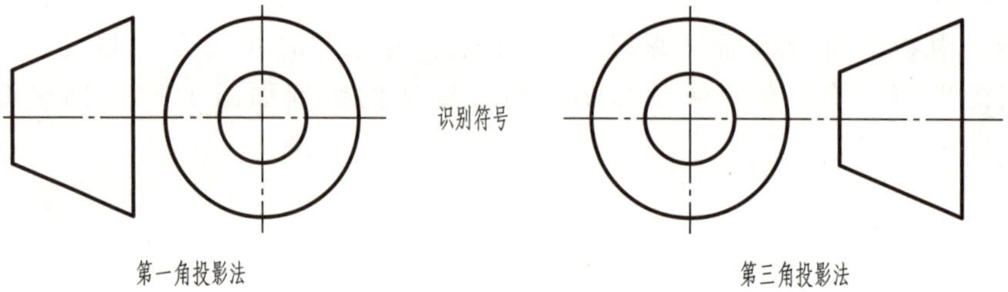

图 1-4-19 投影法的识别符号

【资源链接】

1.4 识读具有复杂内部结构机件的视图\识读具有复杂内部结构机件的视图图片

1.4 识读具有复杂内部结构机件的视图\识读具有复杂内部结构机件的视图评估测试

1.4 识读具有复杂内部结构机件的视图\形体分析、线面分析的应用——识读具有复杂内部结构机件的视图

资源链接

- ppt
- 教学设计
- 试题库
- 实训指导

学习情境2 识读曲柄连杆机构部件装配图

学习单元1 识读曲轴零件图

【知识目标】

- 从标题栏初步了解零件，收集零件相关资料。
- 识读轴套类零件的结构特点、图样画法。
- 识读轴套类零件的尺寸。
- 识读表面粗糙度、极限与配合、几何公差等技术要求的含义。

【技能目标】

能正确识读轴套类零件图。

【任务导入】

识读曲轴零件图(图2-1-1)，要求：

1. 掌握曲轴的结构特点及其作用。
2. 能识读曲轴零件的图样画法。
3. 能分析曲轴零件的尺寸。
4. 能识读曲轴零件图样表面粗糙度、极限尺寸、几何公差等技术要求的符号及含义。

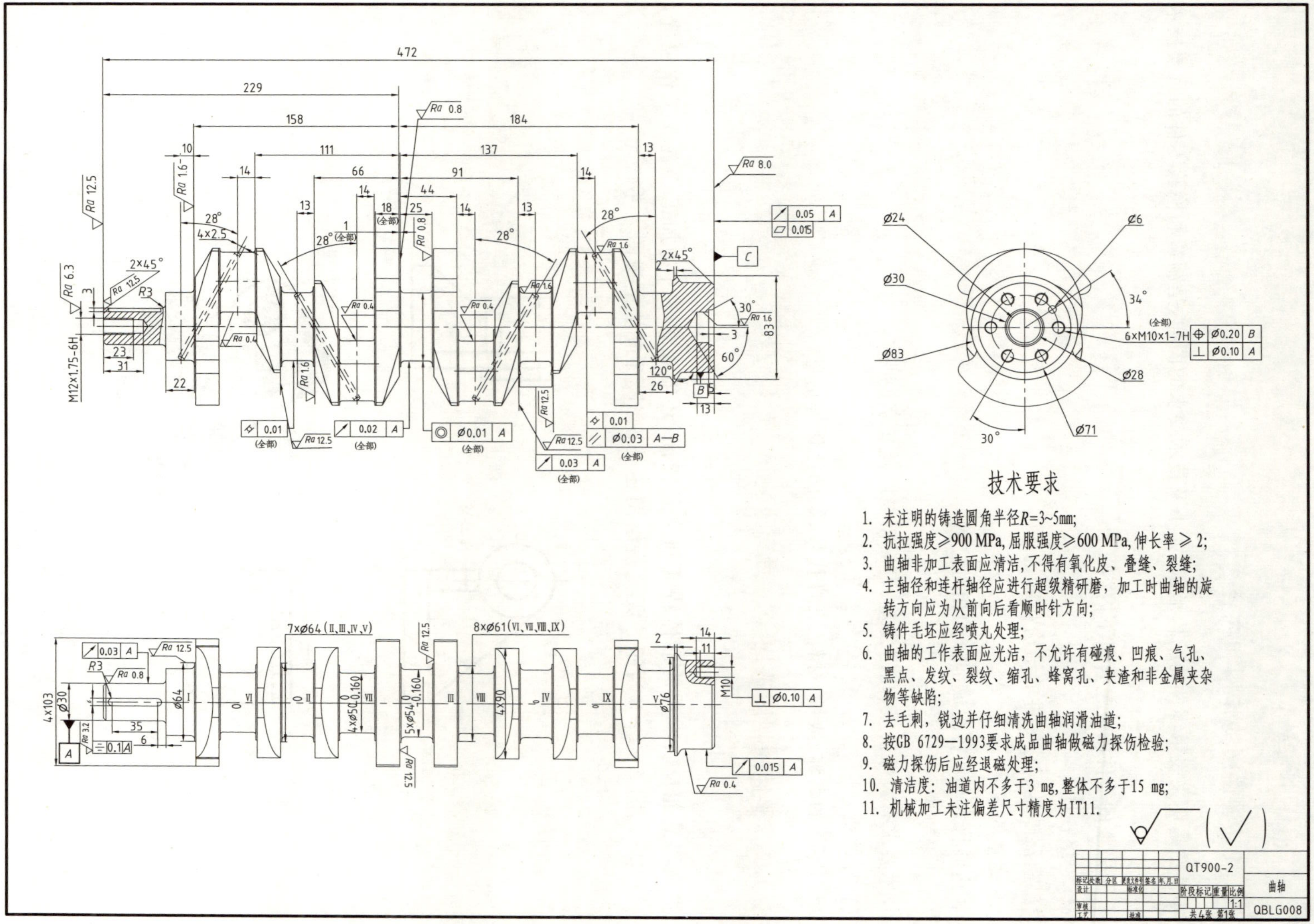
技术要求
1. 未注明的铸造圆角半径R=3~5mm;
2. 抗拉强度≥900 MPa, 屈服强度≥600 MPa, 伸长率 ≥ 2;
3. 曲轴非加工表面应清洁, 不得有氧化皮、叠缝、裂缝;
4. 主轴径和连杆轴径应进行超级精研磨, 加工时曲轴的旋转方向应为从前向后看顺时针方向;
5. 铸件毛坯应经喷丸处理;
6. 曲轴的工作表面应光洁, 不允许有碰痕、凹痕、气孔、黑点、发纹、裂纹、缩孔、蜂窝孔、夹渣和非金属夹杂物等缺陷;
7. 去毛刺, 锐边并仔细清洗曲轴润滑油道;
8. 按GB 6729—1993要求成品曲轴做磁力探伤检验;
9. 磁力探伤后应经退磁处理;
10. 清洁度: 油道内不多于3 mg, 整体不多于15 mg;
11. 机械加工未注偏差尺寸精度为IT11.
QT900-2
曲轴
QBLG008
1:1
共4张 第1张

图 2-1-1 曲轴零件图

【知识准备】

2.1.1 零件图的作用和内容

零件图是用来表示零件的结构形状、大小及技术要求的图样，是制造和检验零件的重要技术文件。

一张完整的零件图应包含以下内容：

(1) 一组视图

完整、清晰地表达零件的结构和形状。

(2) 完整的尺寸

表达形状大小和各组成部分的相对位置。

(3) 技术要求

技术要求有尺寸公差、几何公差、表面粗糙度及文字说明。

(4) 标题栏

填写零件的名称、数量、材料、图样代号、绘图比例等信息。

2.1.2 零件的视图选择

1. 主视图

主视图最能反映零件的形体特征和位置特征，还能表达零件的加工位置或工作位置，如图 2-1-2、图 2-1-3 所示。无论是绘图还是识图，都应从主视图入手。

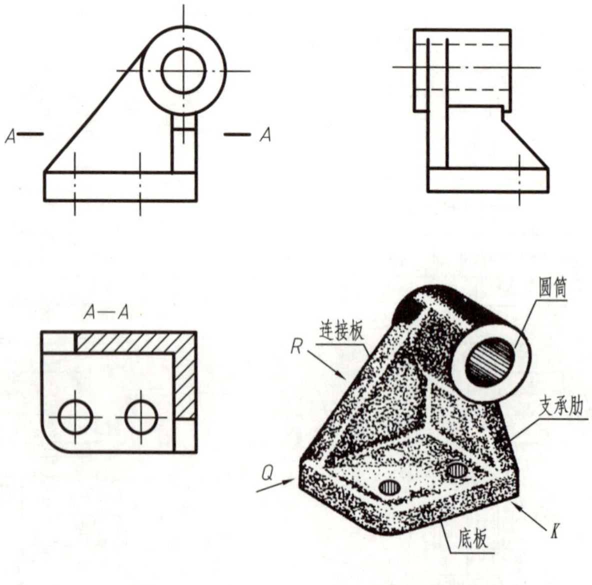

图 2-1-2 支座的主视图表达形状特征和工作位置

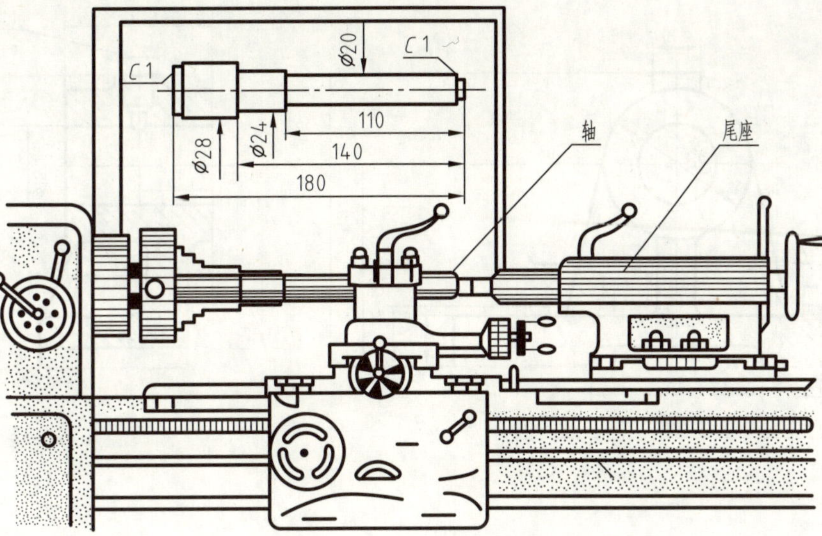

图 2-1-3 轴类零件的主视图表达形状特征和加工位置

2. 其他视图

零件主视图确定后，选择其他视图，将主视图未表达清楚的零件结构表达清楚。尽可能使零件的视图数目为最少，优先选用基本视图。

2.1.3 零件图的尺寸标注

零件图尺寸标注的要求是正确、完整、清晰、合理。合理是指标注的尺寸，既要满足设计要求又要符合加工工艺要求，便于加工和测量。

1. 零件图的尺寸基准

设计基准——根据零件的结构、设计要求及用以确定该零件在机器中的位置和几何关系所选定的基准。

工艺基准——零件在加工、测量和检验时所使用的基准。

应尽量使设计基准与工艺基准重合，便于加工测量，保证产品质量。

常见的设计基准有对称面、支承面、装配面、主要加工面、回转结构的轴心线等。

任何一个零件都有长、宽、高三个方向的尺寸。因此，每一个零件也应有三个方向的尺寸基准。每个方向只能有一个主基准，其余为辅助基准。应选择零件上重要几何要素为主基准。辅助基准与主基准之间必须有尺寸联系。如图 2-1-4 所示，B 是高度方向主基准，C 是长度方向主基准，D 是宽度方向主基准，E 是高度方向的辅助基准。

2. 合理标注尺寸

(1) 重要尺寸单独注出

影响零件的装配精度和使用性能尺寸(功能尺寸、配合尺寸、轴间距、中心距)要单独标注出来，如图 2-1-5 中的尺寸 A 和 L。

(2) 标注尺寸便于加工

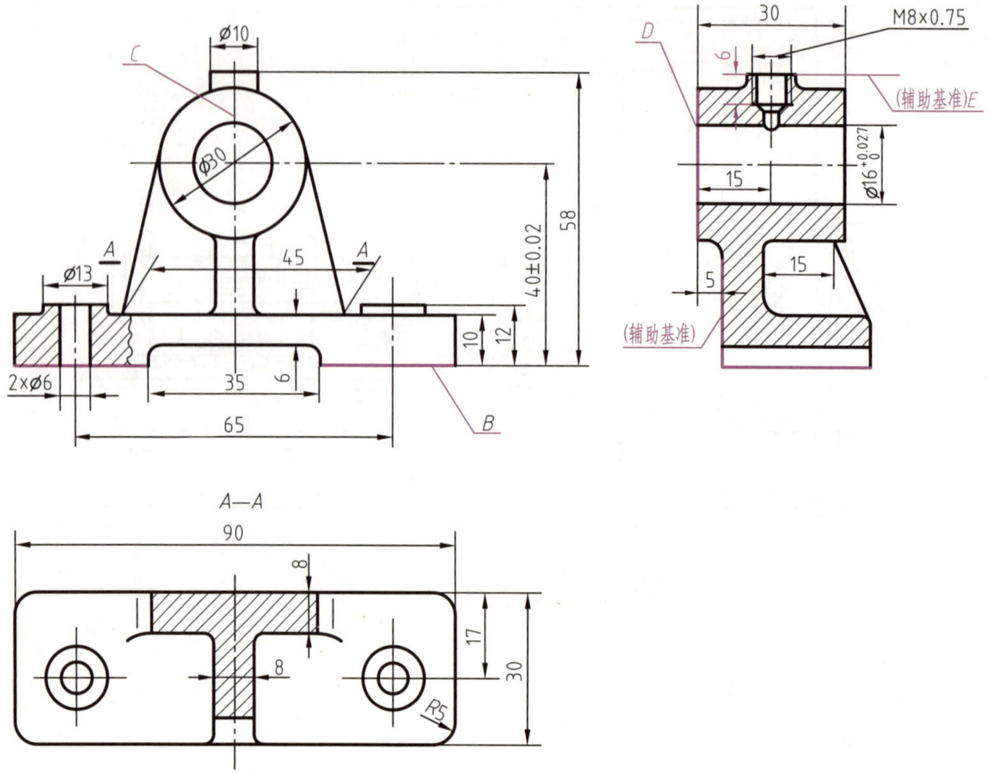

图 2-1-4 正确选择尺寸基准

按加工顺序标注尺寸，便于加工和测量，如图 2-1-6 所示。

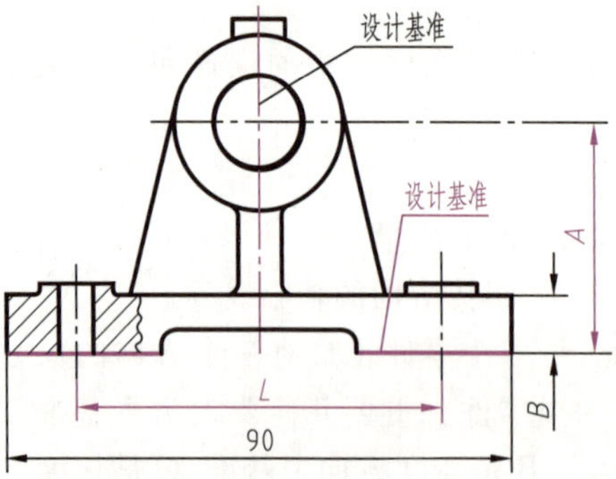

图 2-1-5 重要尺寸单独注出

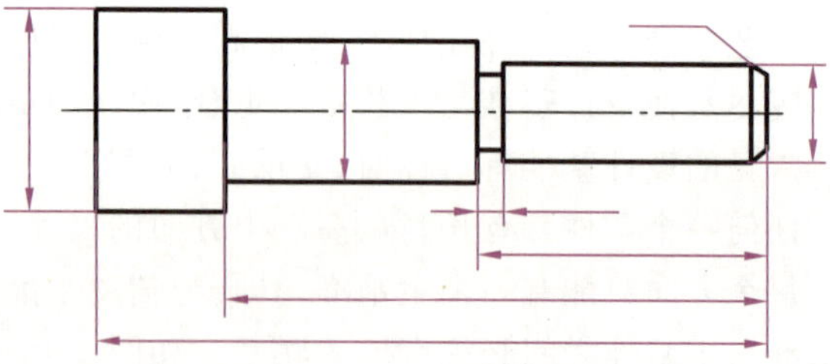

图 2-1-6 按加工顺序标注尺寸

(3) 避免注成封闭尺寸链

首尾相连的链状尺寸组称为尺寸链，组成尺寸链的每一个尺寸称为尺寸链的环，尺寸链中所有环都注上尺寸，称为封闭尺寸链。将尺寸链中最不重要的那个尺寸作为封闭环，不注写尺寸，如图 2-1-7 所示。

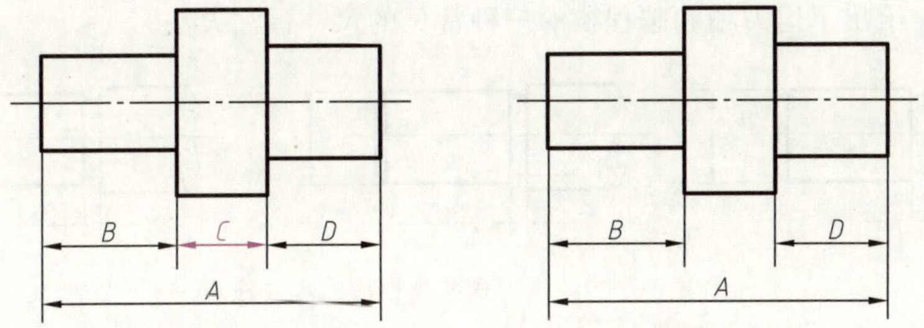

(a) 错误　　　　(b) 正确

图 2-1-7　避免注成封闭尺寸链

(4) 标注尺寸便于测量

零件标注的尺寸应便于测量，如图 2-1-8 所示。

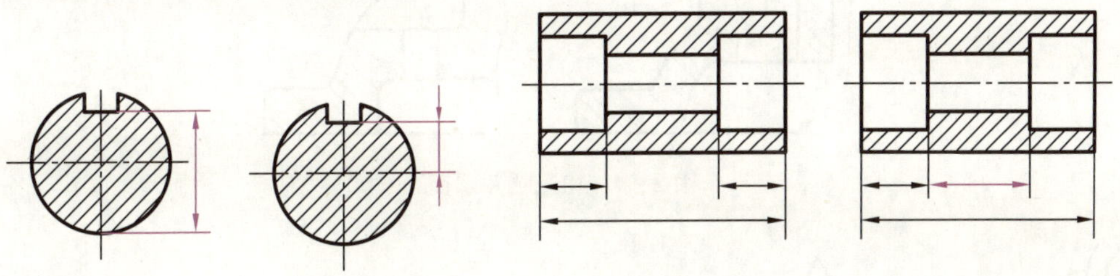

(a) 便于测量　　(b) 不便测量　　(c) 便于测量　　(d) 不便测量

图 2-1-8　标注尺寸应便于测量

2.1.4　机械加工工艺结构

1. 倒角和倒圆

去除零件的毛刺、锐边以便操作安全和便于装配，通常在轴或孔的端部倒角。在轴肩处倒圆角以避免应力集中而出现裂纹，如图 2-1-9 所示。

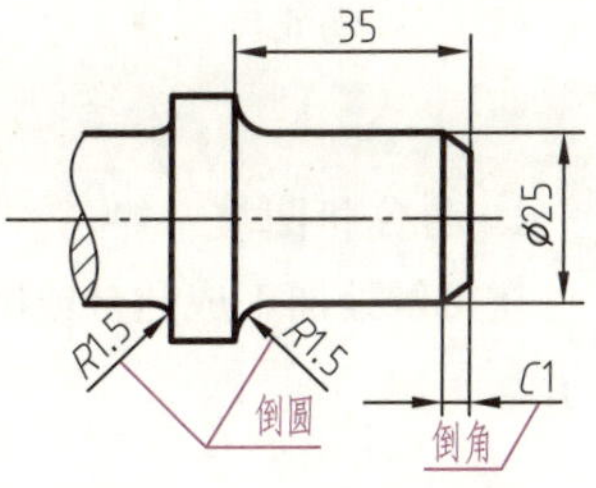

图 2-1-9　倒角和倒圆

2. 退刀槽和砂轮越程槽

退刀槽或砂轮越程槽的作用是在车削和磨削时便于退刀和便于零件轴向定位，如图 2-1-10 所示。

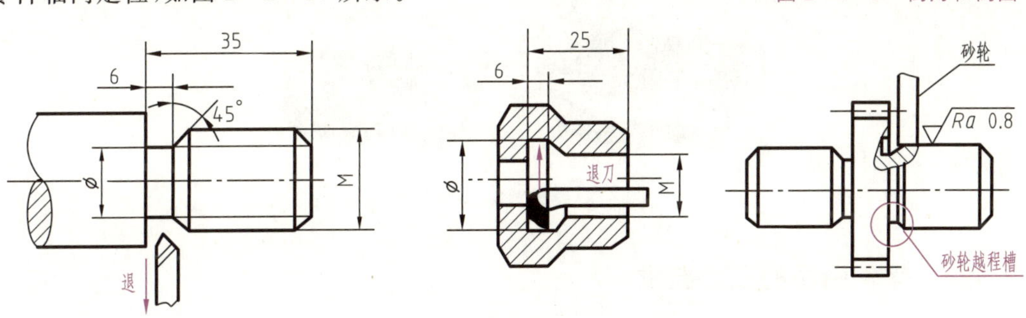

图 2-1-10　退刀槽和越程槽

图 2－1－11 给出了退刀槽和越程槽的三种常见的尺寸标注方法。

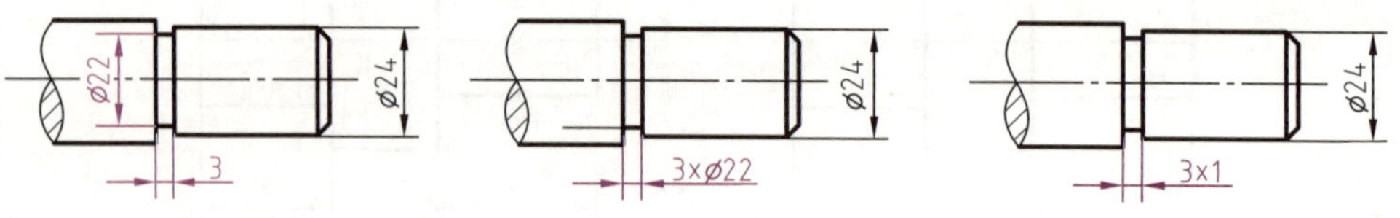

图 2－1－11 退刀槽和越程槽的尺寸注法

3. 钻孔端面

钻孔时，钻头的轴线应与被加工表面垂直以避免钻孔偏斜和钻头折断。当被加工面倾斜时，可设置凸台或凹坑，如图 2－1－12、图 2－1－13 所示。

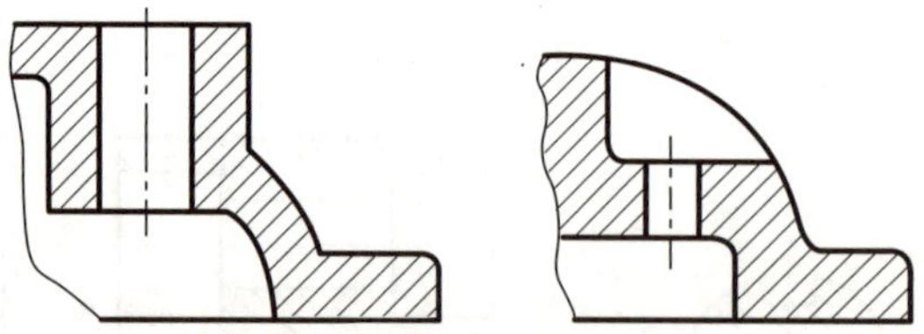

图 2－1－12 钻孔端面

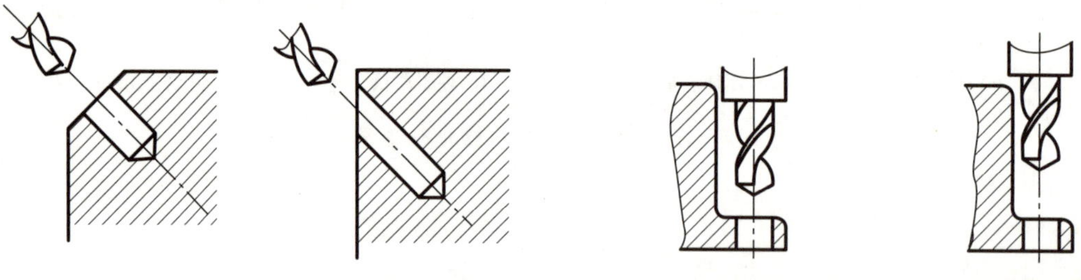

图 2－1－13 钻孔对零件结构的要求

4. 凸台和凹坑

在接触处加工成凸台或凹坑等结构，以便减少切削加工面积，使配合面接触良好，如图 2－1－14 所示。

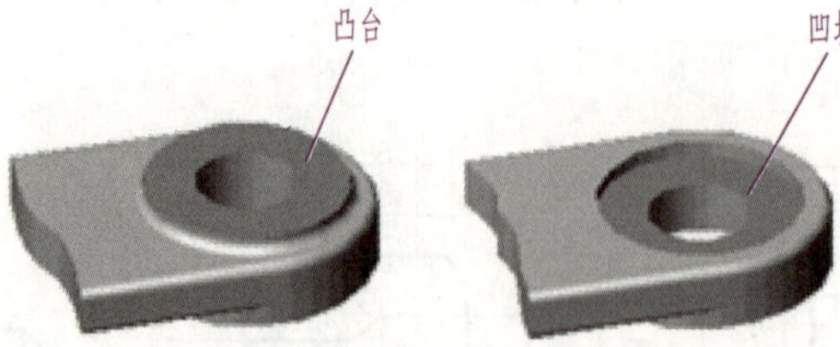

图 2－1－14 凸台和凹坑

2.1.5 零件图中的技术要求

零件图中除了视图和尺寸之外，还应具备加工和检验零件的技术要求。技术要求主要有：公差与配合、表面粗糙度、几何公差、材料、热处理、表面处理等要求的文字说明。

1. 公差与配合

(1) 零件的互换性

同一批零件，不经挑选和辅助加工，任取一个就可顺利地装到机器上去，并满足机器的性能要求，这称为零件的互换性。

保证零件互换性的措施是：设计者根据配合性质与公差标准，确定零件的尺寸极限，将零件加工误差控制在公差范围之内。

(2) 基本术语

公称尺寸：设计时确定的尺寸。

实际尺寸：实际测量所得的尺寸。

极限尺寸：允许尺寸变化的两个极限值。

尺寸偏差（简称偏差）：某一尺寸减其公称尺寸所得的代数差，分别称为上偏差和下偏差。偏差可以为正、负或零值。

上偏差＝最大极限尺寸－公称尺寸（代号：孔为 ES，轴为 es）

下偏差＝最小极限尺寸－公称尺寸（代号：孔为 EI，轴为 ei）

尺寸公差（简称公差）：允许的尺寸变动量。

尺寸公差＝最大极限尺寸－最小极限尺寸＝上偏差－下偏差

标准公差：国家标准《标准公差等级和孔、轴极限偏差表》（GB/T 1800.2—2009）所列的，用以确定公差带大小的任一公差。标准公差分为 20 级，即：IT01、IT0、IT1、…、IT18。其中 IT 表示标准公差，阿拉伯数字表示公差等级，从 IT01 到 IT18 等级依次降低。

基本偏差：用以确定公差带相对零线位置的上偏差或下偏差，一般指靠近零线的那个偏差。

轴与孔的基本偏差代号用拉丁字母表示，大写为孔，小写为轴，各有 28 个，如图 2-1-15 所示。其中 H(h)的基本偏差为零，常作为基准孔或基准轴的偏差代号。

配合：公称尺寸相同、相互结合的孔和轴公差带之间的关系。

根据使用的要求不同，配合分三类：间隙配合、过盈配合和过渡配合。

间隙配合：孔的尺寸减去相配合轴的尺寸，其代数差是正值时为间隙，孔的公差带在轴的公差带之上。

过盈配合：孔的尺寸减去相配合轴的尺寸，其代数差是负值时为过盈，孔的公差带在轴的公差带之下。

过渡配合：可能具有间隙或过盈的配合为过渡配合。孔的公差带和轴的公差带相互交叠。

基孔制：基本偏差为一定的孔的公差带，与不同基本偏差的轴的公差带形成各种配合的一种制度。

基轴制：基本偏差为一定的轴的公差带，与不同基本偏差的孔的公差带形成各种配合的一种制度。

(3) 公差与配合的标注

公差与配合在零件图中的标注有三种形式：标注公差带代号、标注极限偏差、公差带代号与极限偏差一起标注，如图 2-1-16 所示。

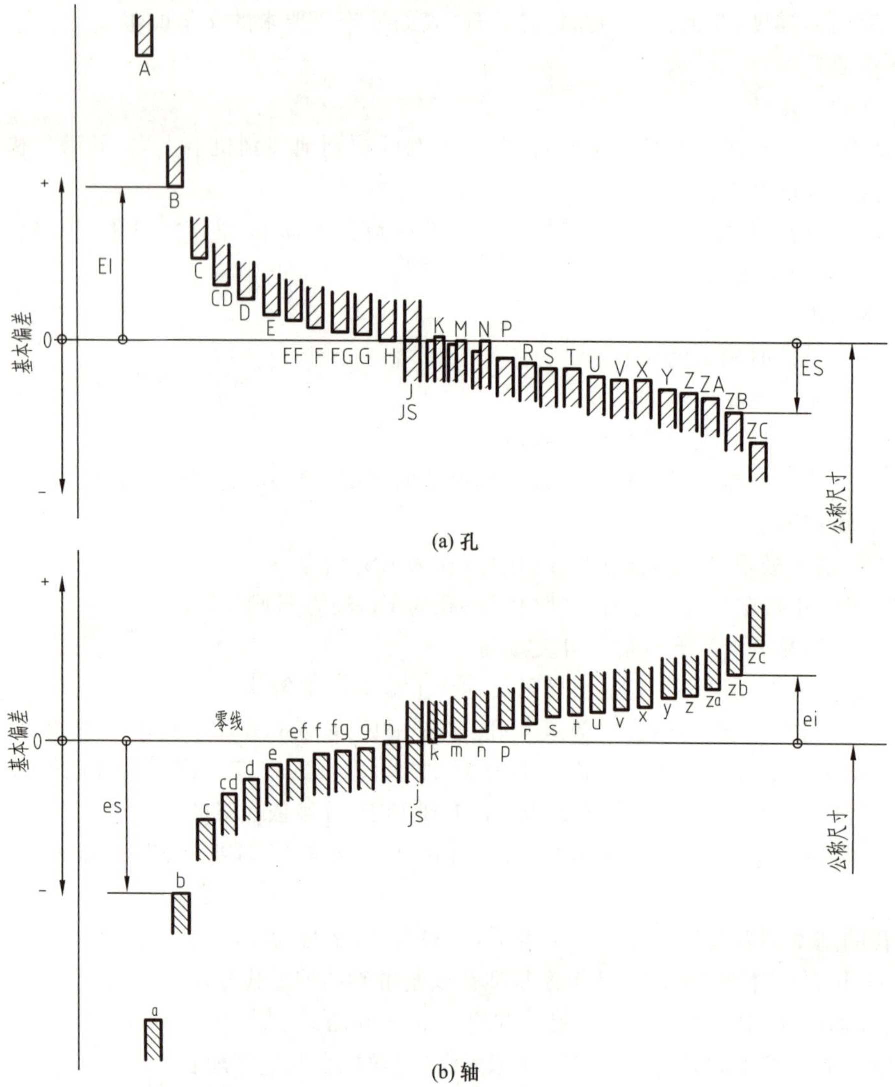

(a) 孔

(b) 轴

图 2-1-15 基本偏差系列

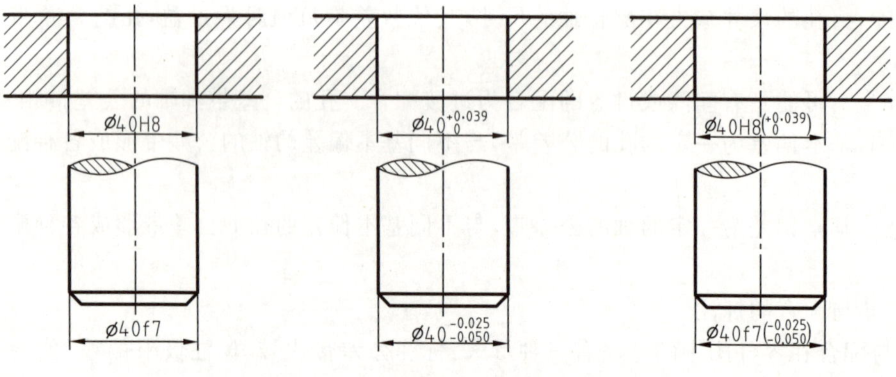

图 2-1-16 公差与配合在零件图中的标注

公差与配合在装配图中的标注，其代号必须在基本尺寸的右边，用分数形式注出，分子为孔公差带代号，分母为轴的公差带代号，如图 2-1-17 所示。当标注标准件与零件的配合关系时，可仅标注相配零件的公差带代号。

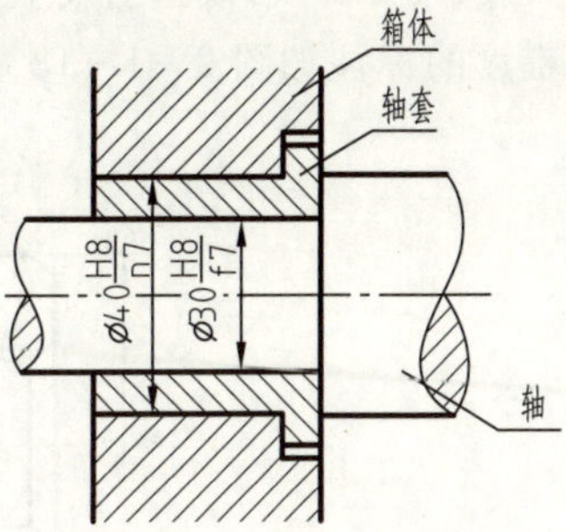

图 2-1-17　公差与配合在装配图中的标注

2. 表面粗糙度

(1) 表面粗糙度的概念和评定参数

零件的加工表面上具有的较小间距和峰谷所形成的微观几何形状误差，称为表面粗糙度。表面粗糙度是评定零件表面质量的一项重要的技术指标，对于零件的配合性质、耐磨性、密封性、疲劳强度、耐腐蚀性及外观都有影响。

标准规定，评定表面粗糙度的参数有：轮廓算术平均偏差 Ra、轮廓最大高度 Rz 等。标准推荐优先选用 Ra。表面粗糙度的参数值越大，表面越粗糙。一般说来，凡零件上有配合要求或有相对运动的表面，表面粗糙度参数值要小。

(2) 表面粗糙度的代号(符)号及其标注

在国家标准《技术产品文件中表面结构的表示法》(GB/T 131—2006)中规定了表面结构的图形符号，见表 2-1-1。

表 2-1-1　表面结构图形符号

符　号	意　义
	基本符号表示可用任何方法获得。当不加注粗糙度参数值或有关说明时，仅适用于简化代号标注
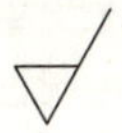	表示表面可用去除材料的加工方法获得，如：车、铣、钻、磨、剪切、抛光、腐蚀、电火花加工、气割等
	表示表面可用不去除材料的加工方法获得，如：铸造、锻造、冲压、冷轧、热轧、粉末冶金或者保留上道工序状态或原供应状态
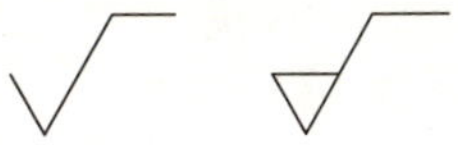	在基本符号的长边上加一横线，用于标注有关参数和说明
	封闭轮廓的各表面有相同的表面粗糙度要求时，应在完整图形上加一圆圈，并且标注在零件的封闭轮廓上。如下图所示：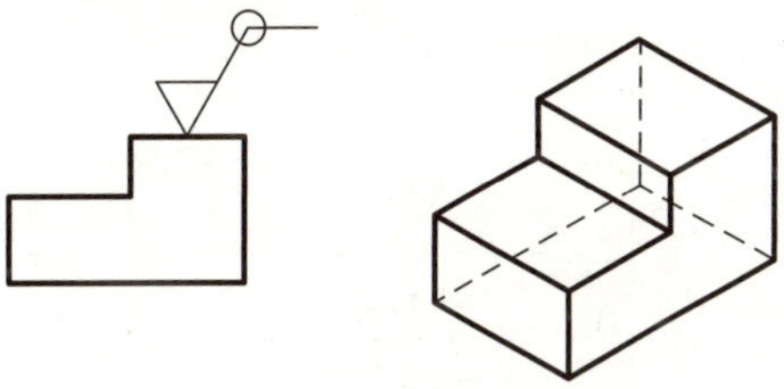

零件图上所标注的表面粗糙度是指该表面完工后的要求。表面粗糙度注在可见轮廓线(及延长线、尺寸界线)或指引线上,符号的尖端必须从材料外指向表面,每个表面只能注一次。表面粗糙度的标注如图 2-1-18 所示。

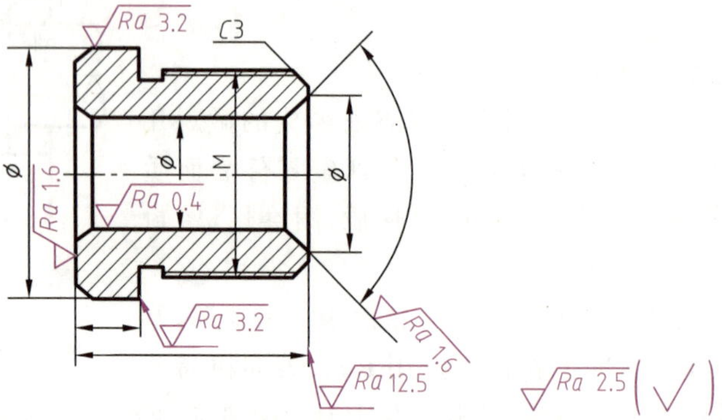

图 2-1-18 表面粗糙度的标注

3. 几何公差

形状、方向、位置和跳动公差统称几何公差,是指零件的实际参数值的允许变动量。

(1) 几何公差的名称和符号

几何公差的名称和符号如表 2-1-2 所示。

表 2-1-2 几何公差的名称和符号

公差类型	几何特征	符号	有无基准
形状公差	直线度	—	无
	平面度	⏥	无
	圆度	○	无
	圆柱度	⌭	无
	线轮廓度	⌒	无
	面轮廓度	⌓	无
方向公差	平行度	//	有
	垂直度	⊥	有
	倾斜度	∠	有
	线轮廓度	⌒	有
	面轮廓度	⌓	有

续表

公差类型	几何特征	符号	有无基准
位置公差	位置度	⌖	有或无
	同心度 (用于中心点)	◎	有
	同轴度 (用于轴线)	◎	有
	对称度	⌯	有
	线轮廓度	⌒	有
	面轮廓度	⌓	有
跳动公差	圆跳动	↗	有
	全跳动	⌰	有

(2) 几何公差的标注

① 几何公差代号及基准代号(图 2-1-19)

② 被测要素的标注

被测要素为轮廓线、表面时,箭头置于轮廓线或其延长线上,如图 2-1-20 所示。

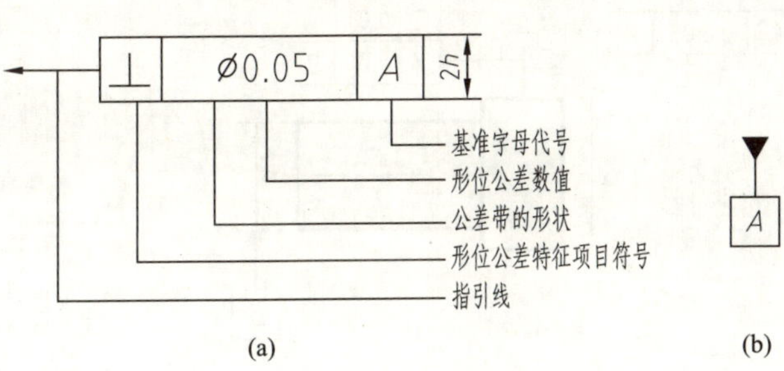

图 2-1-19 几何公差代号及基准代号

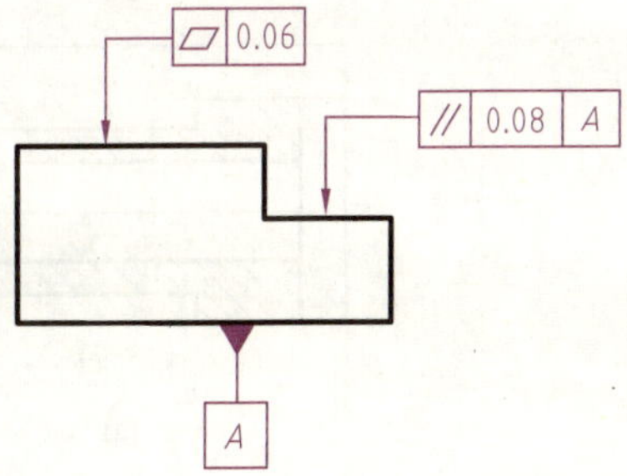

图 2-1-20 被测要素为轮廓线或表面

被测要素为轴线或中心平面时,箭头与尺寸线必须对齐,如图 2-1-21 所示。

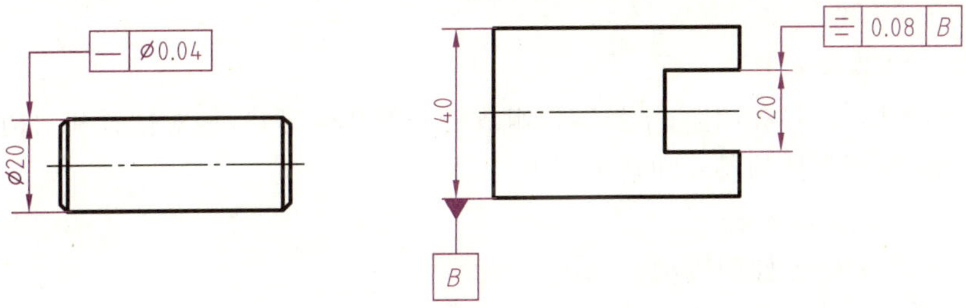

图 2-1-21 被测要素为轴线或中心平面

③ 基准要素的标注

基准要素为轮廓线、表面时，基准符号置于轮廓线上或其延长线上，与尺寸线明显错开，如图 2 - 1 - 22 所示。

基准要素为轴线或中心平面时，基准符号与尺寸线对齐，如图 2 - 1 - 23 所示。

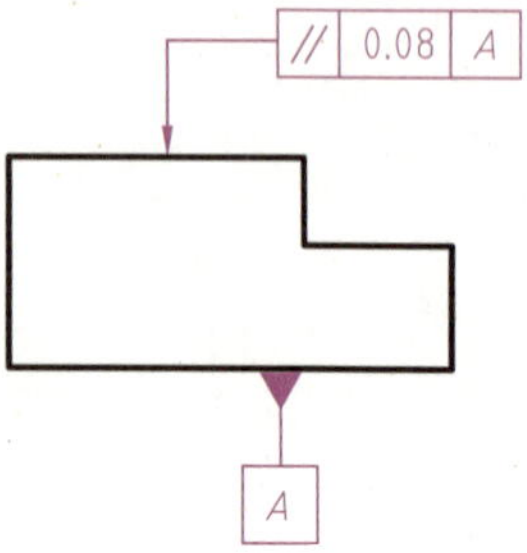

图 2 - 1 - 22 基准要素为轮廓线或表面

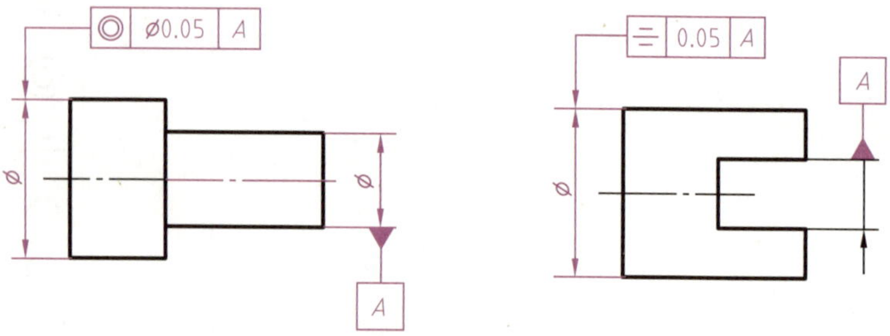

图 2 - 1 - 23 基准要素为轴线或中心平面

④ 对于多个被测的要素有相同的几何公差要求时，可以从一个框格内的同一端引出多个指示箭头；对于同一被测要素有多项几何公差要求时，可在一个指引线上画出多个公差框格，如图 2 - 1 - 24 所示。

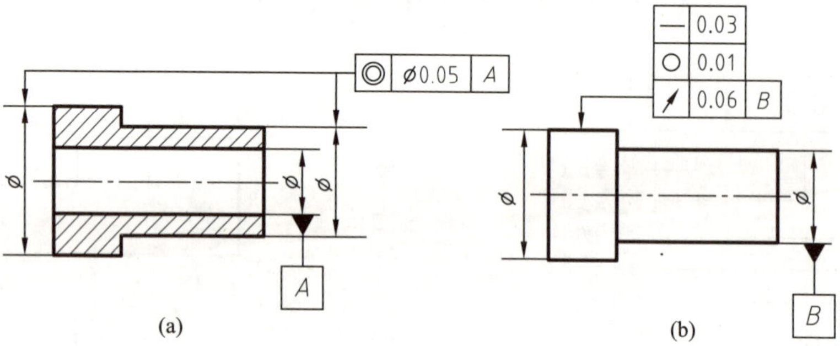

图 2 - 1 - 24 多个被测要素或多项几何公差要求

2.1.6 读零件图

1. 看零件图的基本要求

了解零件的名称、材料和用途；了解零件组成部分的几何形状、相对位置和结构特点，想象出零件的整体形状；分析零件的尺寸和技术要求。

2. 读零件图的方法和步骤

如图 2 - 1 - 25 曲轴零件图所示。

(1) 读标题栏

了解零件的名称、材料、画图的比例。零件名称为曲轴，材料是球墨铸铁 QT600 - 2，比例 1 ∶ 4。

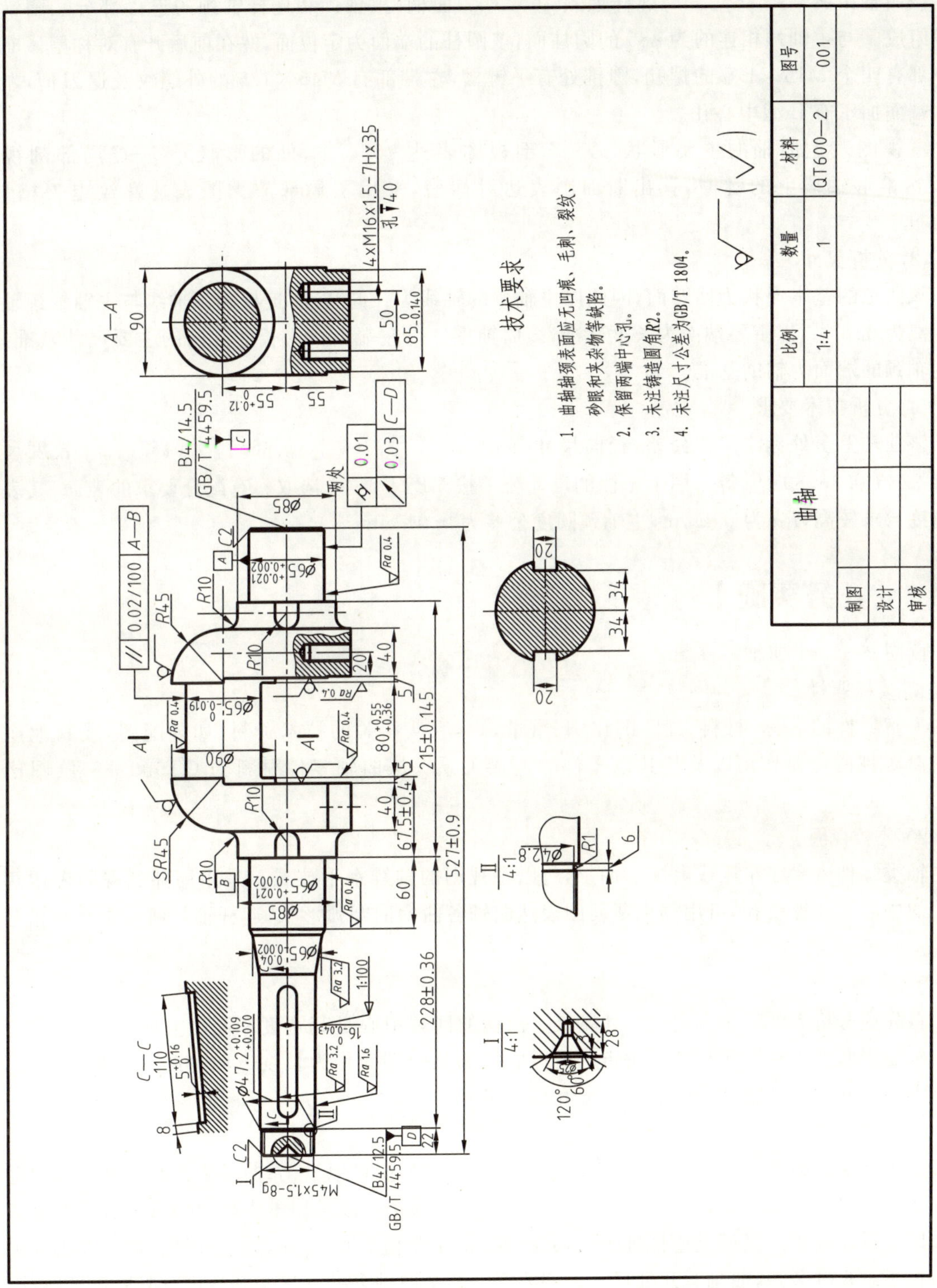
技术要求
1. 曲轴轴颈表面应无凹痕、毛刺、裂纹、砂眼和夹杂物等缺陷。
2. 保留两端中心孔。
3. 未注铸造圆角R2。
4. 未注尺寸公差为GB/T 1804。
A—A
4×M16×1.5-7H×35
孔↧40
C—C
SR45
R45
R10
M45×1.5-8g
B4/12.5
GB/T 4459.5
B4/14.5
GB/T 4459.5
527±0.9
228±0.36
215±0.145
67.5±0.4
1:100
曲轴
比例 1:4
数量 1
材料 QT600—2
图号 001
制图
设计
审核

图 2－1－25　曲轴零件图

(2) 分析视图

该曲轴由曲轴颈 $\phi65^{+0.021}_{+0.002}$、连杆轴颈 $\phi65^{\ 0}_{-0.019}$、曲柄(主轴颈和连杆轴颈的连接部分)、圆锥轴等组成。与主轴颈相连的为 $\phi85$ 的圆柱面，该圆柱的端面为定位面，并在前后开有对称槽。曲柄下部有四个 M16×1.5 的螺孔，圆锥处有平键槽，左端部有 M45×1.5 的外螺纹及退刀槽，左右两端面加工有 B 型中心孔。

主视图表达曲轴的主要形状，*A*—*A* 剖视图表达 $\phi65^{\ 0}_{-0.019}$ 处的形状。*C*—*C* 局部剖视图表达锥形轴段上的键槽，移出断面图表达对称槽，采用了局部放大图表达螺纹退刀槽、中心孔。

(3) 分析尺寸

该曲轴的基本形状为回转面，因此以主轴颈的轴线为径向基准，连杆轴颈轴线与主轴轴颈轴线距离为 $55^{+0.12}_{\ 0}$，以重要端面为长度基准，该曲轴零件以左端面作为长度方向的主要尺寸基准，左主轴颈的端面为辅助基准。

(4) 分析技术要求

该曲轴上多处标注尺寸公差，径向尺寸有 $\phi47.2^{+0.109}_{+0.070}$、$\phi60^{\ 0}_{-0.190}$、$\phi65^{+0.021}_{+0.002}$、$\phi65^{\ 0}_{-0.019}$；长度尺寸有 228±0.36、$80^{+0.55}_{+0.36}$ 等。图上未注的尺寸公差按 GB/T 1804 选取。有配合要求的表面，其表面精度要求较高，*Ra* 为 0.4 μm，主轴颈圆度公差为 0.01 mm。

【任务实施】

读图 2-1-1 曲轴零件图。

1. 读标题栏

了解零件的名称、材料、画图的比例、重量。然后从相关的技术资料(如装配图)或其他途径了解零件的主要作用以及与其他零件的连接关系。该曲轴零件材料为 QT900-2，绘图比例为 1∶1。

2. 分析视图

轴类零件主要在车床或磨床上加工，所以主视图的轴线水平放置。采用局部剖视图表达两顶端的中心孔和螺纹孔，可用移出断面图表达曲轴各曲柄的圆弧形状、连杆轴与回转中心的相对位置。

3. 分析尺寸

首先应分析零件三个方向的尺寸基准。曲柄的回转中心是其宽度和高度方向的基准，这是由曲轴的形状特点和工作特性所决定的。以曲柄的某个端面作为长度方向基准。从基准出发，就能方便地找到曲轴各部分的定位尺寸和形状尺寸。

4. 分析技术要求

先了解表面粗糙度，找出加工要求高的表面。从零件图可以看出，曲轴表面有 8 种表面粗糙度的要求，分别为 *Ra*=0.4、0.8、1.6、3.2、6.3、8.0、12.5 μm，以及用不去除表面方法获得的表面粗糙度。其中要求最高的是连杆轴表面，此处 *Ra* 的上限值为 0.4 μm，故连杆轴表面需要磨削加工。再了解尺寸公差，曲轴有几处尺寸公差要求。整个曲轴多处标出了圆柱度、同轴度、圆跳动、平行度、平面度、垂直度等几何公差要求，说明该零件对形状和相对基准的位置要求极为严格。

最后，了解零件的技术性能要求，“技术要求”对该零件应该达到的性能及检测手段等作出了严格规定。

5. 综合归纳

通过以上分析，对曲轴的结构形状和尺寸大小有了比较深刻的认识，对技术要求也有一定的了解，最后进行综合归纳，从而达到能指导生产的目的。

【知识拓展】

机器及其部件由零件装配而成。每台机器及其各部件都有特定的功能和用途。各个零件都有各自的功能及各自的工作状态。减速器的各零件如图 2-1-26 所示。

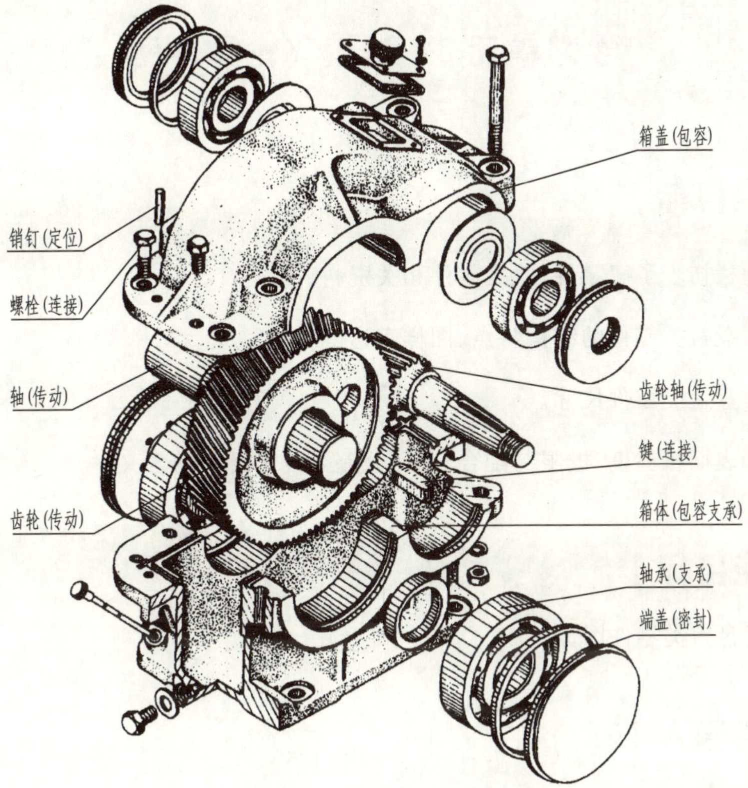

图 2-1-26 减速器爆炸图

零件结构分为三个层次：主体结构、局部功能结构、局部工艺结构。

1. 主体结构

主体结构是指零件中那些相对较大的主要基本形体及其相对关系。它们是形成零件体的基础。读图和绘图时可将其抽象成组合体的几何模型用形体分析的方法来分析和表达。

2. 局部功能结构

局部功能结构是指为实现传动、连接等特定功能在主体结构上制造出的局部结构，如齿轮的齿、螺纹、键。

3. 局部工艺结构

局部工艺结构是指零件上为确保加工和装配质量而制造的较微细的结构，如圆角、倒角、退刀槽、越程槽等。

【资源链接】

2.1 识读曲轴零件图\识读曲轴零件图图片

2.1 识读曲轴零件图\识读曲轴零件图评估测试

2.1 识读曲轴零件图\曲轴零件的形状展示

学习单元 2 识读飞轮零件图

【知识目标】

- 从标题栏初步了解零件，收集零件相关资料。
- 能识读盘盖类零件的结构特点、图样表达。
- 能识读盘盖类零件尺寸。
- 能识读表面粗糙度、极限与配合、几何公差等技术要求的含义。

【技能目标】

能正确识读盘盖类零件图。

【任务导入】

识读图 2-2-1 所示卧式柴油机飞轮零件图。要求：

1. 掌握飞轮的结构特点及作用。
2. 能识读飞轮零件的图样画法。
3. 能分析飞轮零件的图样尺寸。
4. 能识读飞轮零件图样表面粗糙度、极限尺寸、几何公差等技术要求的符号及含义。

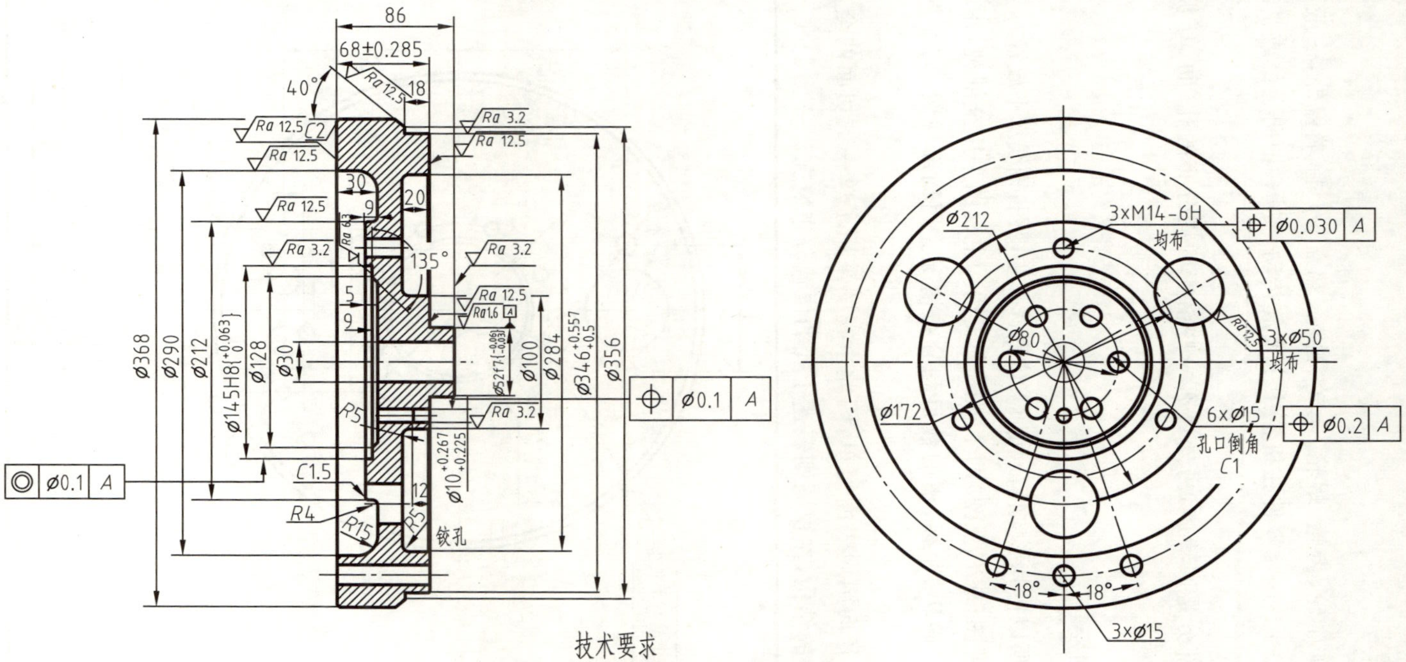

技术要求

1. 铸件应消除内应力处理，硬度190~240HBW；
2. 铸件不得有裂纹、夹缝、气孔等缺陷；
3. 钻减振孔3×ϕ15前，飞轮和齿槽应装好作动平衡实验，其不平衡量不大于0.00045 kg·m(45g·cm)；
4. 去锐边毛刺；
5. 未注圆角R2~R4；
6. 不加工表面涂防锈漆；
7. 未注倒角C1。

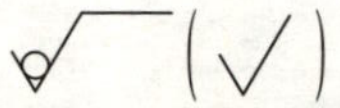

卧式柴油机飞轮		比例	数量	材料	图号
		1:4	1	QT600-2	001
制图					
设计					
审核					

图2-2-1 卧式柴油机飞轮零件图

【知识准备】

2.2.1 盘盖类零件的结构特点

轮、盘、盖等均属于盘盖类零件，如带轮、齿轮、蜗轮、飞轮、链轮、端盖等。除端盖外，一般都需要通过键、销与轴连接，用以传递扭矩。这类零件在机器中主要起传动、支承、轴向定位或密封等作用。

轮、盘、盖零件结构特点：其主体部分是回转体，另外还有一些沿着圆周分布的孔、肋、耳板、槽、齿及其他结构。

2.2.2 盘盖类零件的图样画法

盘盖类零件在车床或磨床上加工，所以按其形体特征和加工位置选择主视图，轴线水平放置。

盘盖类零件一般常用主视图、左视图（或右视图）两个视图来表达。主视图采用全剖视，用左视图（或右视图）来表达轮盘上连接孔、轮辐、肋板、槽的数目和分布情况。用局部视图、局部剖、断面图、局部放大图等作为补充。

图 2-2-2 所示的制动盘零件图径向圆周表面简单，因此主视图采用了单一剖切面的全剖视，这样能清晰表达飞轮上各种孔、槽的结构，左视图则表达了孔的位置分布情况。

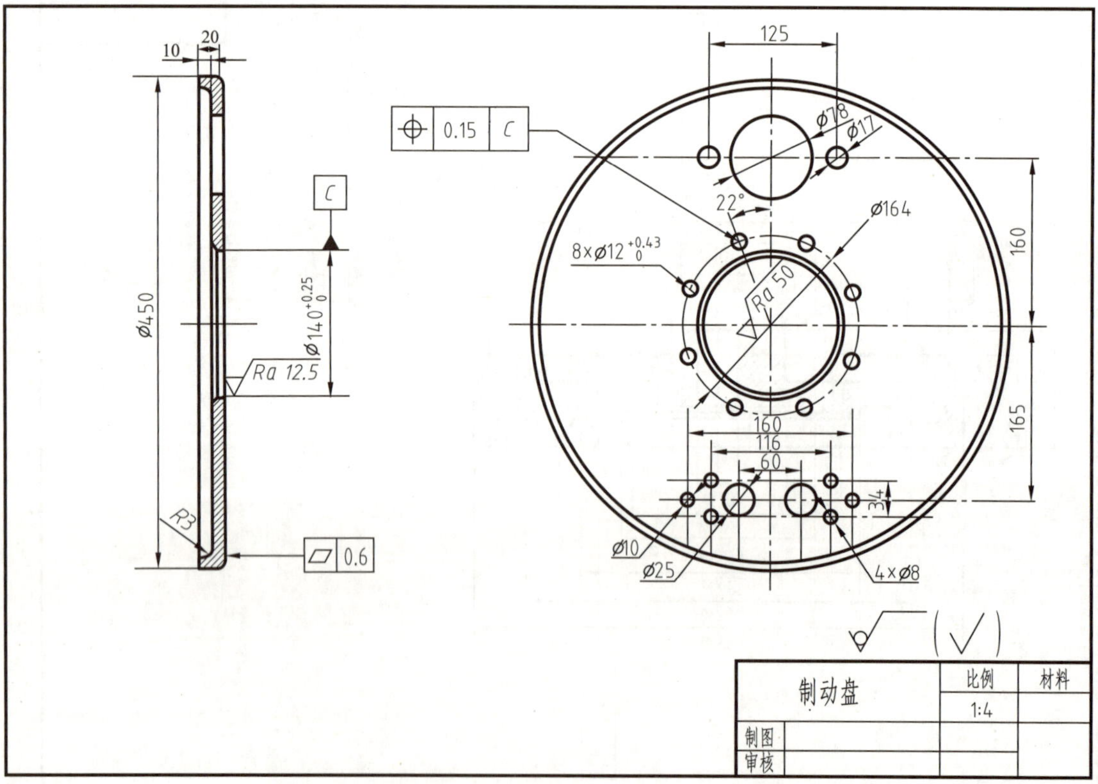

图 2-2-2 制动盘零件图

2.2.3 盘盖类零件的尺寸标注

盘盖类零件主要标注轴向尺寸和径向尺寸。轴向尺寸以较大的端面作为基准，径向尺寸以轴线或对称面为基准。

下面分析图 2-2-2 所示的制动盘的尺寸标注。该零件的径向基准是轴线，轴向基准是端面。定位尺寸有 160、116、60、125、ϕ164 等。

2.2.4 盘盖类零件的技术要求

有配合关系的表面及端面有尺寸公差和表面粗糙度要求，与运动零件接触的表面有平行度或垂直度要求，孔系有位置度要求等。

【任务实施】

识读图 2-2-1 卧式柴油机飞轮零件图。

1. 读标题栏

零件的名称是卧式柴油机飞轮、材料 QT600-2、图样的比例是 1∶4。查阅其他技术资料可知飞轮的作用是储存做功行程的能量以克服发动机进气、压缩和排气行程的阻力和其他阻力，使曲轴能均匀地旋转。

2. 分析视图，想象结构形状

主视图采用了单一剖切面的全剖视，这样能清晰表达飞轮各种孔、槽的结构，左视图则表达了孔的位置分布情况。

3. 分析尺寸

飞轮零件图的径向尺寸以轴线为基准，轴向尺寸以经过机械加工较大的端面为基准。从基准出发，分析定形尺寸和定位尺寸。

4. 分析技术要求

飞轮有表面粗糙度的要求，分别为 $Ra=1.6\ \mu m$、$3.2\ \mu m$、$12.5\ \mu m$。有 6 处尺寸精度要求，标出了同轴度、位置度等几何公差的要求。从“技术要求”中的文字了解该零件应该达到的技术性能要求。

【知识拓展】

几何公差的公差带定义和标注示例。

常用的几何公差的公差带定义和标注见表 2-2-1。

表 2-2-1 常用几何公差的标注和公差带定义

<table>
<tr><th>特征</th><th>公差带定义</th><th>标注和解释</th></tr>
<tr><td rowspan="2">直线度</td><td>在给定平面内，公差带是距离为公差值 t 的两条平行直线之间的区域
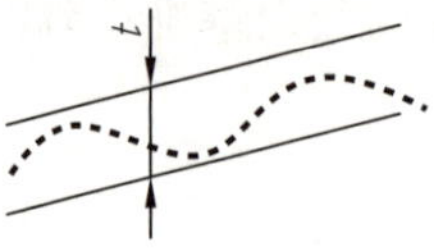</td><td>被测表面的素线必须位于平行于图样所示投影而且距离为公差值 0.1 mm 的两平行直线内
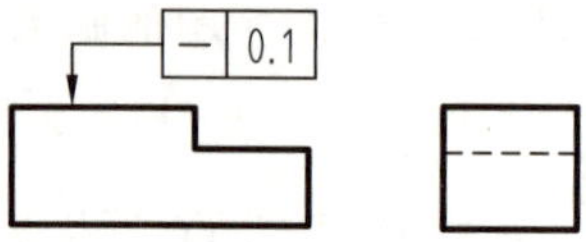</td></tr>
<tr><td>如在公差值前加注 ϕ，则公差带是直径为 t 的圆柱面内的区域
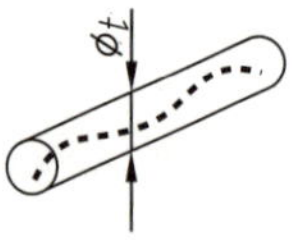</td><td>被测圆柱体的轴线必须位于直径为 ϕ0.08 mm 的圆柱面内
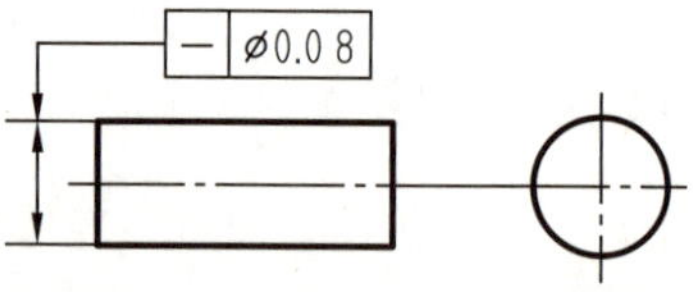</td></tr>
<tr><td>平面度</td><td>公差带是距离为公差值 t 的两平行平面之间的区域
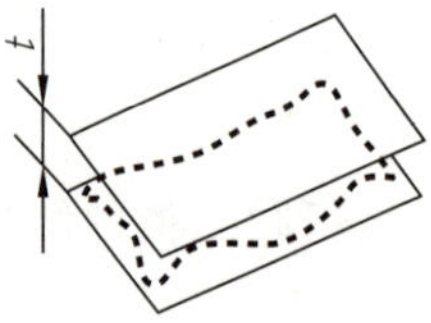</td><td>被测表面必须位于距离为公差值 0.06 mm 的两平行平面内
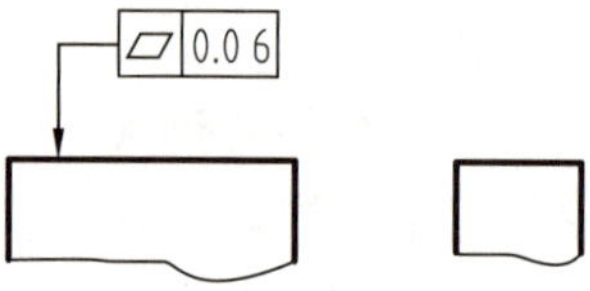</td></tr>
<tr><td>圆度</td><td>公差带是在同一正截面上，半径差为公差值 t 的两同心圆之间的区域
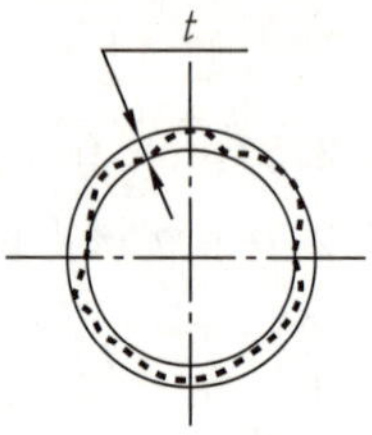</td><td>被测圆柱面任一正截面的圆周必须位于半径差为公差值 0.02 mm 的两同心圆之间
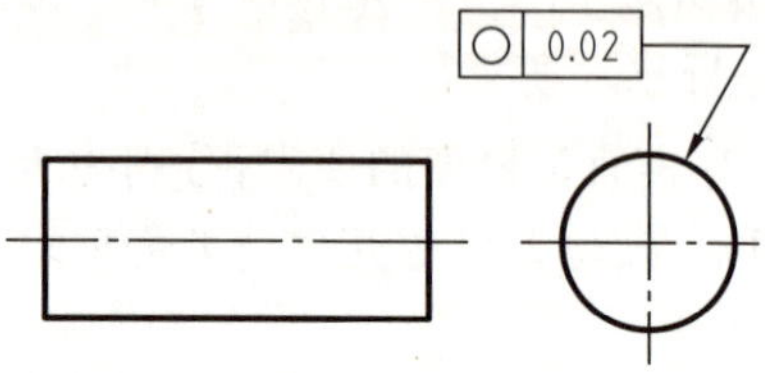</td></tr>
<tr><td>圆柱度</td><td>公差带是半径差为公差值 t 的两同轴圆柱面之间的区域
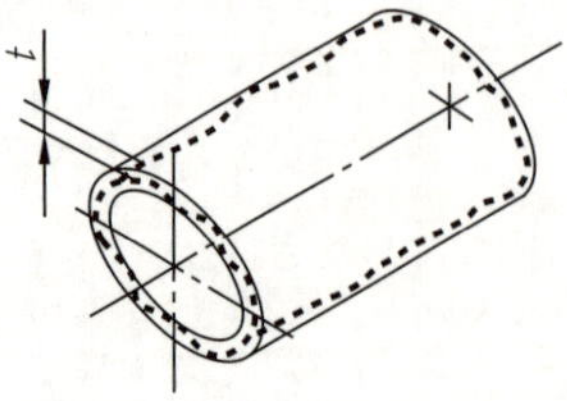</td><td>被测圆柱面必须位于半径差为公差值 0.05 mm 的两同轴圆柱面之间
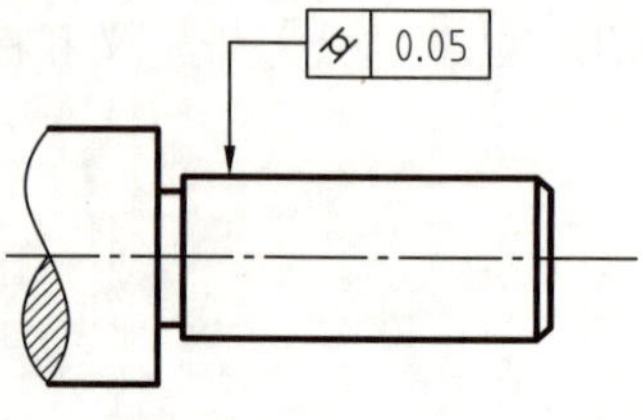</td></tr>
</table>

续表

特征	公差带定义	标注和解释
线轮廓度	公差带是包括一系列直径为公差值 t 的圆的两包络线之间的区域，诸圆的圆心位于具有理论正确几何形状的线上 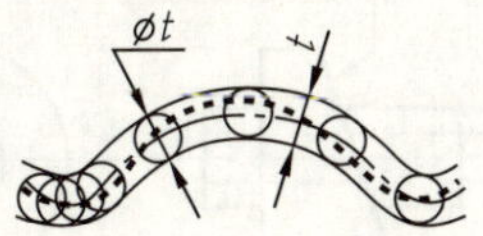	在平行于图样所示投影面的任一截面上，被测轮廓线必须位于包络一系列直径为公差值 0.04 mm，且圆心位于具有理论正确几何形状的线上的两包络线之间 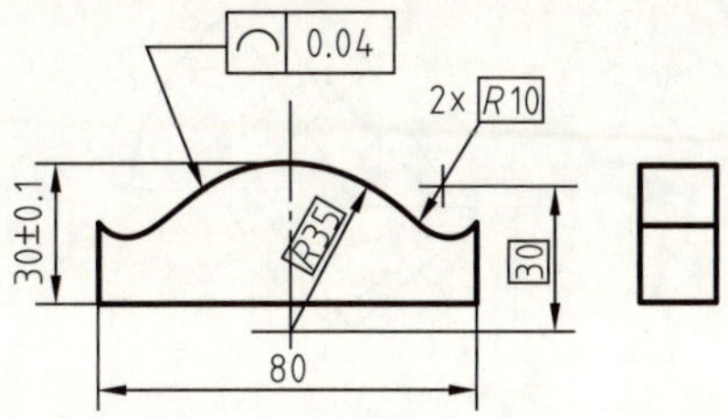
面轮廓度	公差带是包络一系列直径为公差值 t 的球的两包络面之间的区域，诸球的球心位于具有理论正确几何形状的面上 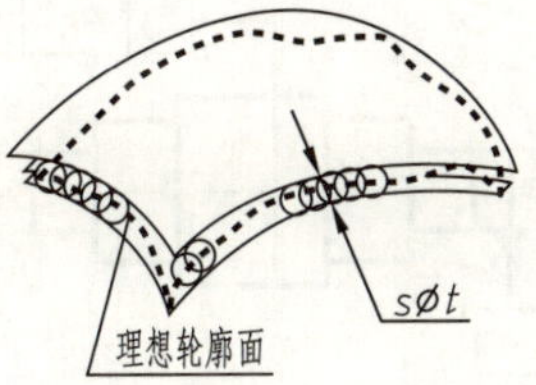	被测轮廓面必须位于包络一系列球的两包络面之间，诸球的直径为公差值 0.02 mm，且球心位于具有理论正确几何形状的面上 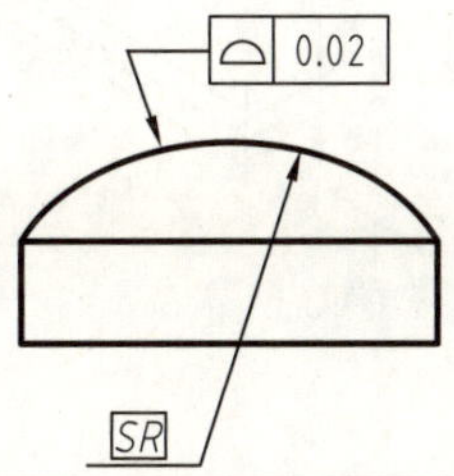
平行度	公差带是距离为公差值 t，且平行于基准面的两平行平面之间的区域 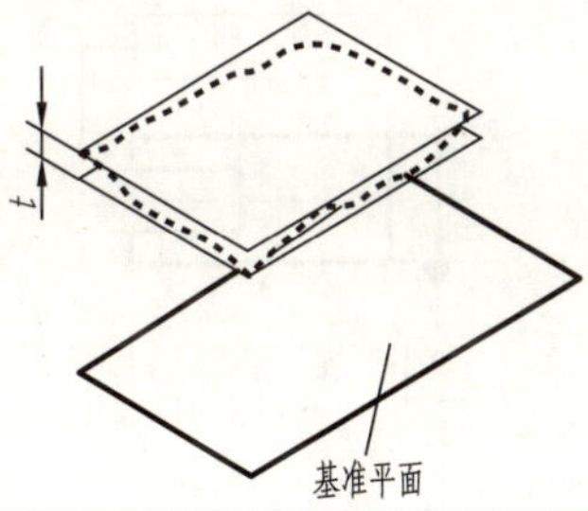	被测表面必须位于距离为公差值 0.05 mm，且平行于基准表面 A（基准平面）的两平行平面之间 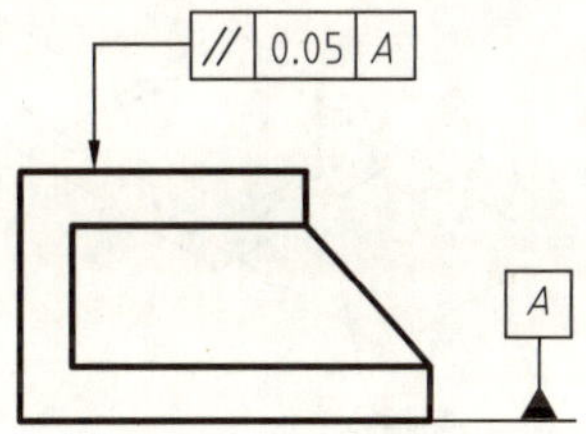
垂直度	公差带是距离为公差值 t，且垂直于基准平面的两平行平面之间的区域 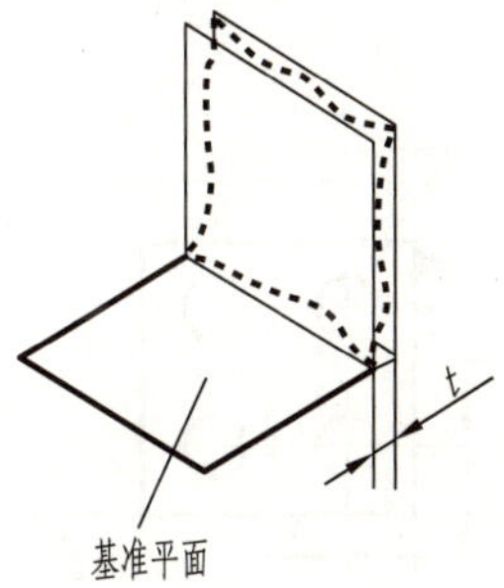	被测面必须位于距离为公差值 0.05 mm，且垂直于基准平面 C 的两平行平面之间 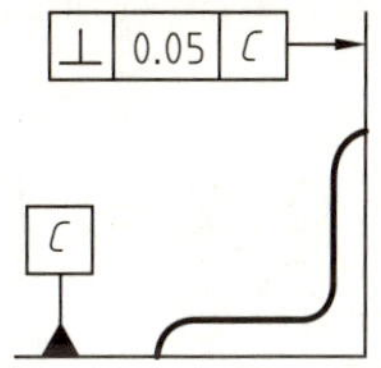

续表

特征	公差带定义	标注和解释
倾斜度	公差带是距离为公差值 t，且与基准线成一给定角度 α 的两平行平面之间的区域 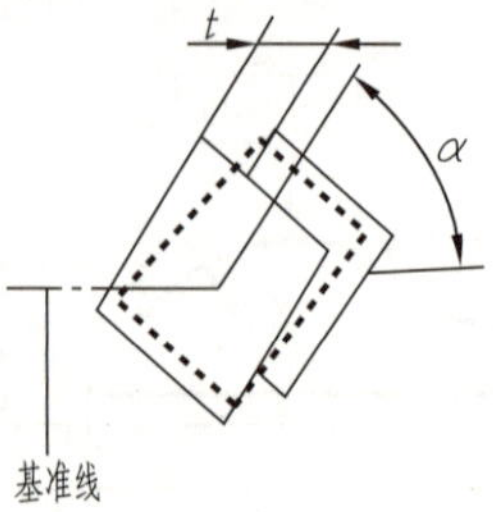	被测表面必须位于距离为公差值 0.1 mm，且与基准线 D（基准轴线）成理论正确角度 75°的两平行平面之间 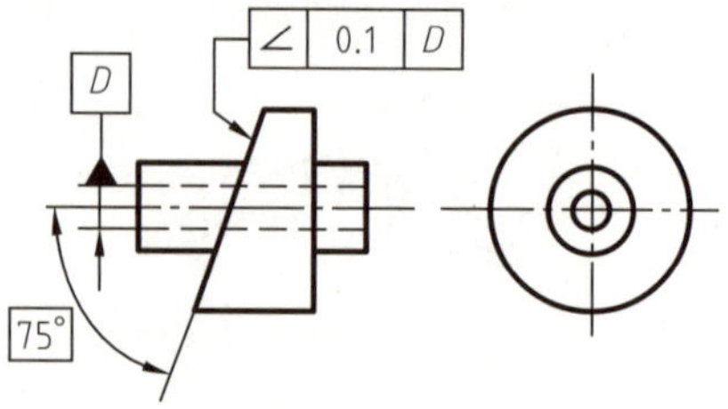
同轴度	公差带是公差值 ϕt 的圆柱面的区域，该圆柱面的轴线与基准轴线同轴 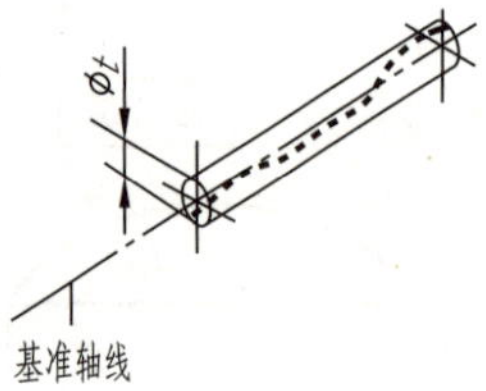	大圆柱的轴线必须位于公差值 ϕ0.1 mm，且与公共基准线 A—B（公共基准轴线）同轴的圆柱面内 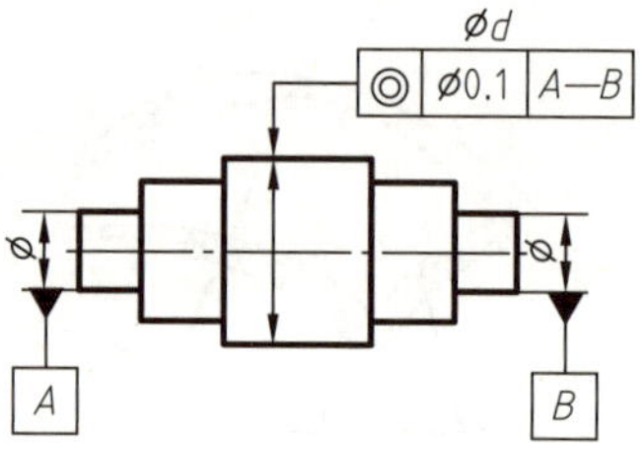
对称度	公差带是距离为公差值 t，且相对基准的中心平面对称配置的两平行平面之间的区域 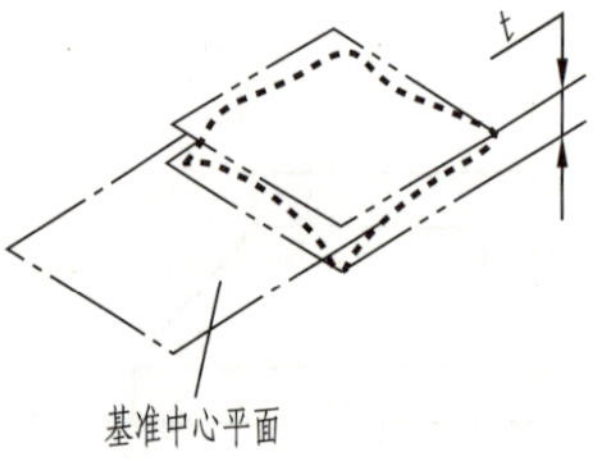	被测中心平面必须位于距离为公差值 0.08 mm，且相对基准中心平面 A 对称配置的两平行平面之间 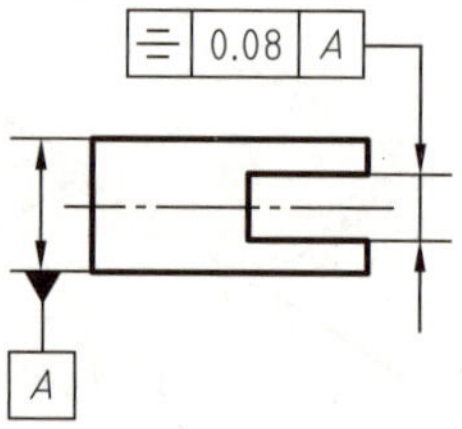
位置度	如在公差值前加注 ϕ，则公差带是直径为 t 的圆柱面内的区域，公差带的轴线的位置由相对于三基面体系的理论正确尺寸确定 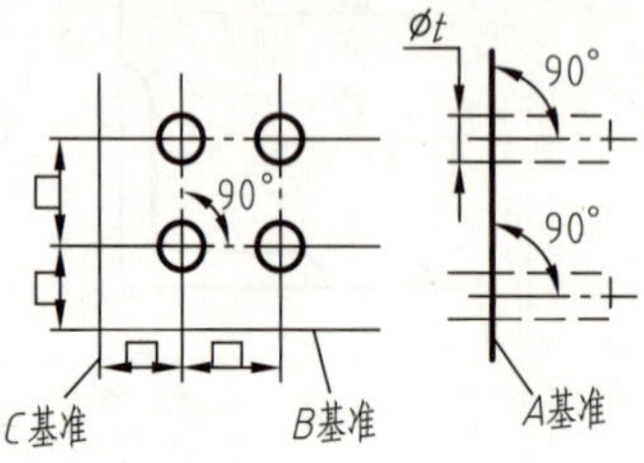	每个被测轴线必须位于直径为公差值 0.1 mm，且以相对于 A、B、C 基准表面（基准平面）所确定的理想位置为轴线的圆柱内 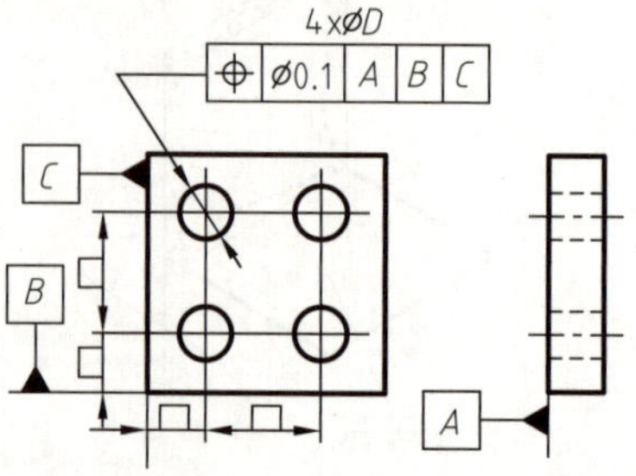

续表

特征		公差带定义	标注和解释
圆跳动	径向圆跳动	公差带是在垂直于基准轴线的任一测量平面内半径差为公差值 t，且圆心在基准轴线上的两个同心圆之间的区域 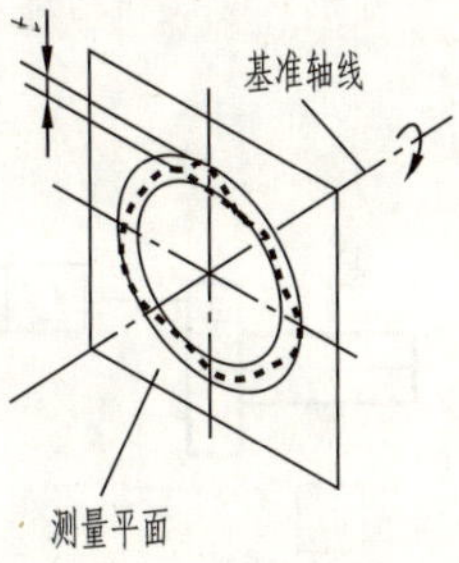	当被测要素围绕基准线 A（基准轴线）作无轴向移动旋转一周时，在任一测量平面内的径向圆跳动量均不大于 0.05 mm 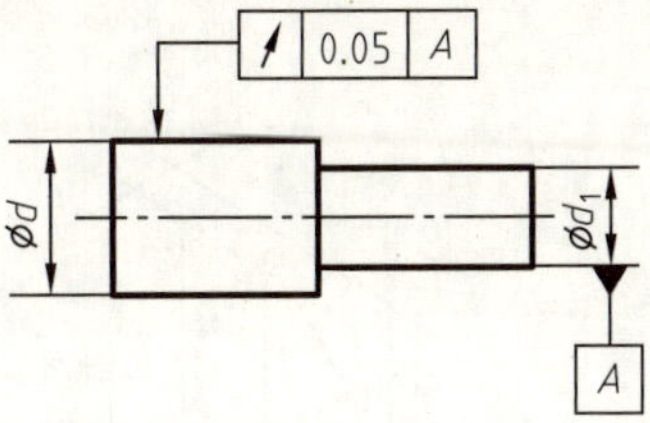
	端面圆跳动	公差带是在与基准同轴的任一半径位置的测量圆柱面上距离为 t 的圆柱面区域 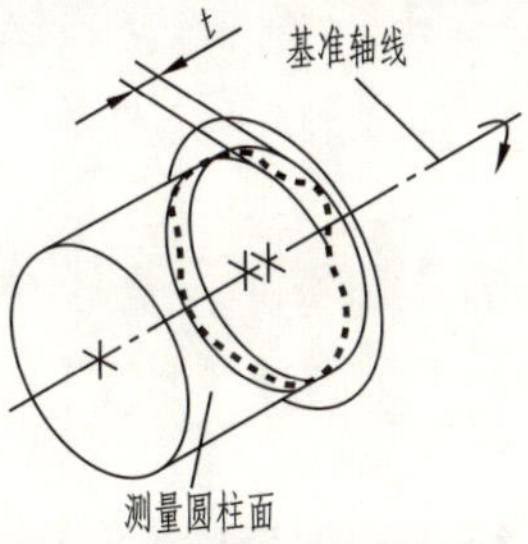	被测面绕基准线 A（基准轴线）作无轴向移动旋转一周时，在任一测量圆柱面内的轴向跳动量均不得大于 0.06 mm； 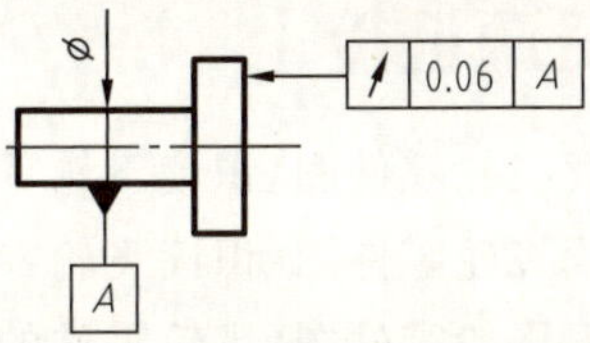
全跳动	径向全跳动	公差带是半径差为公差值 t，且与基准同轴的两圆柱面之间的区域 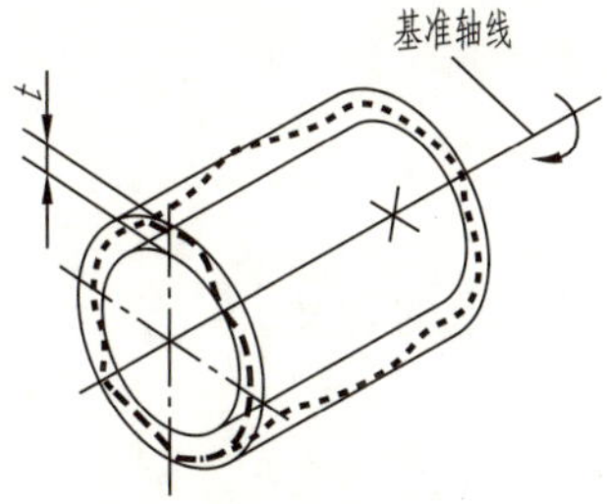	被测要素围绕基准线 A—B 作若干次旋转，并在测量仪器与工件间同时作轴向移动，此时在被测要素上各点间的示值差均不得大于 0.2 mm，测量仪器或工件必须沿着基准轴线方向并相对于公共基准轴线 A—B 移动 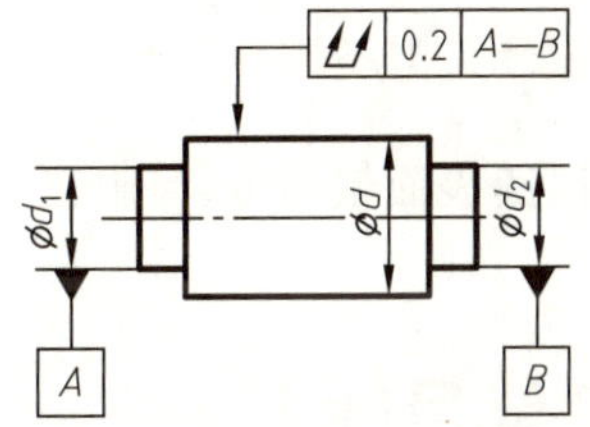

续表

特征	公差带定义		标注和解释
全跳动	端面全跳动	公差带是距离为公差值 t，且与基准垂直的两平行平面之间的区域 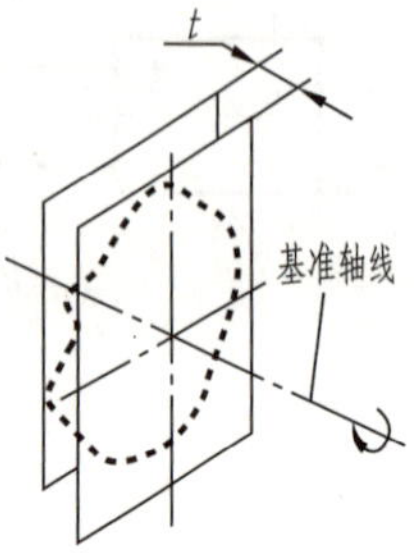 	被测要素绕基准轴线 A 作若干次旋转，并在测量仪器与工件间作径向移动，此时，在被测要素上各点间的示值差不得大于 0.05 mm，测量仪器或工件必须沿着轮廓具有理想正确形状的线和相对基准轴线 A 的正确方向移动 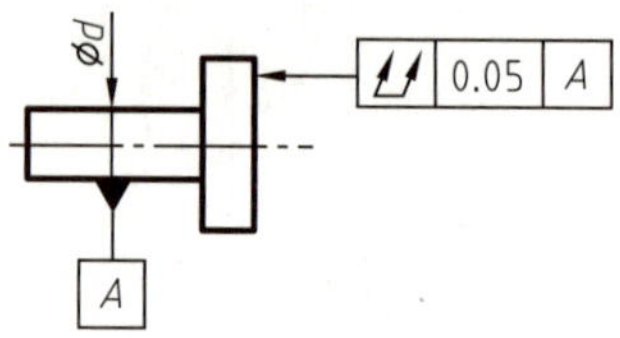

【资源链接】

2.2 识读飞轮零件图\识读飞轮零件图教学图片

2.2 识读飞轮零件图\识读飞轮零件图评估测试

2.2 识读飞轮零件图\飞轮零件的形状展示

学习单元3 识读连杆零件图

【知识目标】

- 从标题栏初步了解零件，收集零件相关资料。
- 能识读叉架类零件的结构特点、图样画法。
- 能识读叉架类零件尺寸。
- 能识读表面粗糙度、极限尺寸、几何公差等技术要求的含义。

【技能目标】

能正确识读叉架类零件图。

【任务导入】

识读图 2－3－1 所示汽车连杆零件图，要求：

1. 掌握连杆零件的结构特点、作用。
2. 识读连杆零件的图样画法。
3. 能分析连杆零件图样的尺寸。
4. 能识读连杆零件图的表面粗糙度、极限尺寸、几何公差等技术要求的符号及含义。

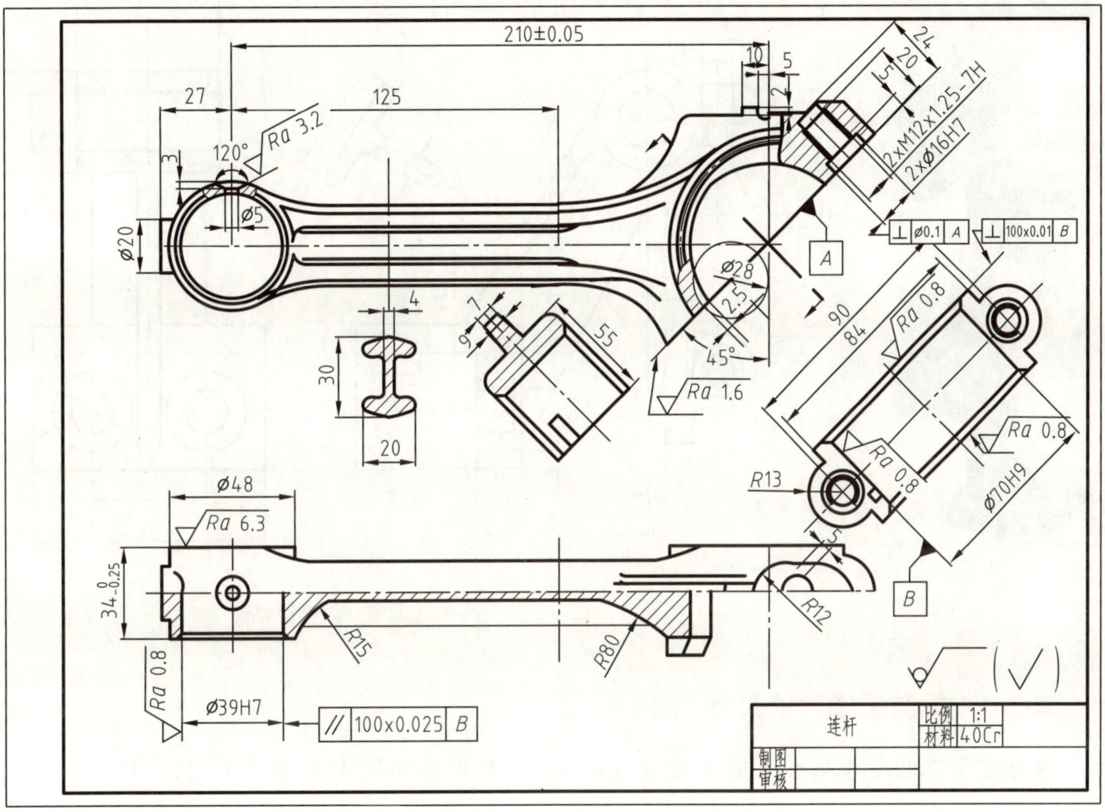

图 2－3－1　汽车连杆零件图

【知识准备】

2.3.1　叉架类零件的结构特点

叉架类零件主要有各种拨叉、连杆、摇杆、支架、支座等。此类零件由铸造或模锻制成毛坯，经机械加工而成。结构比较复杂，其上常有凸台、凹坑、销孔、螺纹孔和成型孔等结构，一般分为工作部分、支承部分和连接部分。叉架类零件如图 2－3－2 所示。

2.3.2 叉架类零件的图样画法

零件一般水平放置，选择零件形状特征明显的方向以及工作位置或安装位置方向作为主视图。除主视图外，一般还需1～2个基本视图将零件的主要结构表达清楚。常用局部视图、局部剖表达零件上的凹坑、凸台，用断面图表示肋板截面形状，用斜视图表示零件上的倾斜结构。叉架类零件的视图选择如图2-3-3所示。

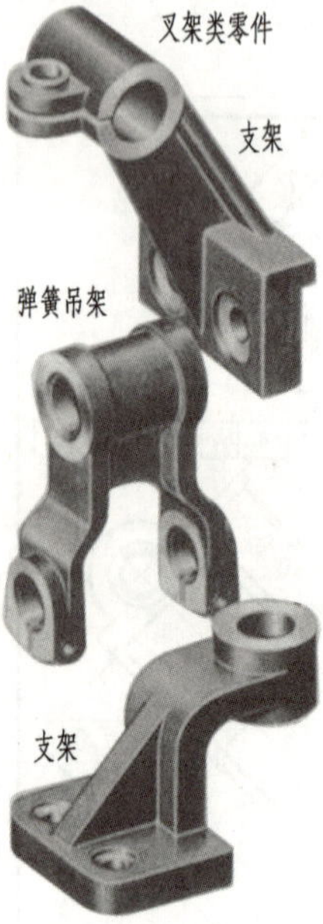

图2-3-2 叉架类零件

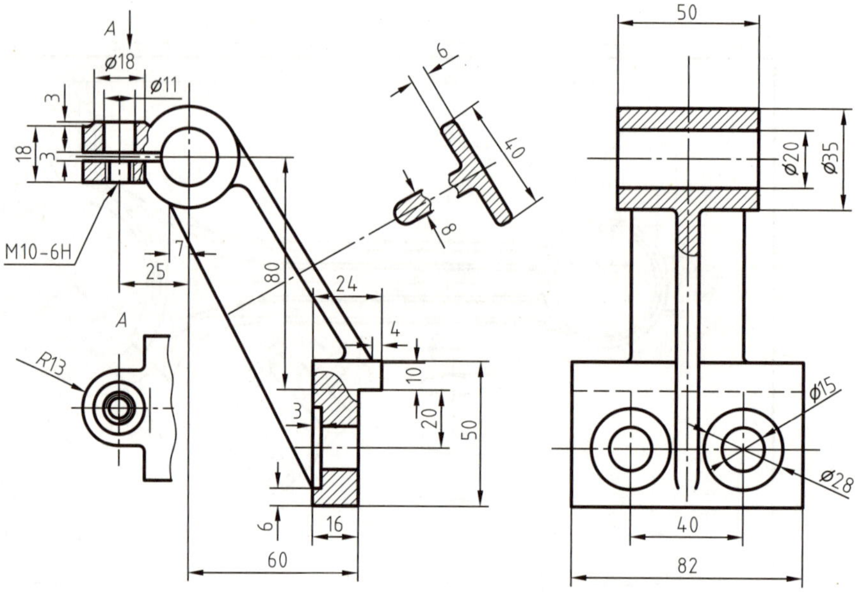

图2-3-3 叉架类零件的视图选择

2.3.3 叉架类零件的尺寸标注

叉架类零件的尺寸基准一般为支承孔的轴线、对称面和较大的加工平面，如图2-3-4所示。

叉架类零件定位尺寸较多，一般要标注出孔中心线（或轴线）间的距离，或孔中心线（轴线）到平面的距离、平面到平面的距离。

2.3.4 叉架类零件的技术要求

在配合表面标注出表面粗糙度、尺寸公差。通常支承孔的轴线有平行度公差和垂直度公差要求。

【任务实施】

识读图2-3-1连杆零件图。

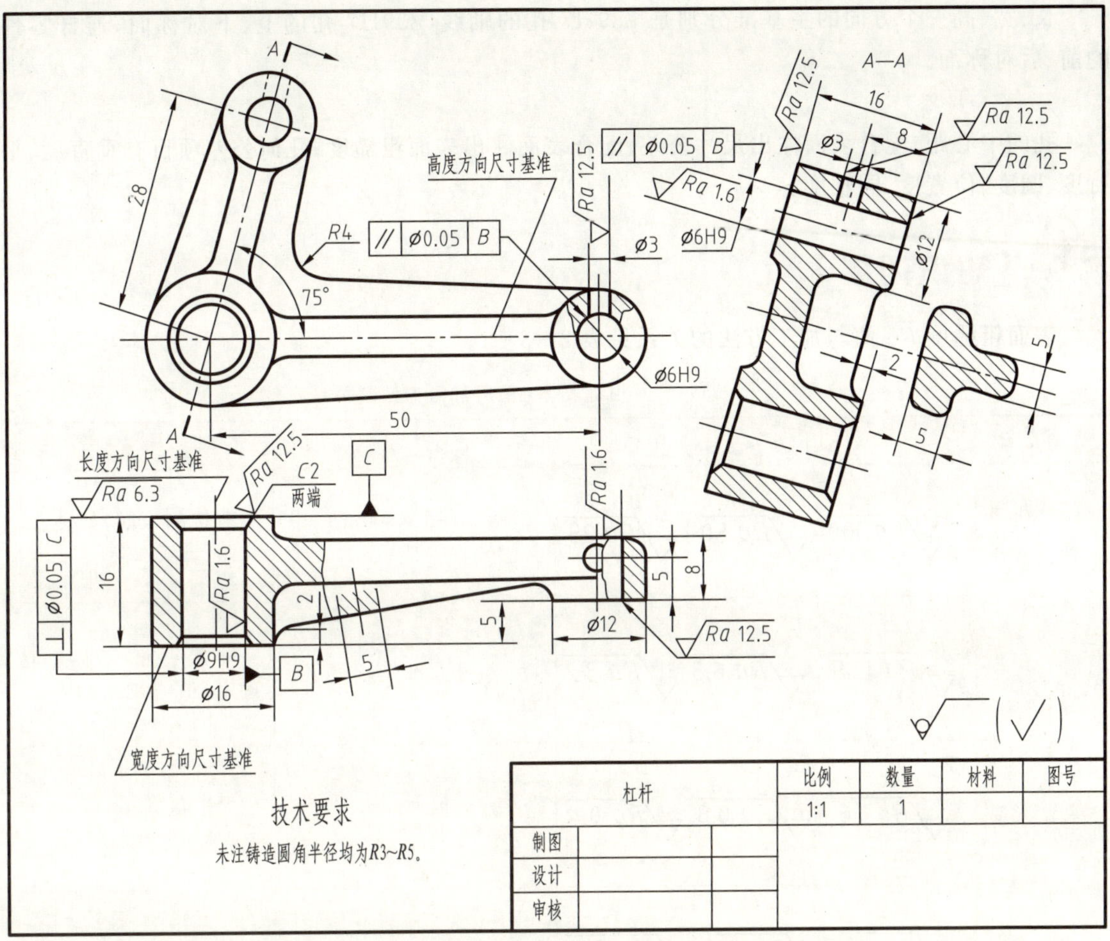

图 2-3-4 杠杆零件图

1. 概括了解

读零件图标题栏，了解零件的名称、材料、绘图比例等基本信息。

对照曲柄连杆机构部件装配图纸，查阅资料，了解连杆与其他零件的装配关系及其作用。连杆连接活塞与曲轴，将活塞的往复运动转变成曲轴的旋转运动。

2. 视图分析

连杆由连杆小头、连杆杆身和连杆大头等部分组成。连杆零件一般是铸件，毛坯形状较复杂，不同的加工位置难以分出主次。因此，主视图主要按形状特征和工作位置来确定。

连杆零件共用 5 个图形表达，有主视图、俯视图、断面图、斜剖、斜视图。主视图上有 3 处局部剖，俯视图采用半剖视。

3. 尺寸分析

长、宽、高三个方向的主基准分别是 ϕ39H7 孔的轴线，ϕ39H7 孔的上、下对称面，连杆零件的前、后对称面。

4. 技术要求

孔的中心距、配合表面注出尺寸公差；配合表面注出表面粗糙度；几何公差项目有垂直度、平行度、圆度、位置度、同轴度。

【知识拓展】

表面粗糙度 *Ra* 值与加工方法的关系见表 2－3－1。

表 2－3－1　表面粗糙度 *Ra* 值与加工方法的关系

表面特征		示　　例	加工方法	适用范围
加工面	粗加工面	√Ra 100　√Ra 50　√Ra 25	粗车、粗铣、粗刨、粗镗、钻、锉	非接触表面，如钻孔、倒角、轴端面等
	半光面	√Ra 12.5　√Ra 6.3　√Ra 3.2	精车、精铣、精刨、精镗、粗磨、细锉、扩孔、粗铰	接触表面：不要求精确定心的配合表面
	光面	√Ra 1.6　√Ra 0.8　√Ra 0.4	精车、精磨、刮、研究、抛光、铰、拉削	要求精确定心的配合表面
	最光面	√Ra 0.2　√Ra 0.1　√Ra 0.05　√Ra 0.025　√Ra 0.012	研磨、超精磨、镜面磨、精抛光	高精度、高速运动零件的配合表面，重要的装饰面
毛坯面		○√	铸、锻、轧制等	不需要进行加工的表面

【资源链接】

2.3 识读连杆零件图\识读连杆零件图图片

2.3 识读连杆零件图\识读连杆零件图评估测试

2.3 识读连杆零件图\连杆零件的形状展示

学习单元 4　识读活塞零件图

【知识目标】

- 能从标题栏初步了解套类零件，收集零件相关资料。
- 能识读套类零件的结构特点、图样画法。
- 能识读套类零件的尺寸。
- 能识读表面粗糙度、极限尺寸、几何公差等技术要求的含义。

【技能目标】

能正确识读套类零件图。

【任务导入】

识读图 2-4-1 所示活塞零件图，要求：

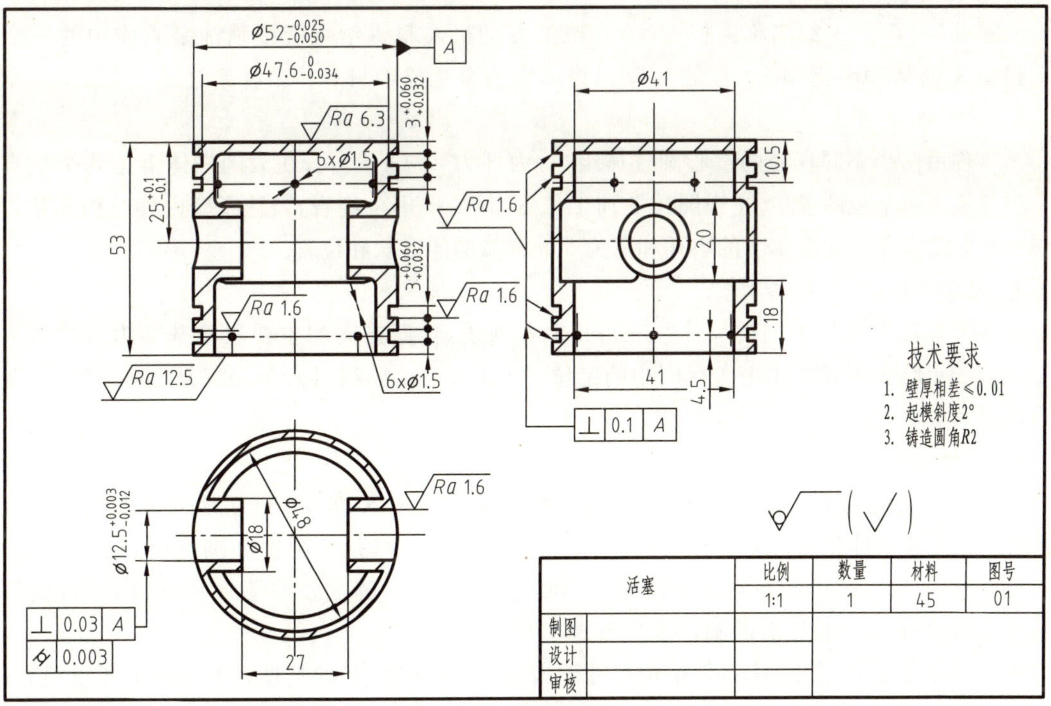

图 2-4-1　活塞零件图

1. 掌握活塞的结构特点和作用。
2. 能识读活塞零件的图样画法。
3. 能分析活塞零件的图样尺寸。
4. 能识读活塞零件图样的表面粗糙度、极限尺寸、几何公差等技术要求的符号及含义。

【知识准备】

2.4.1 识读套类零件图

1. 套类零件的功用

套类零件在机器中主要起支承和导向作用。

2. 套类零件的结构特点

零件主要由有较高同轴要求的内外圆柱表面组成，零件的壁厚较小，易产生变形，轴向尺寸一般大于径向尺寸。

3. 套类零件的主要技术要求

孔与外圆柱一般具有较高的同轴度要求，端面与孔轴线（亦有外圆的情况）有垂直度要求。还有内孔表面、外圆柱表面的尺寸精度、形状精度及表面粗糙度要求。

2.4.2 识读柱塞套零件图

1. 读标题栏

该零件（图 2－4－2）名称为柱塞套（是柴油发动机燃料供给系统中喷油泵总成中的一个零件），材料为 CrWMn，比例 2∶1，数量为 1，说明喷油泵总成中只有一个柱塞泵。

2. 视图分析

该零件由两个不同直径的空心圆柱体组成，内部为 $\phi10$ 的通孔，在大圆柱体上钻两个垂直小孔。零件选用两个视图表达，主视图按照加工位置布置，采用全剖视，表达了套内外结构形状，*A*－*A* 移出断面图重点表达套 $\phi34$ 的小孔和宽为 5 的圆弧槽的形状和位置。

3. 尺寸分析

柱塞套高度和宽度方向的尺寸基准是其中心轴线，长度方向的主要尺寸基准为右端面。尺寸 10 、12、16 均从该基准注出。视图中的定位尺寸有 12±0.022、10±0.027、17±0.021，其余都是定形尺寸。

4. 技术要求

零件所有表面均为切削加工表面，内孔表面粗糙度要求 *Ra*0.05，最粗糙的表面粗糙度值是 *Ra*3.2。此外该零件还有尺寸公差、几何公差等要求。$\phi10$ 内孔的圆度和圆柱度公差是 0.004；距右端面长度 16 mm 的端面对右端面的平行度公差是 0.03、圆度公差是 0.025；$\phi15$ 圆柱面的圆度公差是 0.004；$\phi19$ 圆柱面的圆柱度公差是 0.004。

通过以上分析可看出，该零件结构尺寸不大，但尺寸精度、几何精度及表面精度要求很高，且材料的性能要求也高，是柱塞喷油泵中一个重要的零件。

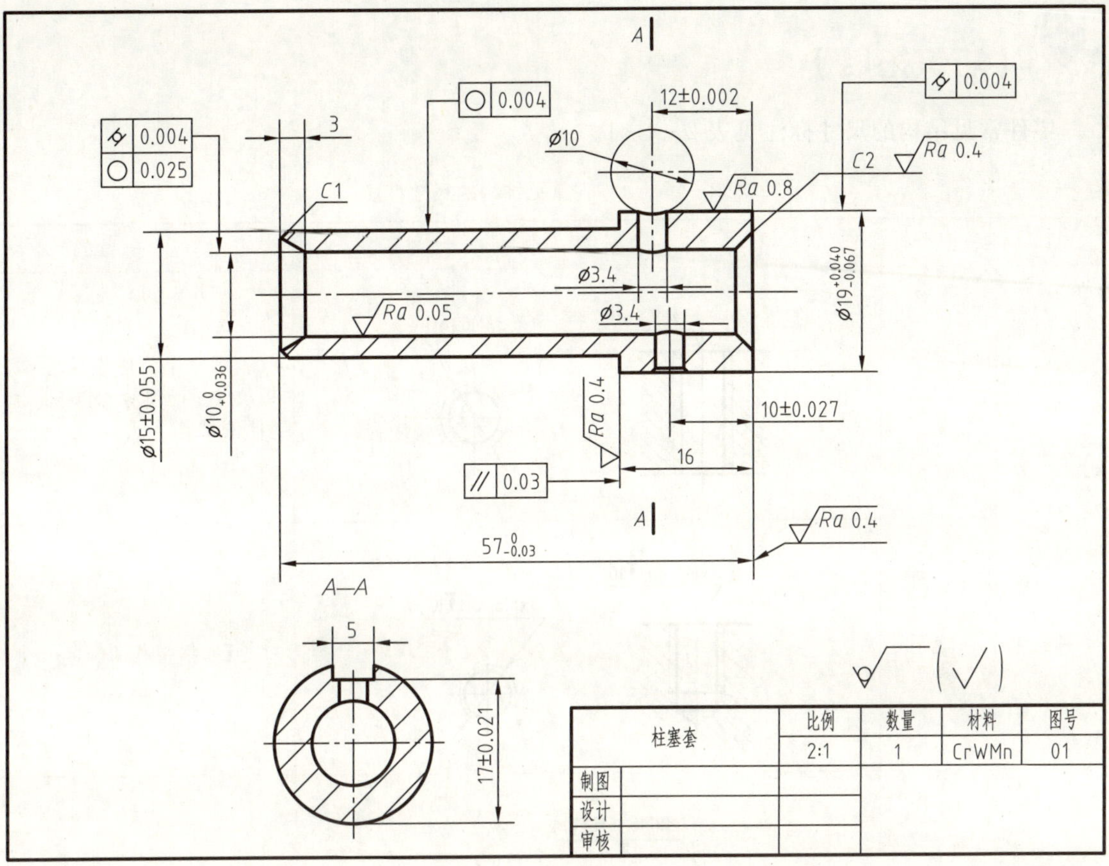

图 2-4-2　柱塞套零件图

【任务实施】

识读图 2-4-1 所示的活塞零件图。

1. 结构分析

图 2-4-1 所示的活塞由一个由薄壁所围成的空腔和与连杆相连供安装用的活塞销孔组成；此外，还有凸台、凹坑、起模斜度、铸造圆角、销孔和倒角等许多细小结构等。

2. 视图分析

活塞的零件图用主视图、左视图、俯视图来表达，三个视图均采用全剖视。

3. 尺寸分析

活塞零件主要有直径方向和高度方向的尺寸。径向尺寸以轴线为基准，高度方向尺寸以 ϕ12.5 孔的轴线为基准。

4. 技术要求

活塞零件上有配合关系的内、外表面的表面粗糙度值较小；孔的定位尺寸、有配合关系的孔、轴给出尺寸公差，ϕ12.5 孔的轴线对 ϕ52 轴的轴线有垂直度要求，并有圆柱度要求。

【知识拓展】

零件常见结构的尺寸标注见表 2－4－1。

表 2－4－1 零件常见结构的尺寸标注

结构类型		简化注法示例	说明
螺孔	通孔	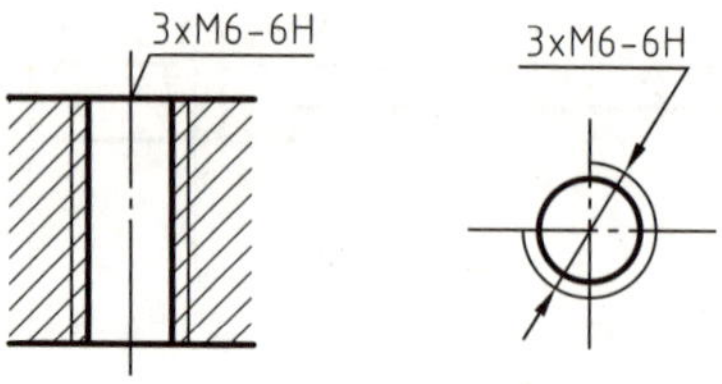	表示三个公称直径为 6，螺纹中径、顶径公差带为 6H 的螺孔
	不通孔	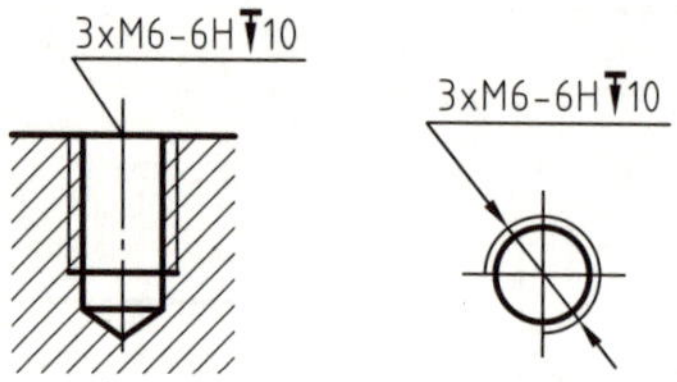	↧是指螺孔的深度
	不通孔	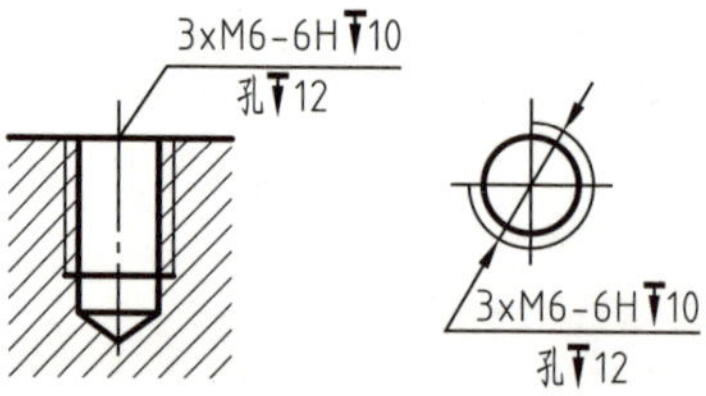	需要注出钻孔深度时，应明确标注孔深尺寸
孔	一般孔	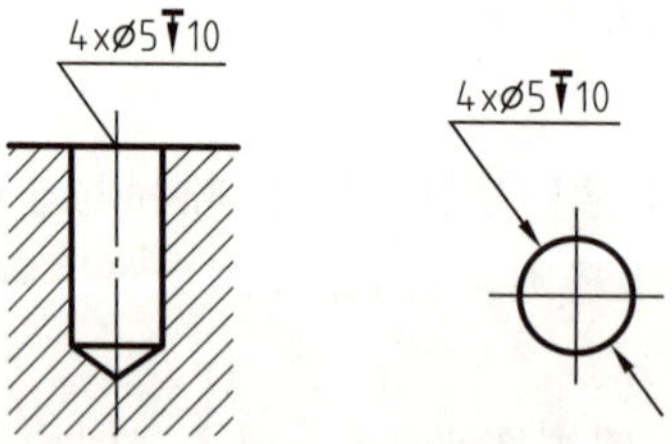	表示 4 个直径为 5，孔深为 10 的光孔
	精加工光孔	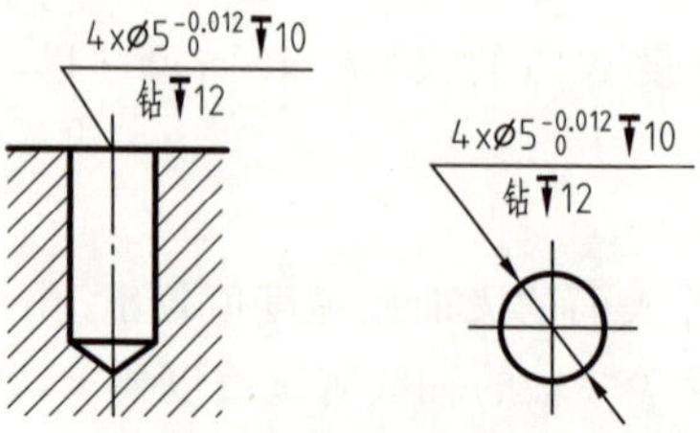	表示 4 个直径为 5，孔深为 12 的光孔，精确加工深度为 10

续表

结构类型		简化注法示例	说明
孔	锥形沉孔	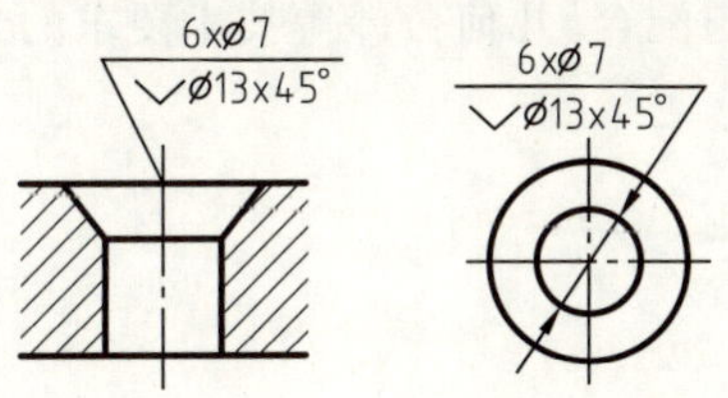	表示6个直径为7的孔，沉孔的直径为13，锥度为90°
	柱形沉孔	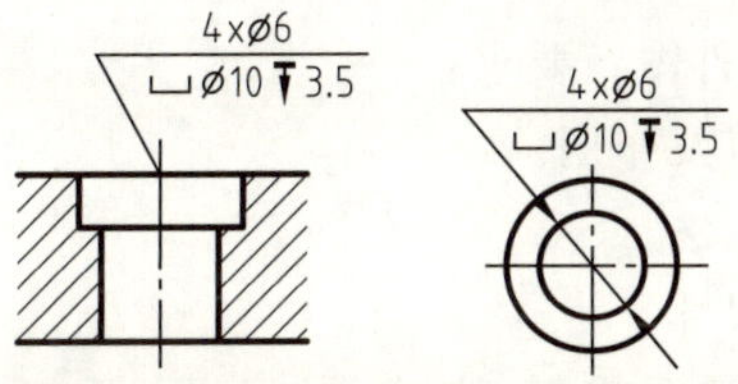	表示4个直径为6的孔，沉孔的直径为10，深度为3.5
		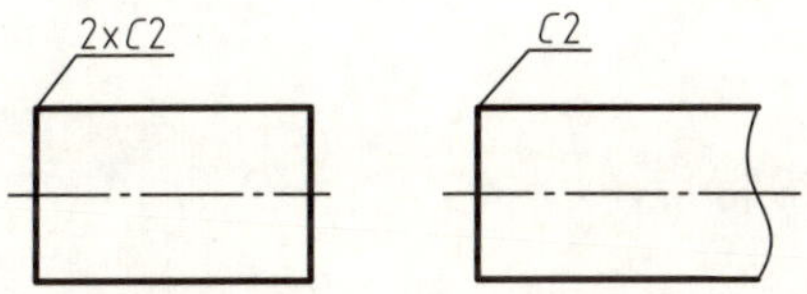两端倒角 一端倒角	C2表示2×45°的倒角，2×C2表示轴两端有2个45°的倒角

【资源链接】

2.4 识读活塞零件图\识读活塞零件图实体照片、零件图图片

2.4 识读活塞零件图\识读活塞零件图评估测试

2.4 识读活塞零件图\活塞零件的形状展示

学习单元5　识读轴承盖零件图

【知识目标】

- 从标题栏初步了解零件，收集零件相关资料。

- 能识读箱体类零件的结构特点、图样表达。
- 能识读箱体类零件尺寸。
- 能识读表面粗糙度、极限与配合、几何公差等技术要求的含义。

【技能目标】

能正确识读箱体类零件图。

【任务导入】

识读图 2-5-5 所示轴承盖零件图。要求：

1. 掌握轴承盖零件的结构特点及作用。
2. 能识读轴承盖零件的图样画法。
3. 能分析轴承盖零件的图样尺寸。
4. 能识读轴承盖零件图样表面粗糙度、极限尺寸、几何公差等技术要求的符号及含义。

【知识准备】

2.5.1 箱体类零件的结构特点

箱体类零件是机器中的主要零件之一，一般起支承、容纳、零件定位等作用。箱体类零件多为铸件，结构形状复杂，且加工工序多。它们通常由以下几部分组成：容纳运动零件和贮存润滑液的内腔，壁上有支承和安装运动零件的孔及安装端盖的凸台（或凹坑）、螺孔，安装底板及安装孔，加强筋、润滑油孔、油槽、放油螺孔等。蜗轮减速器箱体如图 2-5-1 所示。

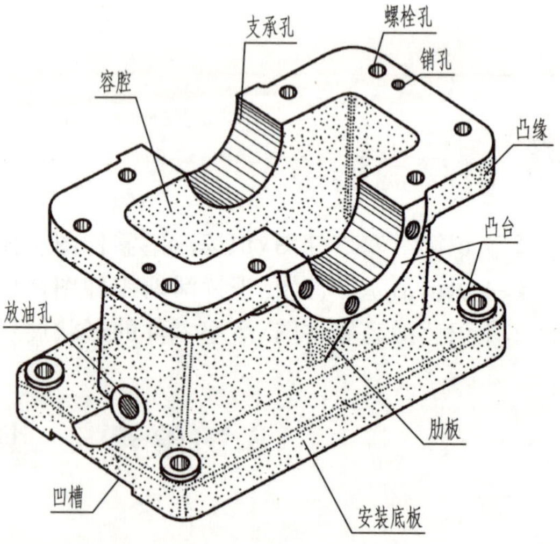

图 2-5-1 蜗轮减速器箱体

2.5.2 箱体类零件的图样画法

箱体类零件常以反映形状特征、工作位置作为主视图方向。通常采用两个或两个以上的基本视图，采用全剖或局部剖视图，并辅以局部视图、断面图等表达方法才能将其主要结构形状表示清楚。

图 2-5-2 为一齿轮油泵泵体立体图及其视图表达。

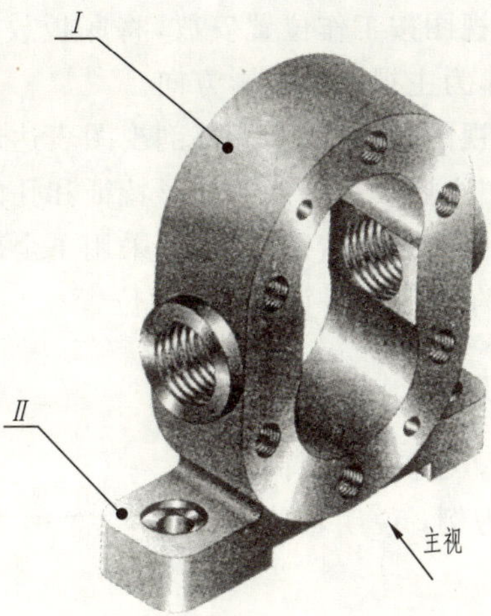

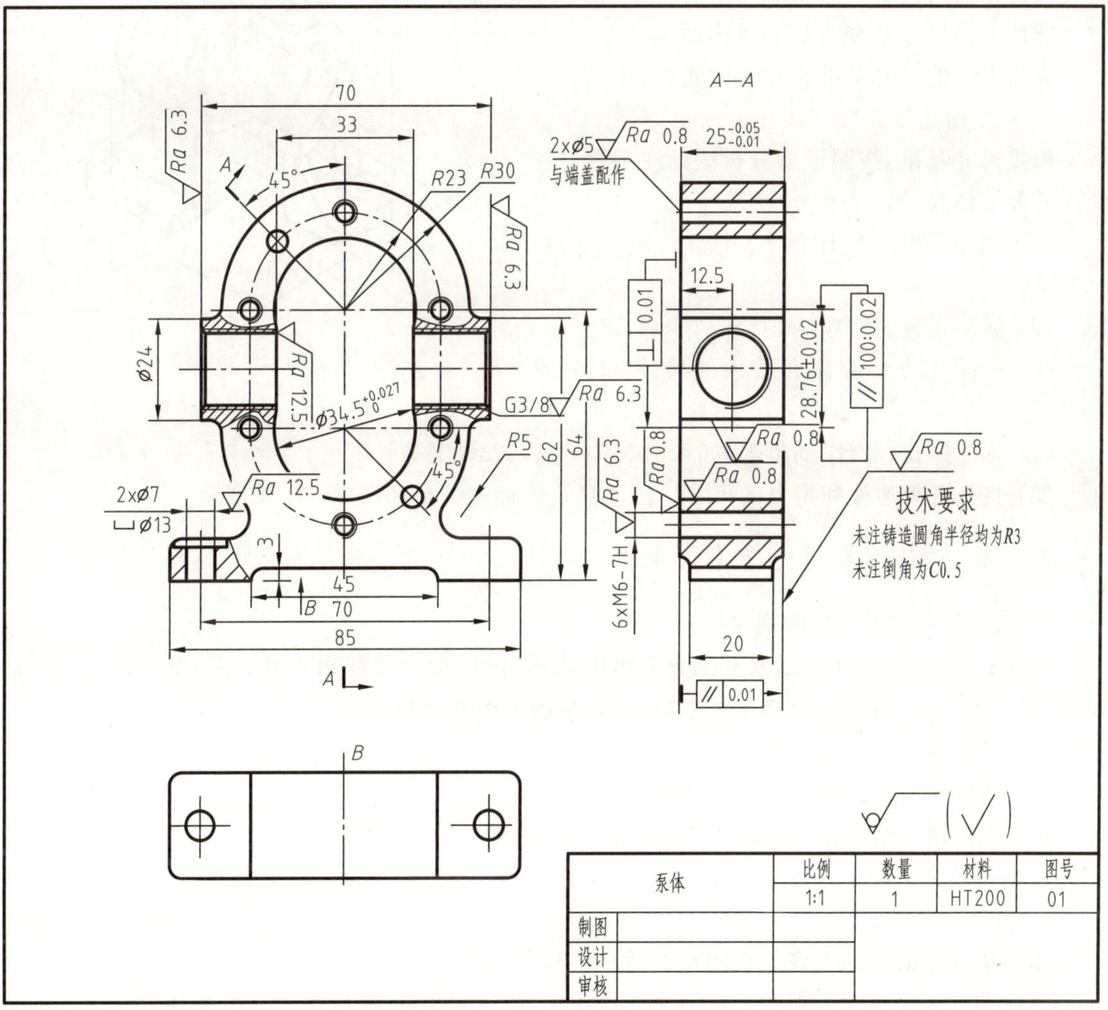

泵体	比例	数量	材料	图号
	1:1	1	HT200	01
制图				
设计				
审核				

图 2-5-2　泵体零件图

为了反映泵体的主要特征，主视图按工作位置安放，将底板放平，并以反映其各组成部分形状特征及相对位置最明显的方向作为主视图的投影方向。

在主视图上，采用三个局部剖视图，其中两个局部剖视图表达进、出油孔的结构，另一个局部剖视图表达安装孔的结构。该视图主要表达泵体的外形特征和孔的位置。

主视图确定后，为了表达主视图未表达清楚的结构，采用了全剖的左视图。

采用 B 向局部视图表达底板的形状及两个安装孔的位置。

2.5.3 箱体类零件的尺寸标注

箱体类零件是铸件，形状复杂，尺寸多。下面以图 2-5-3 所示的传动器箱体为例，说明箱体类零件尺寸的标注方法与步骤。

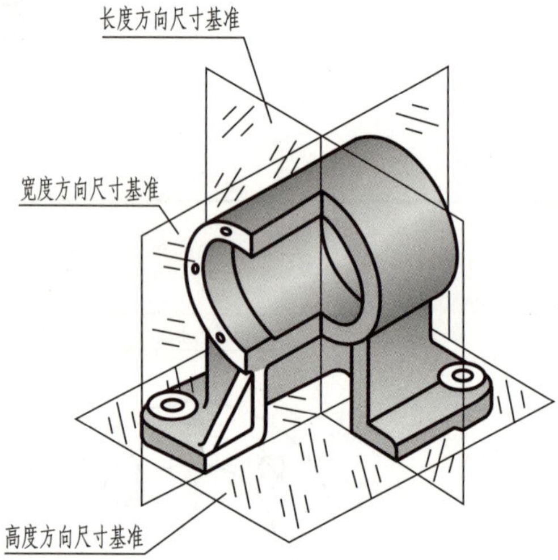

图 2-5-3 传动器箱体

1. 确定尺寸基准

长度方向的主要尺寸基准为左右对称面。

宽度方向尺寸基准为前后对称面。

高度方向的尺寸基准为箱体的底面。

2. 尺寸标注步骤

根据尺寸基准，按照形体分析法标注定形、定位尺寸及总体尺寸。

(1) 标注空心圆柱的尺寸，如 100，103，ϕ90 等。

(2) 标注底板的尺寸，如 158，110，14 等。

(3) 标注长方形腔体和肋板的尺寸 72，70，16 等。

(4) 标注螺孔、凸台、倒角等，如 12×M6-7H，ϕ23，$C1$ 等。

(5) 检查有无遗漏和重复的尺寸。传动器箱体标注结果如图 2-5-4 所示。

2.5.4 箱体类零件的技术要求

1. 极限与配合及表面粗糙度

轴承孔的中心距、孔径以及有配合要求的表面、定位端面要注出尺寸公差，如 $\phi65^{+0.009}_{-0.027}$。轴承孔、结合面、销孔等表面粗糙度要求较高，其余加工面要求较低。

2. 几何公差

(1) 同轴的轴、孔之间一般有同轴度要求。

(2) 不同轴的轴、孔之间、轴和孔与底面之间一般有平行度要求。

传动器箱体的轴承孔为工作孔，给出了同轴度、平行度、圆柱度三项几何公差要求。

3. 其他技术要求

箱体类零件的非加工表面在图样上标注粗糙度要求。

零件图的文字技术要求中常注明热处理要求、铸造圆角的半径、非加工面涂漆等。

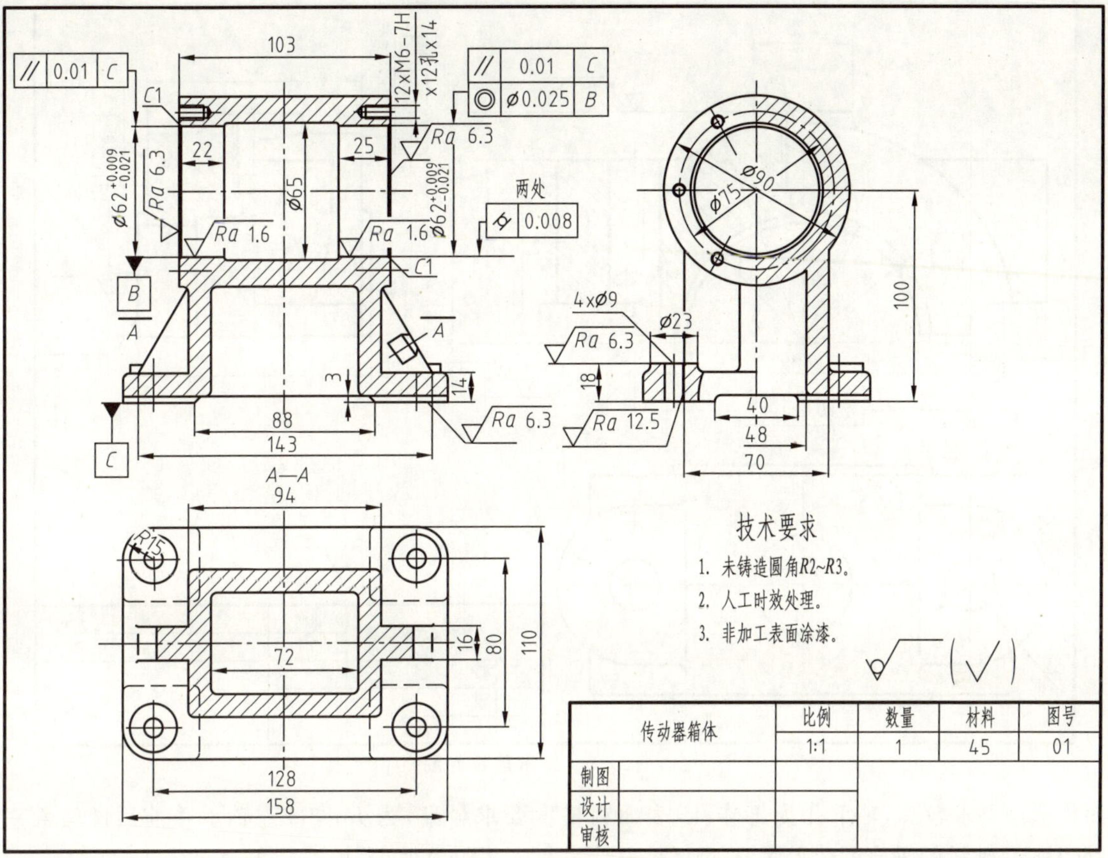

图 2-5-4 传动器箱体零件图

【任务实施】

识读轴承盖零件图(图 2-5-5)。

1. 概括了解

读标题栏,可知零件名称是滑动轴承盖,比例 1∶1,材料是 45 等信息。

2. 视图分析

轴承盖零件属于箱体类零件,主视图方向体现形状结构特征和工作位置,采用了主视图、俯视图和左视图 3 个基本视图表达。由于轴承盖前后、左右对称,主视图、左视图采用半剖视的表达方法。

3. 尺寸分析

轴承盖零件长度方向的尺寸基准是它的左右对称面,宽度方向的尺寸基准是它的前后对称面,高度方向的尺寸基准是它的底面。按照形体分析法标注支承孔、螺纹孔、连接螺栓、轴承盖、凸台的定形、定位尺寸及总体尺寸。

4. 技术要求

轴承盖孔径以及有配合要求的表面、定位端面注出尺寸公差,如 ϕ60H8、86H9。结合面的表

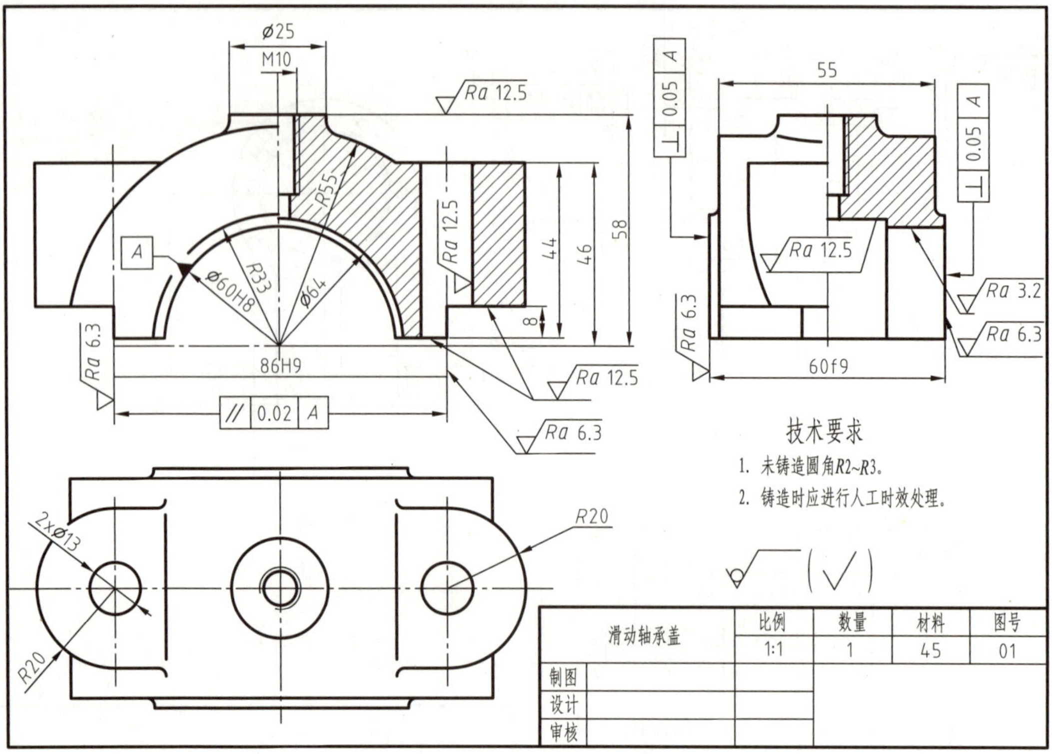

图 2-5-5 轴承盖零件图

面粗糙度要求较高，轴承孔为工作孔，表面粗糙度要求最高，为 *Ra* 3.2。轴承盖前后两端面对 ϕ60H8 孔轴线的垂直度公差为 0.05。铸件应进行人工时效处理，铸造圆角为 *R*2～*R*3。

【知识拓展】

铸造的工艺结构

1. 起模斜度

铸件在造型时，为了便于取出模具，沿脱模方向做出 1∶20 的起模斜度(约 3°，图 2-5-6)。浇注后这一斜度留在铸件表面。起模斜度在画图时一般不画出，必要时可在技术要求中注明。

2. 铸造圆角

为了便于起模、防止浇注时金属溶液冲坏砂型以及冷却时转角处产生裂纹，铸造圆角(图 2-5-7)的半径在 2～5 mm 之间，视图中一般不标注，而是集中注写在图样右下角的技术要求里，如“未注铸造圆角为 *R2*”。

由于有铸造圆角，铸件各表面的交线理论上不存在，但在画图时这些交线用细实线按无圆角时的情况画出，只是交线的起讫处与圆角的轮廓线断开(画至理论尖点处)，这样的线称为过渡线，如图 2-5-8 所示。

3. 铸件壁厚

铸件的壁厚(图 2-5-9)应保持均匀或逐渐过渡，在壁厚突变处易产生裂隙和缩孔。

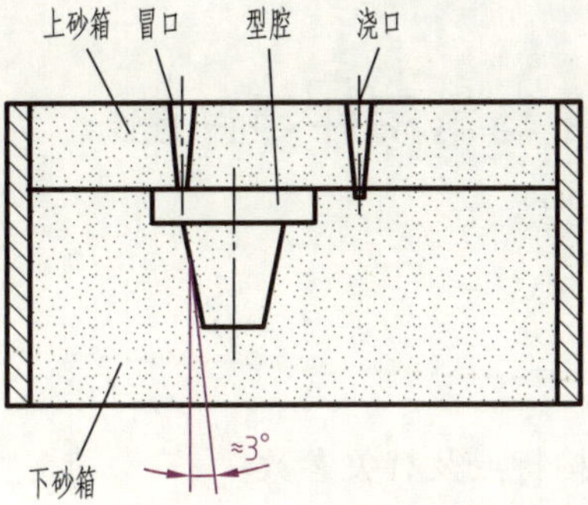

图 2-5-6　起模斜度

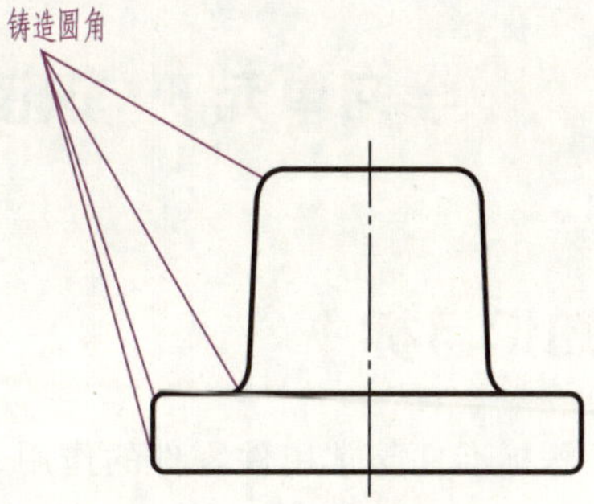

图 2-5-7　铸造圆角

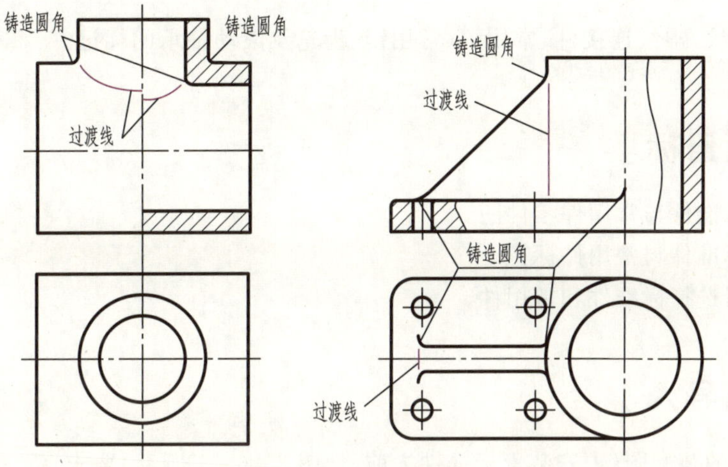

图 2-5-8　过渡线

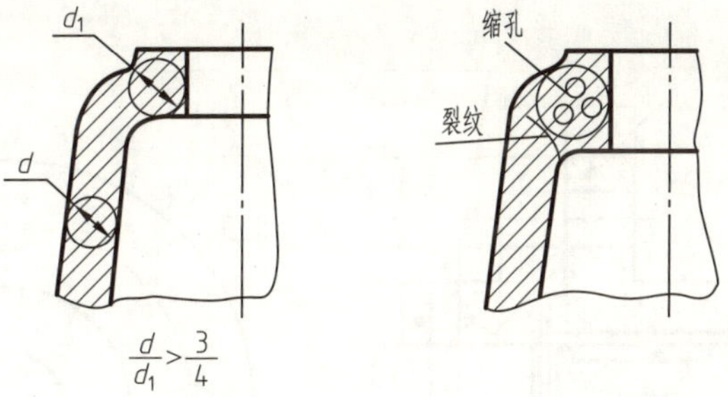

(a) 壁厚均匀　　(b) 壁厚不均匀

图 2-5-9　铸件壁厚

【资源链接】

2.5 识读轴承盖零件图\识读轴承盖零件图图片

2.5 识读轴承盖零件图\识读轴承盖零件图评估测试

2.5 识读轴承盖零件图\轴承盖零件的形状展示

学习单元 6 识读标准件与常用件零件图

【知识目标】

- 了解标准件与常用件零件的作用、种类、结构特点及有关参数。
- 掌握螺纹、螺纹连接件、常用键、常用销、齿轮及滚动轴承的规定画法。
- 掌握螺纹、螺纹连接件、常用键、常用销、齿轮及滚动轴承的标记。

【技能目标】

1. 能识读标准件与常用件零件图。
2. 能识读标准件与常用件标记。
3. 会查手册选择标准件和常用件。

【任务导入】

根据联轴器的装配图(未安装上标准件之前,如图 2-6-1 所示)要求:① 选择标准件、查表确定标准件的规格;② 完成在装配图上的连接画法(空白引线处);③ 在指引线上对标准件进行简化标注。

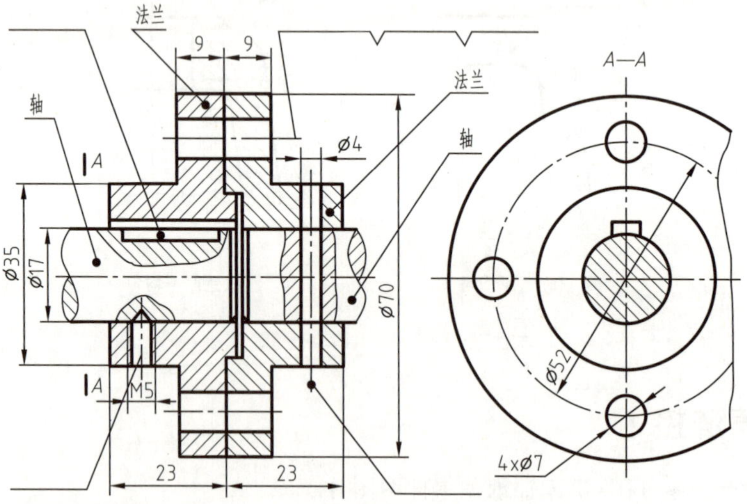

图 2-6-1 联轴器的装配图(未安装上标准件之前)

【知识准备】

标准件：国家标准将其型式、结构、尺寸、精度及画法等均予以标准化的零件。如螺栓、双头螺柱、螺钉、螺母、垫圈，以及键、销、轴承等，由专门厂家进行大批量生产。

常用件：国家标准对其部分结构参数进行标准化的零件，如齿轮、弹簧等。

2.6.1　螺纹

螺纹是回转体表面沿螺旋线所形成的具有相同断面的连续凸起和沟槽。制在圆柱体外表面上的螺纹叫外螺纹。制在零件内表面的螺纹称为内螺纹。

螺纹可以车削加工。加工直径较小的螺孔，可先用钻头钻出光孔，再用丝锥攻丝得到螺纹。螺纹的加工方式如图2-6-2所示。

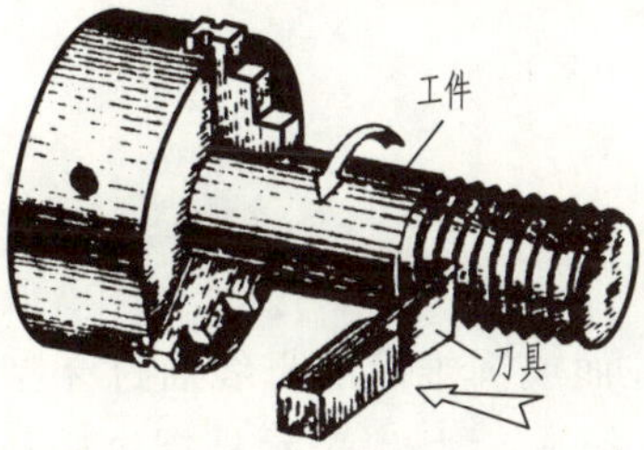

(a) 车削外螺纹

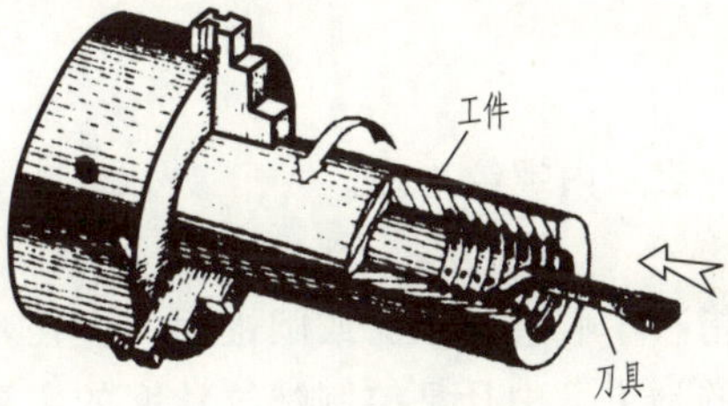

(b) 车削内螺纹

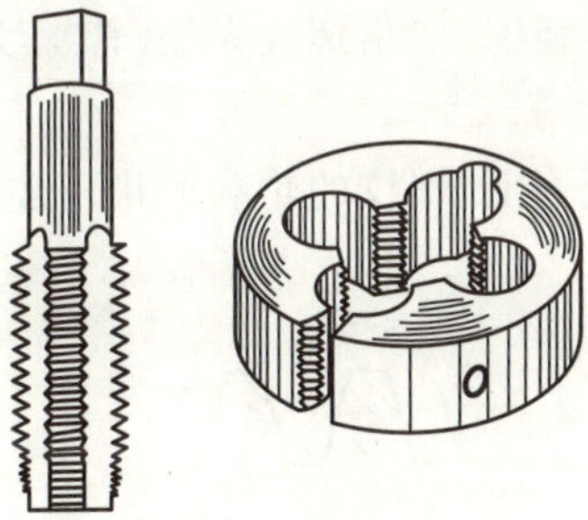

(c) 用丝锥加工螺孔

图2-6-2　螺纹的加工方式

1. 螺纹的要素

螺纹各部分的名称如图2-6-3所示。

(1) 直径

① 大径

大径是指与外螺纹牙顶或内螺纹牙底相重合的假想圆柱面或圆锥面的直径。用 d 表示外螺纹大径、D 表示内螺纹大径。

② 小径

小径是指与外螺纹牙底或内螺纹牙顶相重合的假想圆柱面或圆锥面的直径。用 d_1 表示外

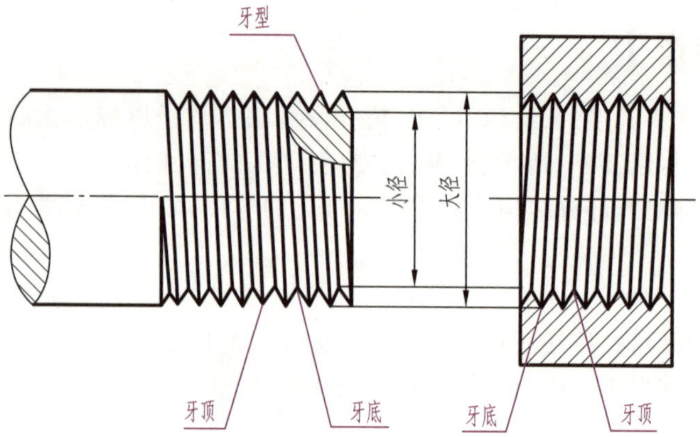

(a) 外螺纹　　(b) 内螺纹

图 2-6-3 螺纹各部分名称

螺纹小径、D_1 表示内螺纹小径。

③ 中径

中径是指一个假想圆柱面或圆锥面的直径，该圆柱面或圆锥面的母线通过牙型上沟槽和凸起宽度相等的地方。中径是控制螺纹精度的主要参数之一。用 d_2 表示外螺纹中径、D_2 表示内螺纹中径。

公称直径是代表螺纹尺寸的直径，一般指螺纹大径(管螺纹用尺寸代号表示)。

(2) 牙型

牙型是指在通过螺纹轴线的剖面上，螺纹的轮廓形状。常用的牙型有三角形、梯形、锯齿形，如图 2-6-4 所示。

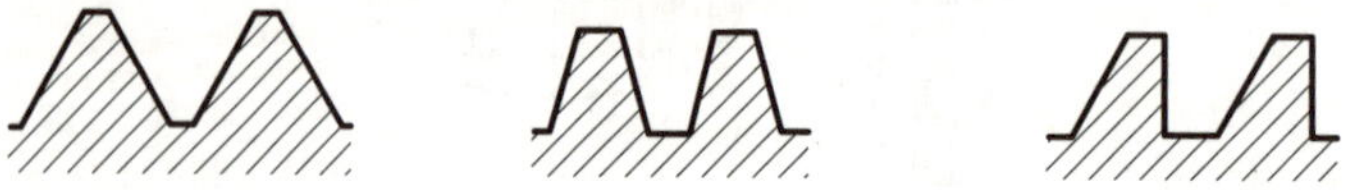

(a) 三角形　　(b) 梯形　　(c) 锯齿形

图 2-6-4 螺纹的牙型

(3) 线数

螺纹有单线螺纹和多线螺纹，沿一条螺旋线形成的螺纹为单线螺纹，沿两条或两条以上沿轴向等距分布的螺旋线形成的螺纹为多线螺纹。最常用的是单线螺纹，如图 2-6-5 所示。

(4) 螺距和导程

相邻两牙在中径线上对应两点间的轴向距离称为螺距，用 P 表示；同一螺旋线上相邻两牙在中径线上对应两点间的轴向距离称为导程，用 P_H 表示。单线螺纹的导程等于螺距，即 $P_H = P$，(图 2-6-5a)；多线螺纹的导程等于线数乘以螺距，即 $P_H = nP$(图 2-6-5b)。

(5) 旋向

螺纹分左旋和右旋。当内外螺纹旋合时，顺时针方向旋入者为右旋，逆时针方向旋入者为左

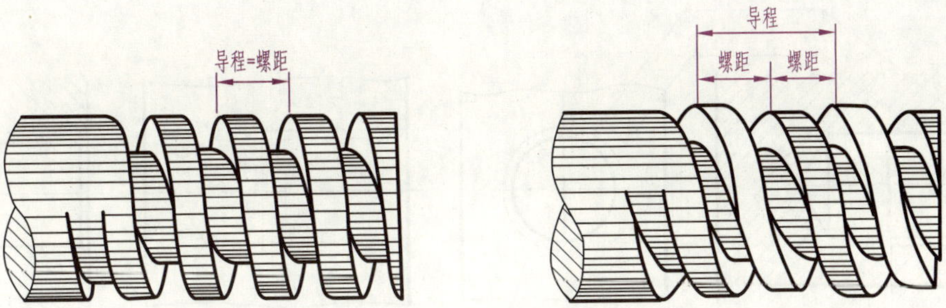

(a) 单线螺纹　　(b) 双线螺纹

图 2-6-5　螺纹线数、螺距和导程

旋。常用右旋螺纹。

牙型、直径、螺距、线数、旋向都相同的内、外螺纹才能旋合。

标准螺纹——牙型、公称直径、螺距均符合国标规定的螺纹。

特殊螺纹——牙型符合标准，直径、螺距不符合标准。

2. 螺纹的规定画法

(1) 外螺纹的规定画法

平行于螺纹轴线的视图，螺纹的大径用粗实线绘制，小径用细实线绘制，并应画入倒角区。螺纹终止线用粗实线绘制。通常小径按大径的 0.85 倍绘制。垂直于螺纹轴线的视图，螺纹的大径用粗实线画整圆，小径用细实线画约 3/4 圆，轴端的倒角圆省略不画。如图 2-6-6a 所示。

在水管、油管等管道中，常使用管螺纹连接，管螺纹的画法如图 2-6-6b 所示。

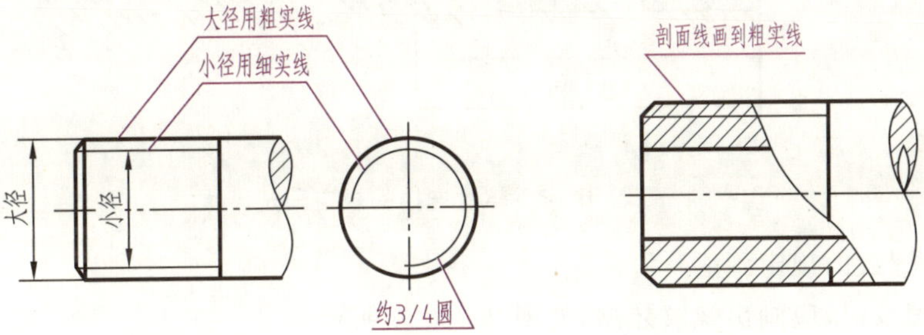

(a)　　(b)

图 2-6-6　外螺纹的规定画法

(2) 内螺纹的规定画法

平行于螺纹轴线的视图，螺纹的大径用细实线绘制，小径用粗实线绘制，不画入倒角区。在绘制不通孔时，应画出螺纹终止线和钻孔深度线。钻孔直径＝螺纹小径，钻孔顶角＝120°，剖面线画到粗实线处。垂直于螺纹轴线的视图，螺纹的小径用粗实线画整圆，大径用细实线画约 3/4 圆。倒角圆省略不画，如图 2-6-7a 所示。

当螺纹不可见时，除螺纹轴线、圆中心线外，所有的图线均用虚线绘制，如图 2-6-7b 所示。

当内螺纹为通孔时，其画法如图 2-6-7c 所示。

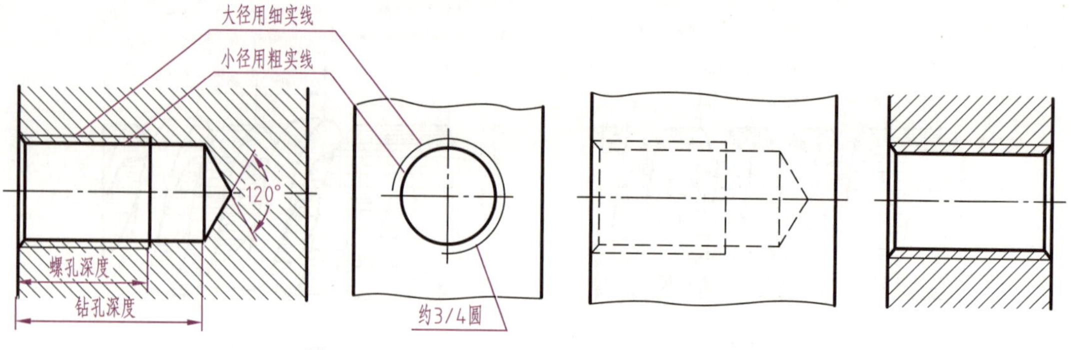

(a) (b) (c)

图 2-6-7 内螺纹的规定画法

(3) 内外螺纹连接的规定画法

内、外螺纹连接时，旋合部分按外螺纹绘制，其余部分按各自的规定画法绘制。内、外螺纹大径线对齐、小径线对齐。当沿外螺纹的轴线剖开时，螺杆按不剖绘制。当垂直于外螺纹的轴线剖开时，螺杆处应画剖面线。如图 2-6-8 所示。

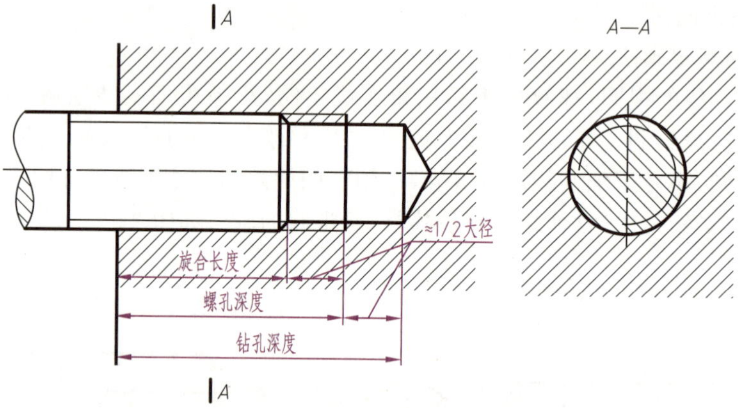

图 2-6-8 螺纹连接的规定画法

(4) 非标准螺纹的规定画法

画非标准螺纹时，应画出螺纹牙型，如图 2-6-9 所示。

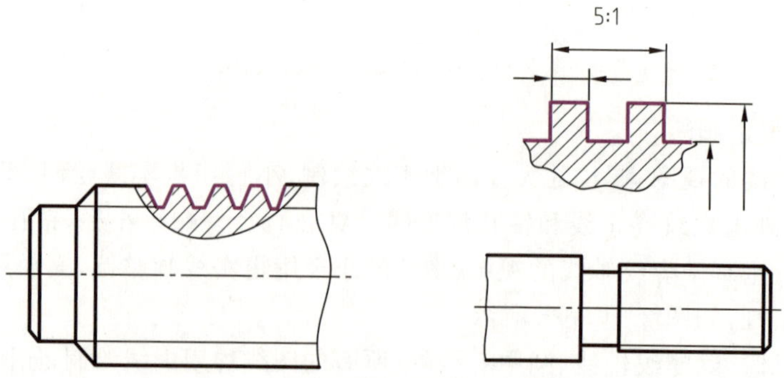

(a) (b)

图 2-6-9 非标准螺纹的规定画法

(5) 螺孔相贯的规定画法

国家标准规定只画螺孔小径的相贯线，如图 2-6-10 所示。

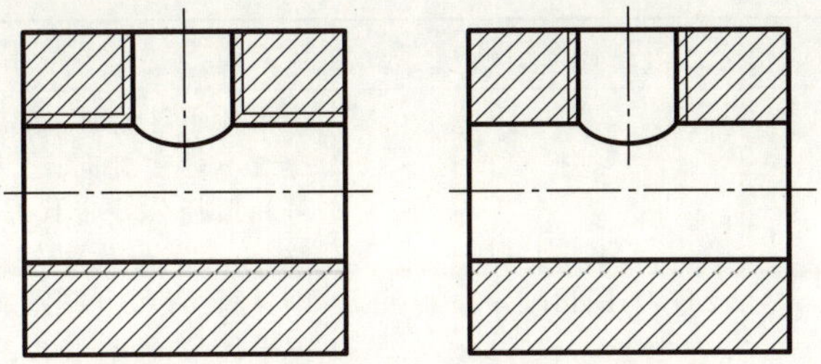

图 2-6-10　螺纹孔中相贯线的画法

3. 螺纹的种类和标注

(1) 螺纹的种类

按用途分：螺纹分为紧固螺纹、管螺纹、传动螺纹、专用螺纹。

按牙型分：三角形、梯形、锯齿形、矩形、圆形；对称牙型和非对称牙型。

(2) 螺纹的标记

① 普通螺纹标记的规定格式如下：

螺纹特征代号　公称直径×螺距－中径公差带和顶径公差带代号－螺纹旋合长度代号－旋向代号

例 1　M8×1－LH

表示细牙普通螺纹，公称直径为 8 mm，螺距为 1 mm，中等公差精度，中等旋合长度，左旋。

例 2　M16×PH6P2－5g6g－L

表示细牙普通外螺纹，公称直径为 16 mm，螺距为 2 mm，导程为 6 mm，线数为 3，中径公差带为 5 g，顶径公差带为 6 g，长旋合长度，右旋。

② 梯形和锯齿形螺纹标记的规定格式如下：

单线螺纹：螺纹特征代号 公称直径×螺距旋向代号－中径公差带代号－旋合长度代号

例 3　Tr40×7－7H

表示单线梯形内螺纹，公称直径为 40 mm，螺距为 7 mm，中径公差带为 7H，中等旋合长度，右旋。

多线螺纹：螺纹特征代号 公称直径×导程(P 螺距)旋向代号－中径公差带代号－旋合长度代号

例 4　B48×16(P8)LH－7H

表示双线锯齿内螺纹，公称直径为 48 mm，螺距为 8 mm，导程是 16 mm，中径公差带为 7 H，中等旋合长度，左旋。

③ 55°密封管螺纹标记的规定格式如下：

螺纹特征代号　尺寸代号　旋向代号

例 5　Rp1/2

表示圆柱内螺纹，尺寸代号 1/2，右旋。

④ 55°非密封管螺纹标记的规定格式如下：

螺纹特征代号　尺寸代号　公差等级代号－旋向代号

例 6　G1/2－LH

表示 55°非密封管螺纹，尺寸代号是 1/2，左旋。

常用标准螺纹的标记方法见表 2-6-1，标注示例如图 2-6-11 所示。

表 2-6-1 常用标准螺纹的标记方法

序号	螺纹类别	特征代号	标记示例	附注
1	普通螺纹	M	M8×1-LH M16×PH6P2-5g6g-L	粗牙不注螺距；左旋螺纹以“LH”表示，右旋螺纹不标注旋向；公差带代号由中径公差带代号和顶径公差带代号组成，大写字母代表内螺纹，小写字母代表外螺纹，若两组公差带相同，则只写一组，中等公差精度（如 6 H、6 g）不注公差带代号；旋合长度分为短旋合长度（S）、中旋合长度（N）和长旋合长度（L）三种，中旋合长度不标注；多线时注出 PH、P
2	梯形螺纹	Tr	Tr40×7-7H Tr40×14(P7)LH-7e	公称直径用外螺纹的基本大径表示；仅需给出中径公差带代号；无短旋合长度
3	锯齿形螺纹	B	B40×7-7H B40×14(P7)LH-7e-L	
4	55°非密封管螺纹	G	G1/2-LH G11/2A	外螺纹公差等级分 A 级和 B 级两种；内螺纹公差等级只有一种，表示螺纹副时仅需标注外螺纹的标记
5	55°密封管螺纹	圆锥外螺纹 R1、R2 圆锥内螺纹 Rc 圆柱内螺纹 Rp	R13 Rp1/2 Rc11/2-LH	内、外螺纹均只有一种公差带，故不标注

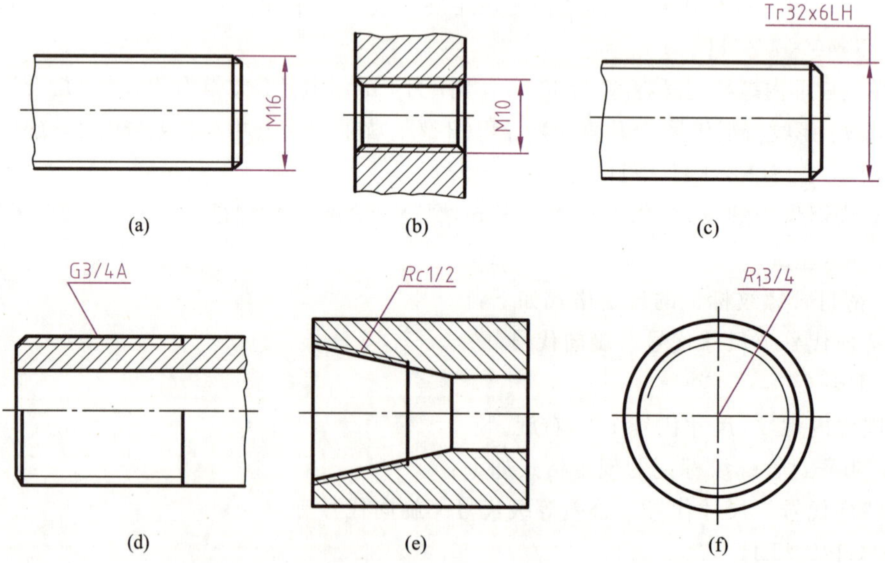

图 2-6-11 螺纹的标注

普通螺纹、梯形螺纹和锯齿形螺纹，其标记应直接注在大径的尺寸线上或其指引线上。管螺纹的标记一律注在指引线上，指引线应由大径引出或由中心对称处引出。

对非标准螺纹，应画出螺纹的牙型，并注出所需的尺寸及有关要求，如图 2-6-12 所示。

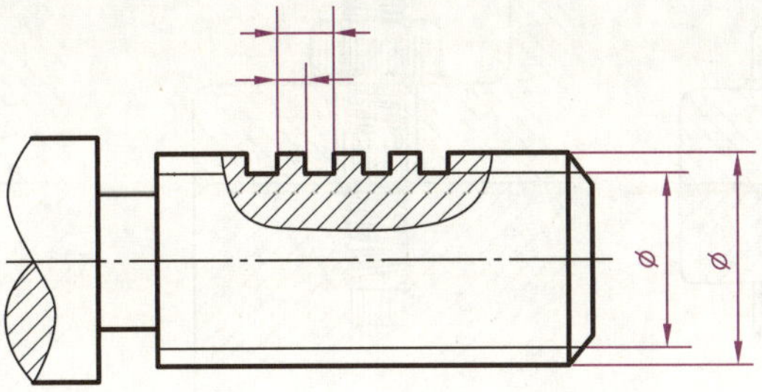

图 2-6-12 非标螺纹的标注

2.6.2 螺纹紧固件及其连接

平均来说，一辆整车大约有 1 200 个螺纹紧固件连接。连接可能有很多原因失效，包括松弛、震动、泄漏等，因紧固件产生的问题大约占维修费用的 16%。装配的本质就是连接，而螺纹连接又是整车装配中很重要的连接方式，所以了解汽车标准紧固件相关的知识是十分必要的。常用的螺纹紧固件有螺栓、螺柱、螺钉、螺母、垫圈等，它们的种类很多，在结构形状和尺寸方面都已标准化，并由专门工厂进行批量生产，根据规定标记就可在国家标准中查到有关的形状和尺寸。常用的螺纹紧固件及其连接如图 2-6-13、图 2-6-14 所示。

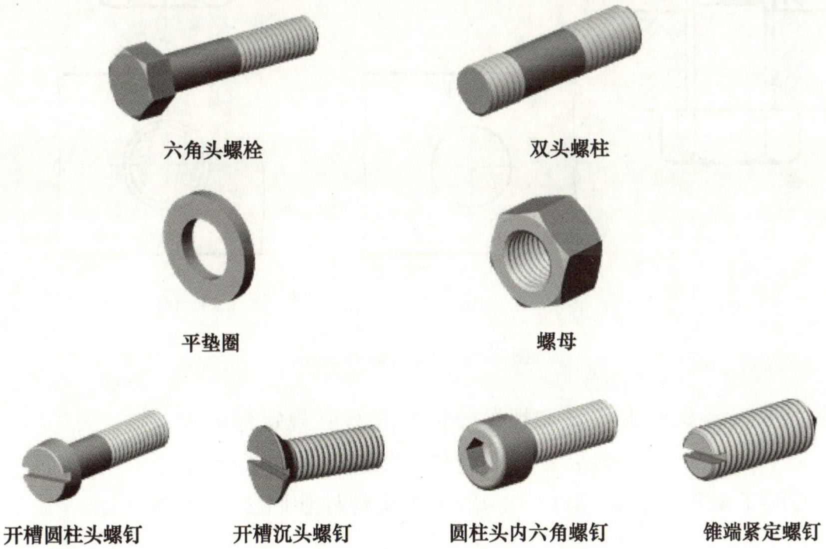

图 2-6-13 常用的螺纹紧固件

1. 螺栓

螺栓用来连接两个不太厚并能钻成通孔的零件，将螺栓从一端穿入两个零件的光孔，另一端加上垫圈，然后旋紧螺母，即完成了螺栓连接，如图 2-6-15 所示。

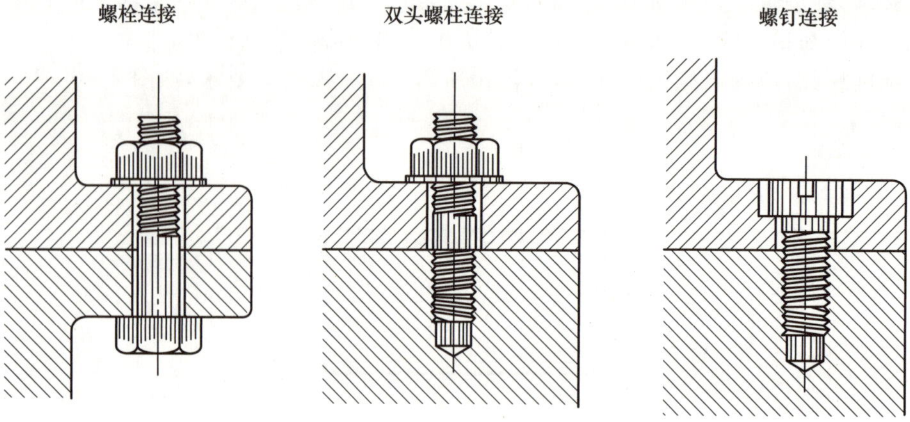

图 2-6-14 常见螺纹紧固件的连接

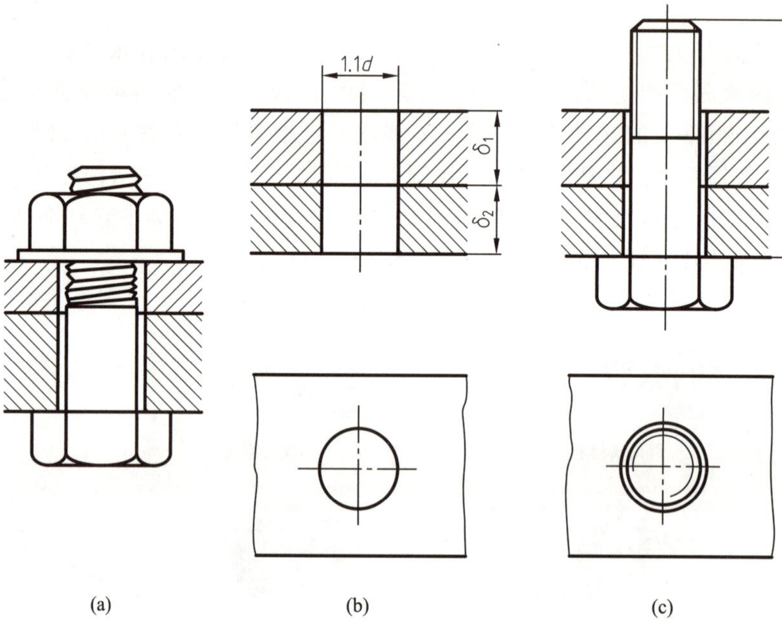

图 2-6-15 螺栓连接

螺栓的规格尺寸是螺纹大径 d 和螺栓公称长度 l，其规定标记为：

名称　标准代号　螺纹代号×长度

如：螺栓 GB/T 5782—2000 M12×90。六角头螺栓如图 2-6-16 所示。

2. 螺母

螺母有六角螺母(图 2-6-17)、方螺母和圆螺母等，常用的为六角螺母，螺母的规格尺寸是螺纹大径 D，其规定标记为：

名称　标准代号　螺纹代号

如：螺母 GB/T 6170—2000 M12。

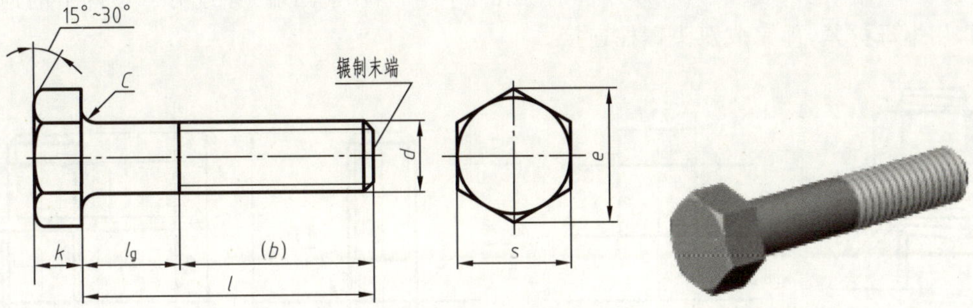

图 2－6－16　六角头螺栓

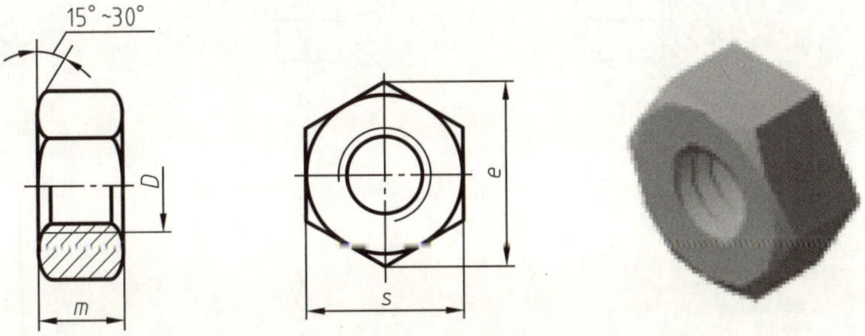

图 2－6－17　六角螺母

3. 垫圈

垫圈置于螺母与被连接件之间。常用的有平垫圈和弹簧垫圈。平垫圈(图 2－6－18)有 A 级和 C 级标准系列。垫圈的规格尺寸为螺栓直径 d,其规定标记为:

名称　标准代号　公称尺寸

如:垫圈 GB/T 97.2—2002 24。

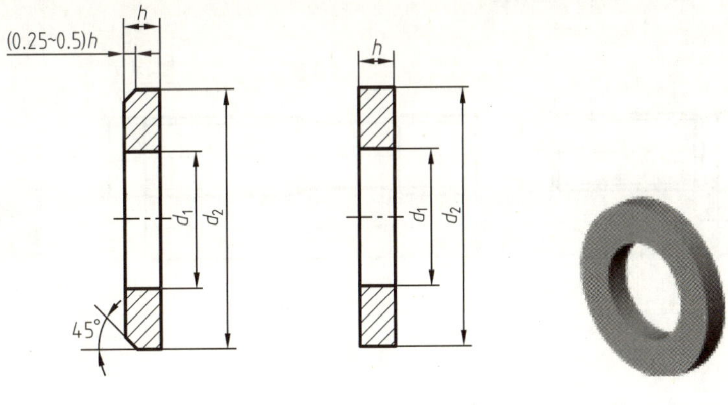

图 2－6－18　平垫圈

4. 双头螺柱

当被连接零件之一较厚,不宜钻通孔,可采用双头螺柱连接(图 2－6－19)。双头螺柱两端均制有螺纹，一端（旋入端）旋入较厚零件的螺孔中，另一端（紧固端）穿过另一零件上的通孔，套上垫圈，用螺母拧紧，即完成双头螺柱连接。

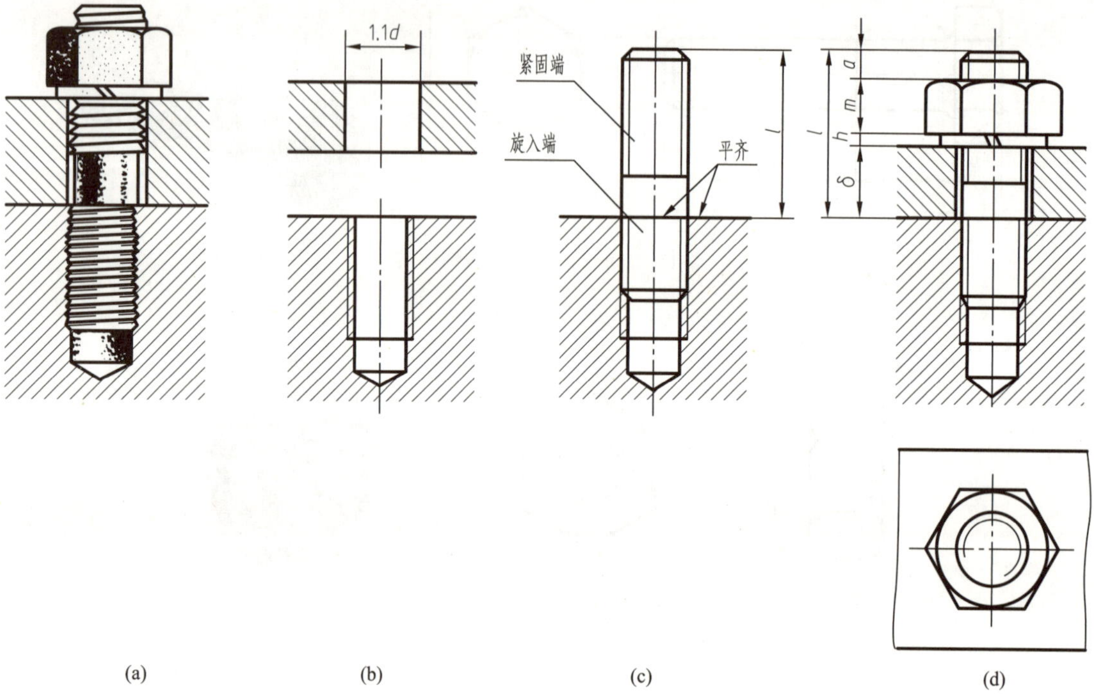

图 2－6－19 双头螺柱连接

双头螺柱的结构形式分为 A 型、B 型两种，如图 2－6－20 所示。A 型是车制，B 型是辗制。双头螺柱的规格尺寸是螺纹大径 d 和双头螺柱公称长度长 l，其规定标记为：

名称 标准代号 螺纹代号×长度

如：螺柱 GB/T 897—1998 AM10×50。

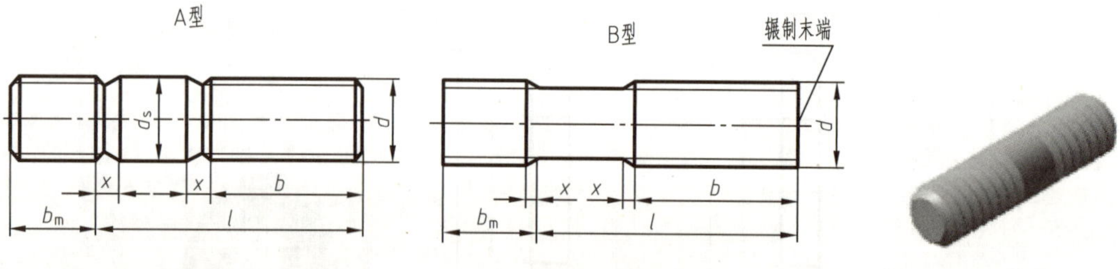

图 2－6－20 双头螺柱

5. 螺钉

螺钉按其作用可分为连接螺钉和紧定螺钉。螺钉连接（图 2－6－21）用于不经常拆卸，并且受力不大的零件。

螺钉的规格尺寸是螺纹大径 d 和螺钉公称长度 l，其规定标记为：

名称 标准代号 螺纹代号×长度

如：螺钉 GB/T 67—2008 M5×20。沉头十字槽螺钉如图 2－6－22 所示。

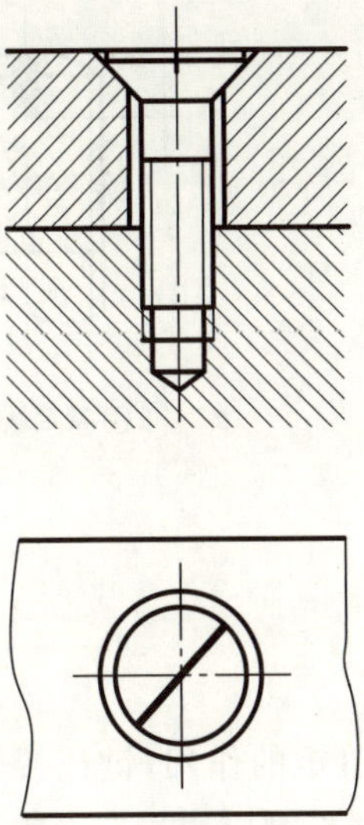

图 2－6－21　螺钉连接

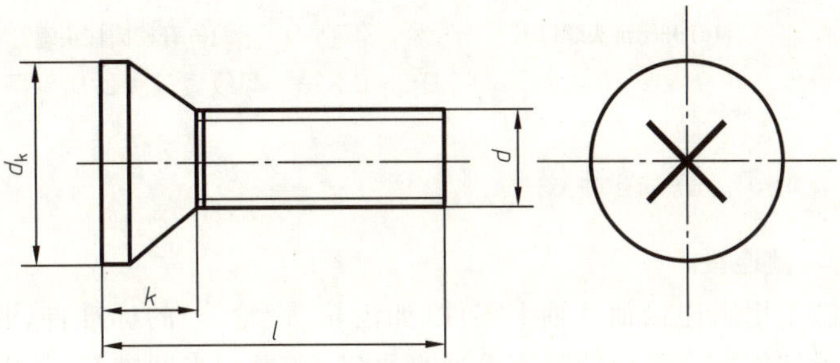

图 2－6－22　沉头十字槽螺钉

6. 螺纹紧固件的画法

已经标准化的螺纹紧固件，一般不画零件图，但在装配图中要画出，螺纹紧固件的画法有比例画法和查表画法。比例画法是指紧固件有关尺寸按螺纹大径的一定比例绘图。查表画法是根据标记从标准中查出所需的尺寸绘图。

根据螺纹公称直径（D、d），按与其近似的比例关系，计算出各部分尺寸后作图，如图 2－6－23 所示。

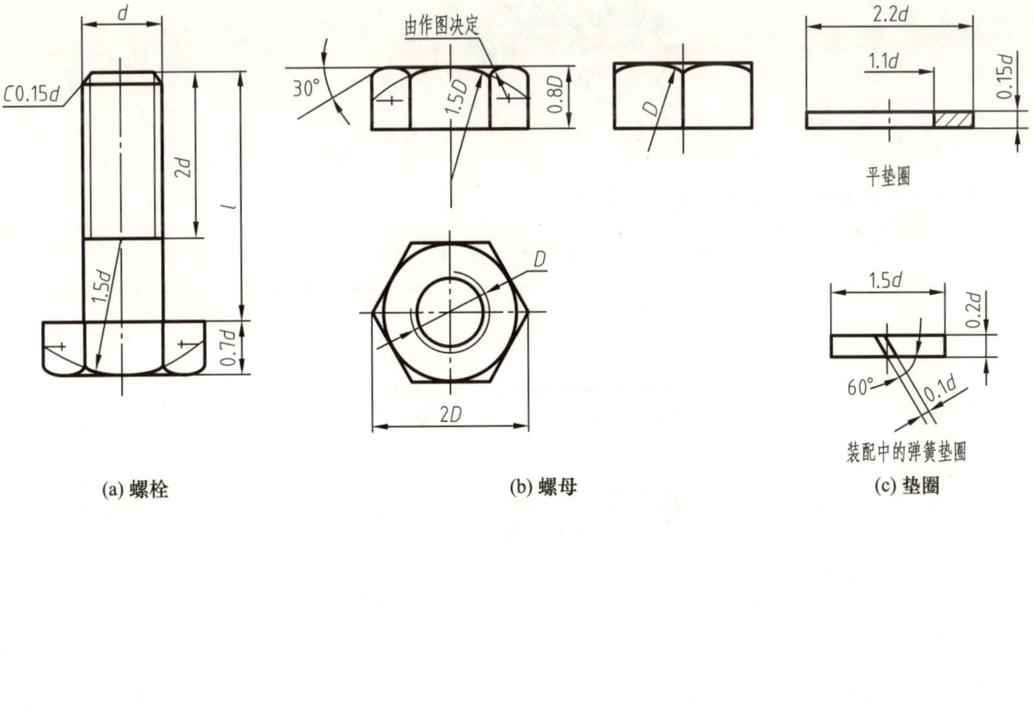

(a) 螺栓　(b) 螺母　(c) 垫圈

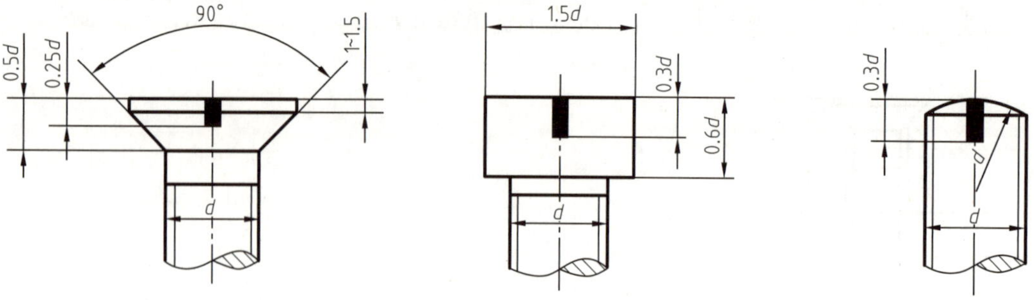

(d) 开槽沉头螺钉　　(e) 开槽圆柱头螺钉　　(f) 紧定螺钉

图 2-6-23　螺纹紧固件的比例画法

2.6.3　键、销连接

1. 键连接

键是用来连接轴及轴上零件(如齿轮、带轮等)的标准件,起传递扭矩的作用,键连接是常用的可拆卸连接。常用的键有普通型平键、普通型半圆键等,其中普通型平键应用最广。常用的几种键如图 2-6-24 所示。

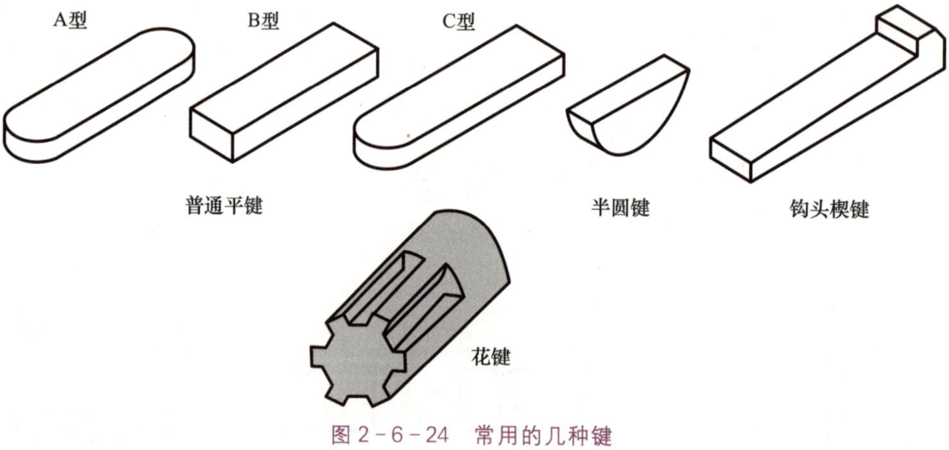

图 2-6-24　常用的几种键

常用键的形式和规定标记见表 2-6-2。

表 2-6-2　常用键的形式和规定标记

名称	标　准　号	图　　例	标 记 示 例
普通型平键	GB/T 1096—2003	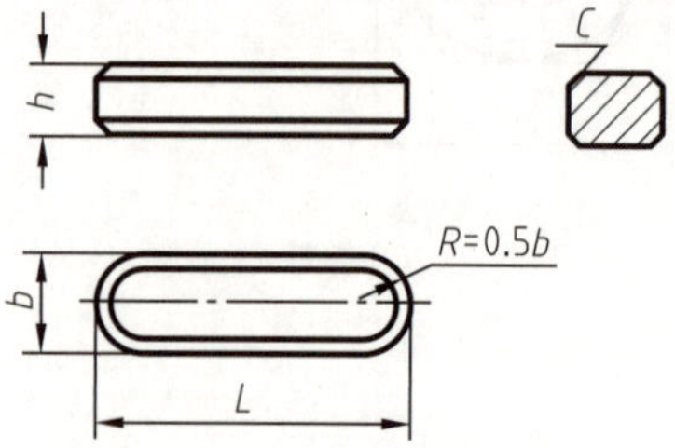	普通型平键(A 型) b=18 mm　h=11 mm　L=100 mm GB/T 1096　键 18×11×100 注:A 型普通型平键不注“A”

续表

名称	标　准　号	图　　例	标记示例
普通型半圆键	GB/T 1099.1—2003	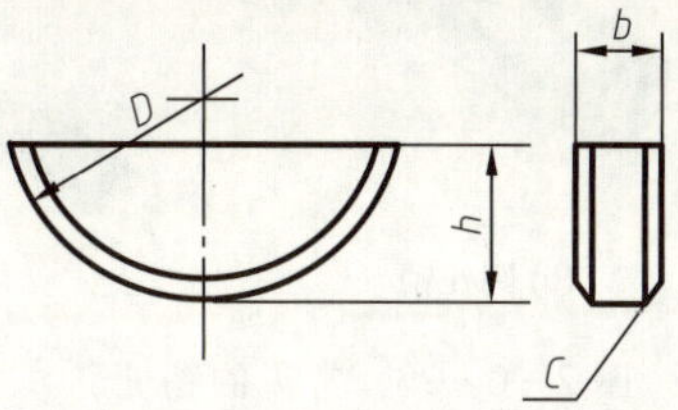	普通型半圆键 b=6 mm　h=10 mm　D=25 mm GB/T 1099.1　键 6×10×25

在键连接装配图中，当剖切平面通过轴的轴线以及键的对称平面时，轴和键均按不剖处理，为了表示键与轴的连接关系，可采用局部剖视表达。键连接的画法如图 2-6-25 所示。

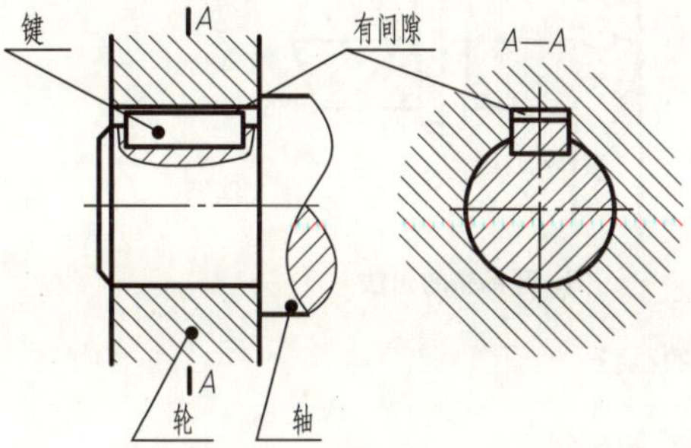

(a) 普通型平键连接

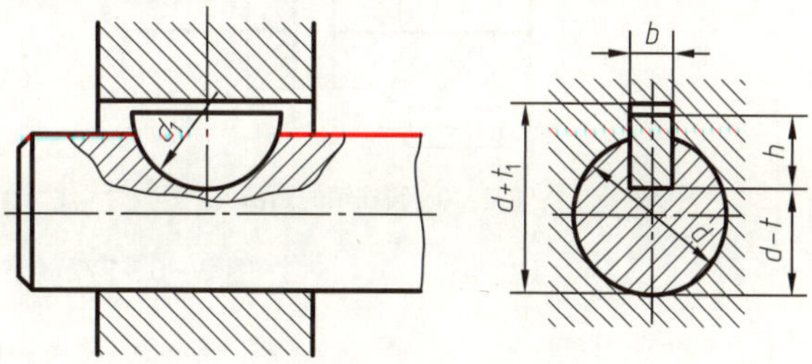

(b) 普通型半圆键连接

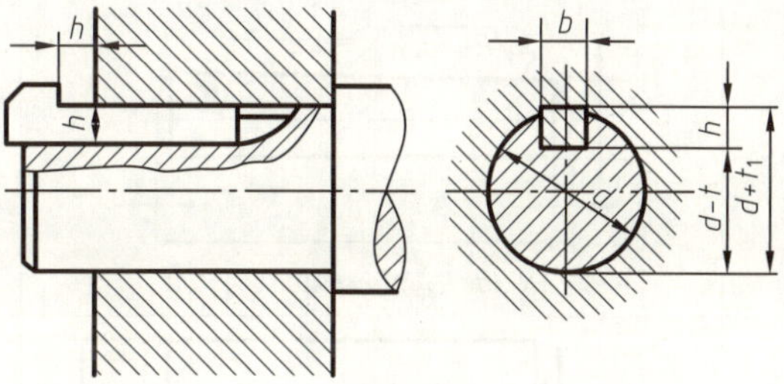

(c) 楔键连接

图 2-6-25　键连接的画法

画普通型平键和普通型半圆键连接图时，键的顶面与轮毂之间应有间隙，要画两条线；键的侧面与轮毂和轴之间、键的底面与轴之间都接触，只画一条线。

2. 销连接

销是标准件，常用的销有圆柱销、圆锥销、开口销，如图 2-6-26 所示。圆柱销和圆锥销用于零件之间的连接或定位，开口销用于螺纹连接的锁紧装置。

在圆柱销、圆锥销的连接图中，当剖切平面通过销孔轴线时，销按不剖处理，如图 2-6-27 所示。

常用销的形式和标记见表 2-6-3。

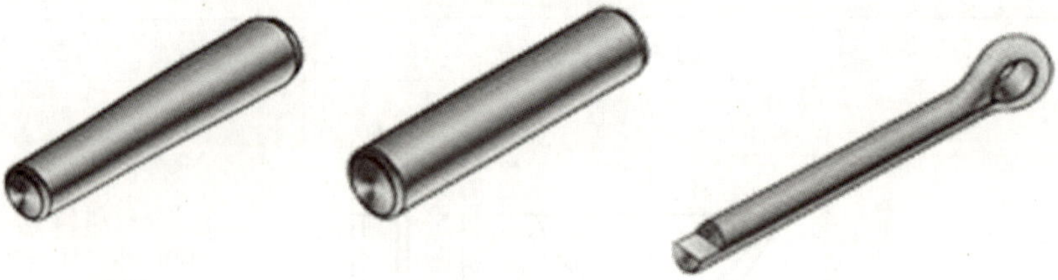

(a) 圆锥销 (b) 圆柱销 (c) 开口销

图 2-6-26 常见的销

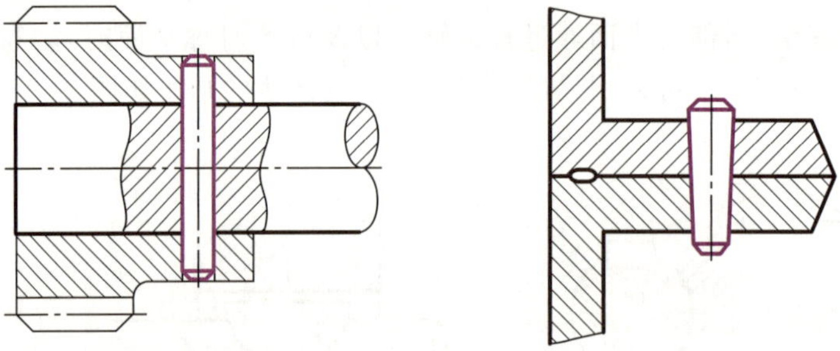

(a) 圆柱销的画法 (b) 圆锥销的画法

图 2-6-27 销连接的画法

表 2-6-3 常用销的形式和标记

名称	标 准 号	图 例	标 记 示 例
圆锥销	GB/T 117—2000	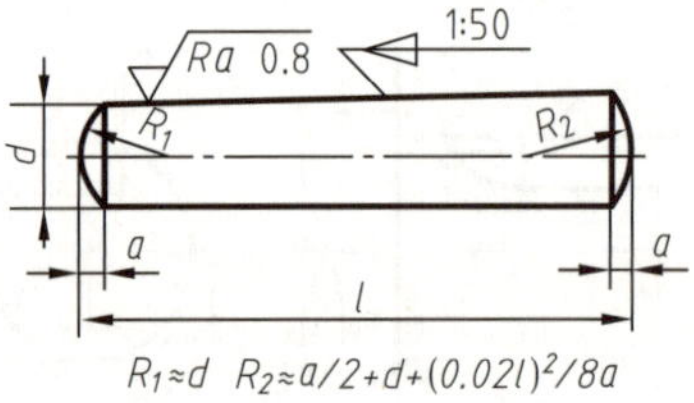 $R_1 \approx d \quad R_2 \approx a/2+d+(0.02l)^2/8a$	直径 d＝10 mm，长度 l＝100 mm，材料为 35 号钢，热处理硬度(28～38)HRC，表面氧化处理的 A 型圆锥销销 GB/T 117 10×100 圆锥销的公称尺寸是指小端直径
圆柱销	GB/T 119.1—2000	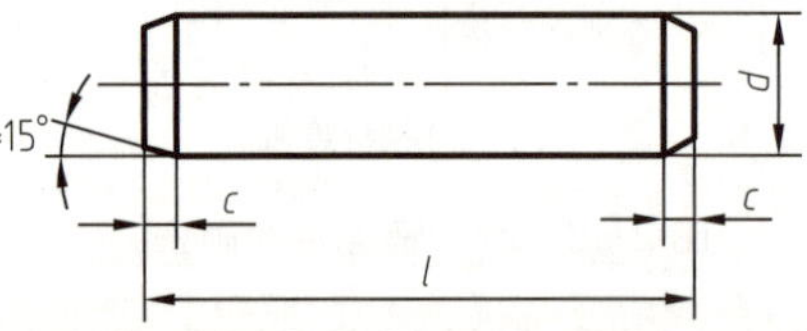	直径 d＝10 mm，公差为 m6，长度 l＝80 mm，材料为钢，不经表面处理的圆柱销销 GB/T 119.1 10m6×80
开口销	GB/T 91—2000		公称规格为 4 mm(指销孔直径)，l＝20 mm，材料为低碳钢，不经表面处理销 GB/T 91 4×20

2.6.4 齿轮

齿轮传动在机械中被广泛应用，常用它来传递动力、改变旋转速度与旋转方向。齿轮的种类很多，常见的齿轮传动形式有圆柱齿轮传动、锥齿轮传动、蜗轮蜗杆传动，如图 2-6-28 所示。

(a) 圆柱齿轮传动　(b) 锥齿轮传动　(c) 蜗轮蜗杆传动

图 2-6-28　常见的齿轮传动形式

1. 圆柱齿轮

圆柱齿轮用于两平行轴之间的传动。其轮齿有直齿、斜齿和人字齿三种，如图 2-6-29 所示，轮齿参数国家已标准化、系列化。由于直齿圆柱齿轮应用较广，因此着重介绍直齿圆柱齿轮的基本参数和规定画法。

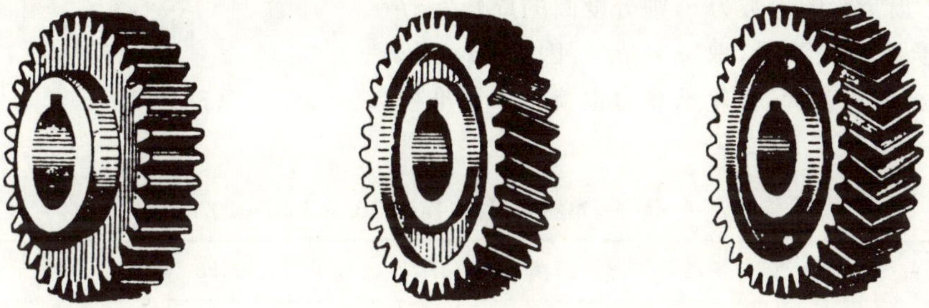

(a) 直齿轮　(b) 斜齿轮　(c) 人字齿轮

图 2-6-29　圆柱齿轮

(1) 直齿圆柱齿轮各部位的名称及有关参数(图 2-6-30)

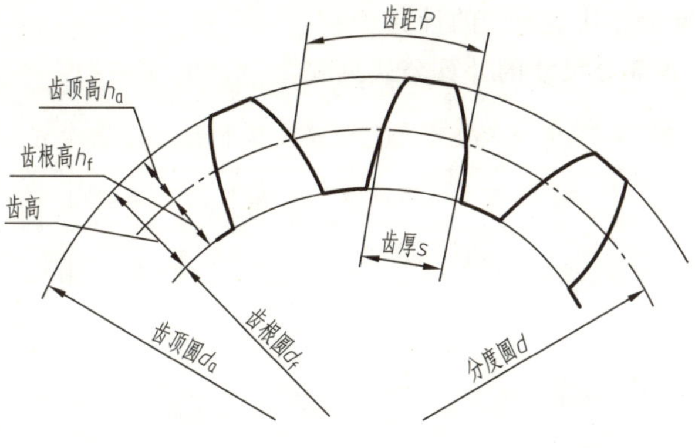

图 2-6-30　直齿圆柱齿轮各部位的名称及代号

① 齿顶圆　通过轮齿顶部的圆，用 d_a 来表示。

② 齿根圆　通过轮齿根部的圆，用 d_f 来表示。

③ 分度圆　齿轮设计和加工时，计算尺寸的基准圆称为分度圆，它位于齿顶圆和齿根圆之间，是一个约定的假想圆，直径为 d。在标准齿轮中，为槽宽和齿厚相等处的圆。

④ 齿高、齿顶高、齿根高　齿顶圆与齿根圆之间的径向距离，称为齿高，用 h 表示；齿顶圆与分度圆之间的径向距离，称为齿顶高，用 h_a 表示；齿根圆与分度圆之间的径向距离，称为齿根高，用 h_f 表示。

⑤ 齿距、齿厚、槽宽　在分度圆上，相邻两齿对应两点间的弧长称为齿距，用 p 表示；轮齿的弧长称为齿厚，用 s 表示；轮齿之间的弧长称为槽宽，用 e 表示。$p=s+e$，对于标准齿轮 $s=e$。

⑥ 压力角　啮合两齿轮的轮齿齿廓在节点的公法线与两节圆的公切线所夹的锐角，称压力角，用 α 表示，如图 2-6-31 所示。标准齿轮的啮合角为 20°。

⑦ 模数 设齿轮的齿数为 z，则分度圆的周长 $=zp=\pi d$，为了便于计算和测量，取 $m=p/\pi$，因此，$d=mz$ 。模数大，齿距、轮齿就大，齿轮承载力也就大。标准模数系列见表 2-6-4。

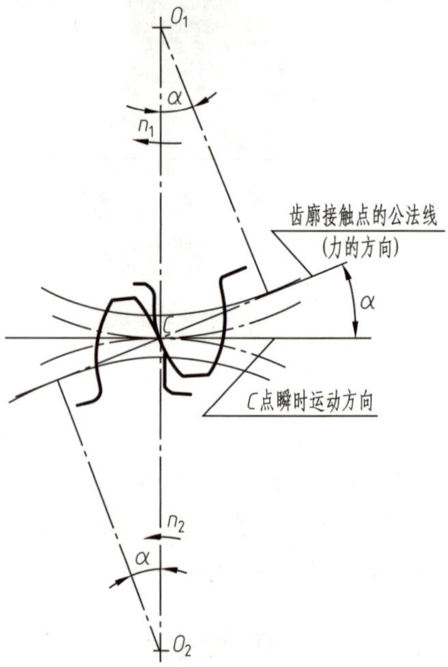

图 2-6-31　齿轮传动图

表 2-6-4　标准模数系列(摘自 GB/T 1357—2008)

第一系列/mm	1,1.25,1.5,2,2.5,3,4,5,6,8,10,12,16,20,25,32,40,50
第二系列/mm	1.75,2.25,2.75,(3.25),3.5,(3.75),4.5,5.5,(6.5),7,9,(11),14,18,22,28,36,45

注：1. 选用模数应优先选用第一系列，其次选用第二系列，括号内的模数尽可能不用。

2. 本表未摘录小于 1 的模数。

⑧ 中心距　两啮合齿轮轴线间的距离称中心距，用 a 表示。

(2) 标准直齿圆柱齿轮各基本尺寸的计算

标准直齿圆柱齿轮各部分尺寸的计算公式见表 2-6-5。

表 2-6-5　标准直齿圆柱齿轮各部分尺寸的计算公式

基本参数：模数 m　齿数 z		
名称	符号	计算公式
模数	m	$m=d/z=p/\pi$
齿顶高	h_a	$h_a=m$
齿根高	h_f	$h_f=1.25\ m$
齿高	h	$h=2.25\ m$

续表

基本参数：模数 m　齿数 z		
名称	符号	计算公式
分度圆直径	d	$d=mz$
齿顶圆直径	d_a	$d_a=m(z+2)$
齿根圆直径	d_f	$d_f=m(z-2.5)$
中心距	a	$a=m(z_1+z_2)/2$

(3) 直齿圆柱齿轮的规定画法

① 单个齿轮的规定画法如图 2-6-32 所示。

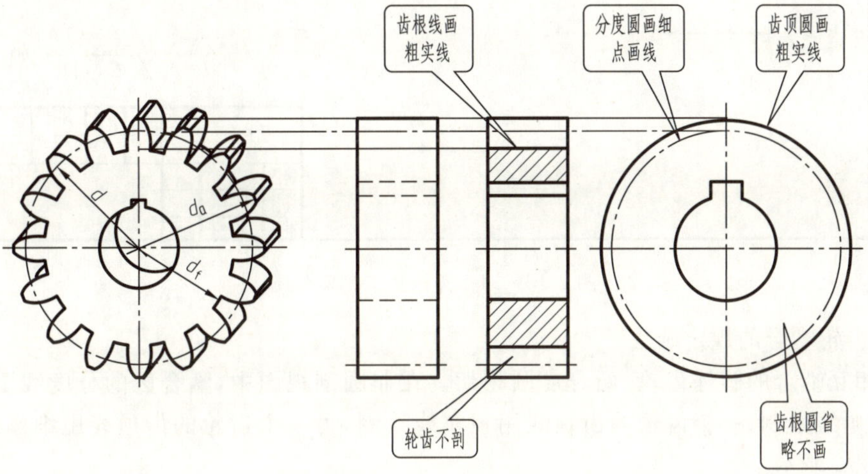

图 2-6-32　单个圆柱齿轮的画法

若为斜齿或人字齿，需在非圆视图的外形部分用三条与齿线方向一致的细实线表示齿向，如图 2-6-33 所示。圆柱齿轮零件图如图 2-6-34 所示。

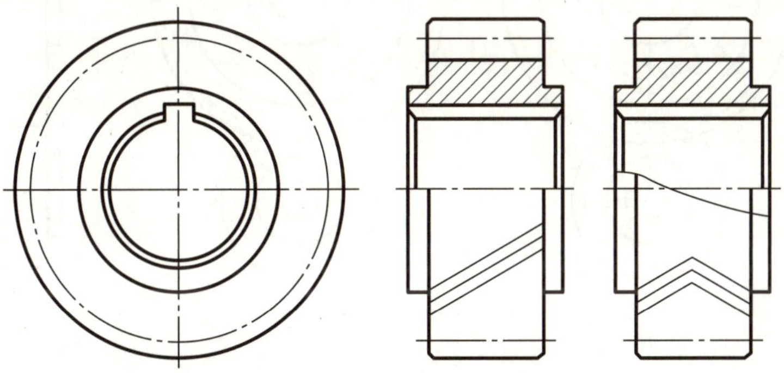

图 2-6-33　斜齿及人字齿轮的画法

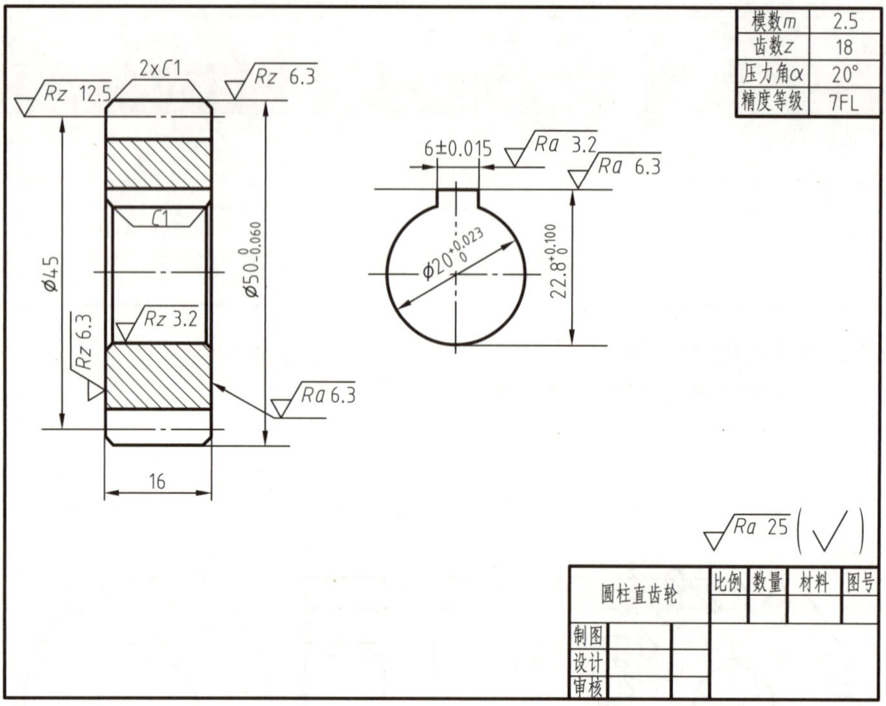

图 2-6-34 圆柱直齿轮零件图

② 两齿轮啮合的规定画法

两个相互啮合的圆柱齿轮，两分度圆相切。在非圆剖视图中，啮合区的分度线重合为一条线，用细点画线绘制；一个齿轮的齿顶线用粗实线绘制，另一个齿轮的齿顶线用细虚线绘制，如图 2-6-35a 所示。

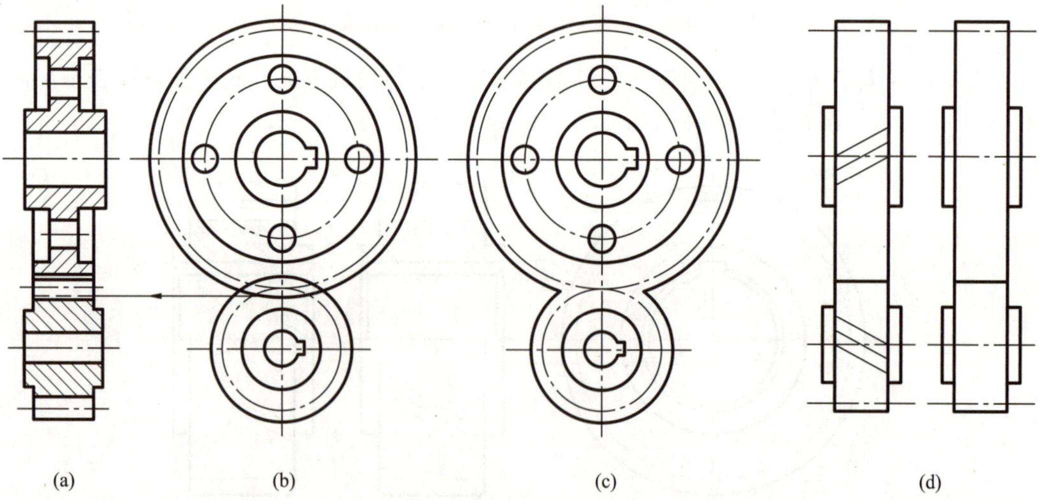

图 2-6-35 圆柱齿轮啮合的画法

2. 锥齿轮

锥齿轮用于两相交轴之间的传动。其轮齿有直齿、斜齿、螺旋齿和人字齿，由于直齿锥齿轮应用较广，着重介绍直齿锥齿轮的基本参数和规定画法。锥齿轮各部分名称、代号如图 2-6-36 所示。

(1) 直齿锥齿轮的基本参数

为了计算和制造方便，规定以齿轮大端模数 m 来计算其他各基本尺寸。

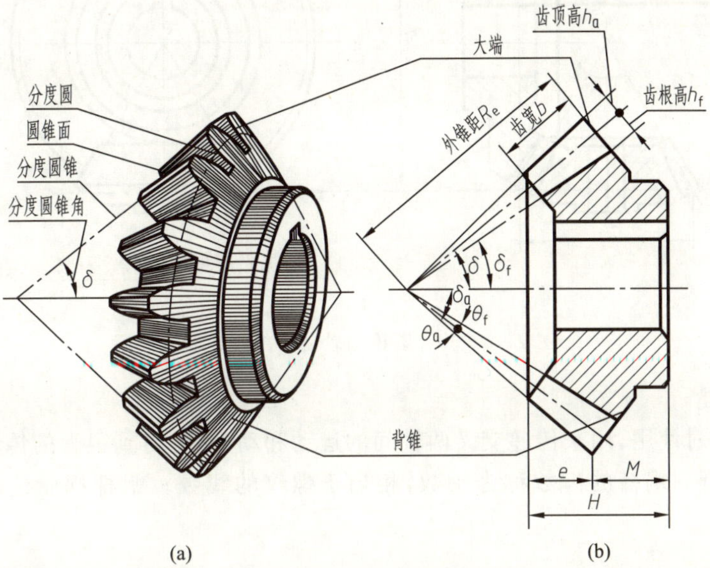

图 2-6-36 锥齿轮各部分名称、代号

(2) 直齿锥齿轮的规定画法

① 单个锥齿轮的画法(图 2-6-37) 在剖视图中，齿顶线和齿根线用粗实线绘制，分度线用细点画线绘制，轮齿按不剖处理；在端面视图中，大、小端齿根圆及小端分度圆不必画出。

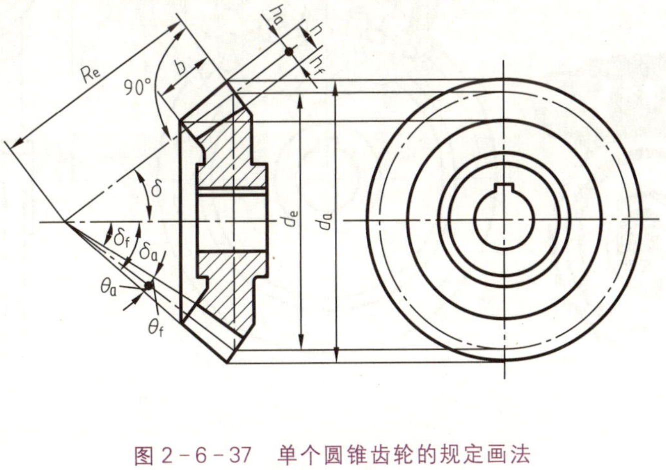

图 2-6-37 单个圆锥齿轮的规定画法

② 锥齿轮啮合的规定画法(图 2-6-38) 齿轮轮齿部分和啮合区的画法与直齿圆柱齿轮的啮合画法相同。

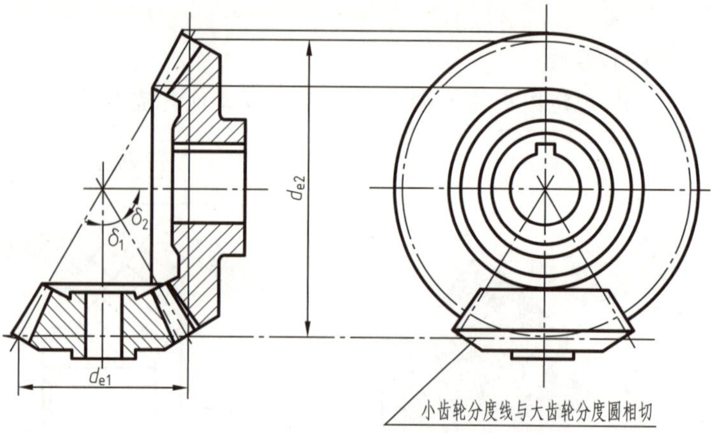

图 2-6-38 圆锥齿轮啮合的规定画法

3. 蜗杆、蜗轮

蜗杆、蜗轮成对使用,用来传递交叉两轴间的运动和动力,可得到很大的传动比,缺点是摩擦大,发热多,效率低。蜗杆的齿数称为头数,相当于螺纹的线数。蜗杆蜗轮传动如图 2-6-39 所示。

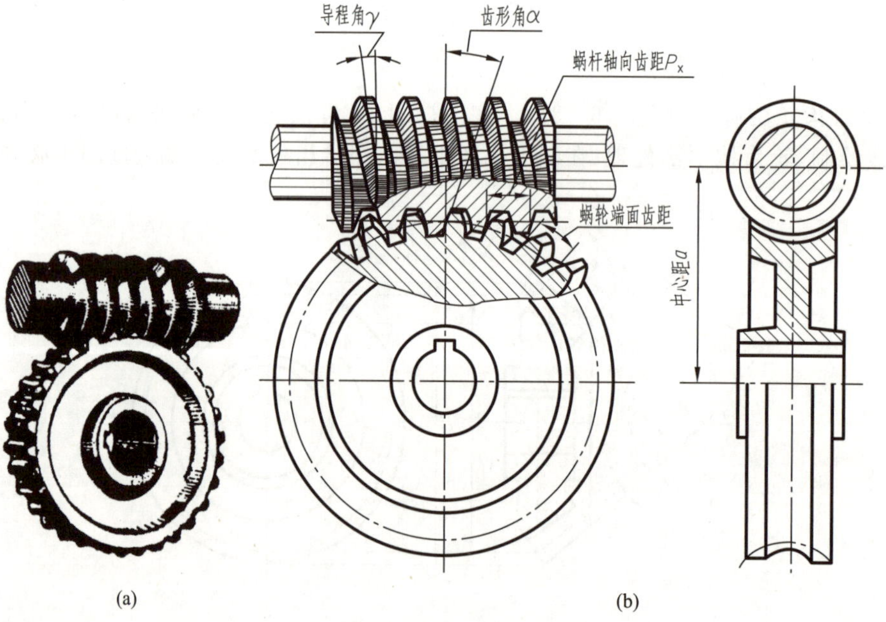

图 2-6-39 蜗杆蜗轮传动

(1) 蜗杆蜗轮的主要参数

① 齿距与模数　蜗杆的轴向齿距 p_x 与蜗轮的端面齿距 p_t 相等，蜗杆的轴向模数 m_x 与蜗轮的端面模数 m_t 相等。标准规定以蜗杆的轴向模数为标准模数。

② 蜗杆直径系数 q 及分度圆直径 d_1

分度圆直径 d_1 是标准系列值，便于刀具标准化。

蜗杆直径系数 $q=d_1/m$

(2) 规定画法

① 蜗杆、蜗轮的规定画法　蜗杆的规定画法如图 2-6-40a 所示。与圆柱齿轮画法相同，齿形可用局部剖视图或放大图来表示。

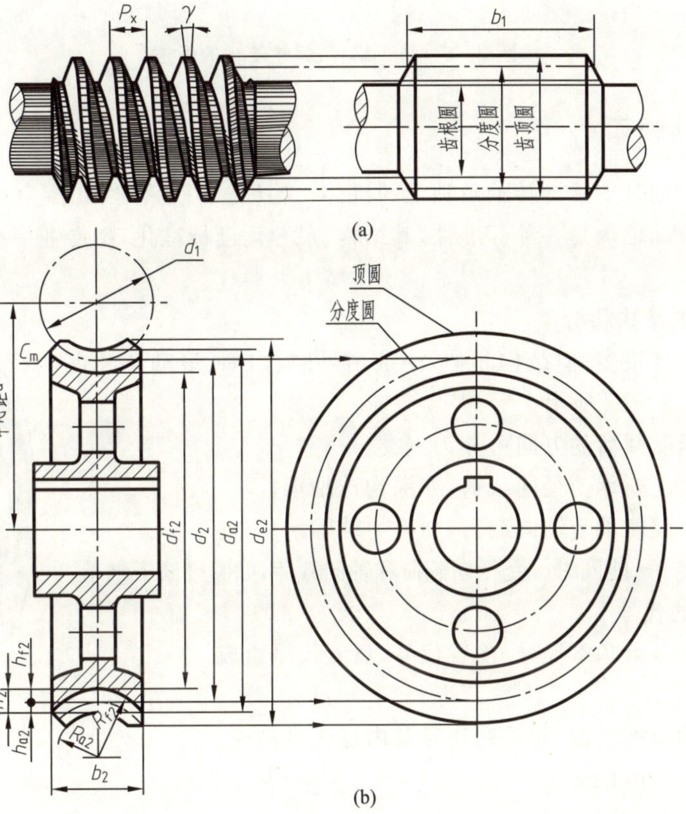

图 2-6-40　单个蜗杆与蜗轮的各部分名称和规定画法

蜗轮的规定画法如图 2-6-40b 所示。在投影为圆的视图上，只画顶圆和分度圆，喉圆、齿根圆不画；投影为非圆的视图上，轮齿的画法与圆柱齿轮相同。

② 蜗杆、蜗轮啮合的规定画法　在蜗轮投影为圆的视图上，蜗杆和蜗轮各按规定画法绘制，蜗轮节圆与蜗杆节线相切；在蜗杆为圆的视图上，蜗轮与蜗杆重合部分只画蜗杆，如图 2-6-41 所示。

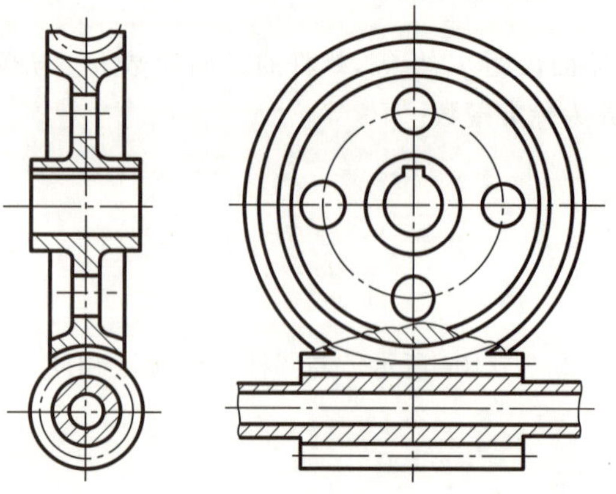
(a) 剖视画法

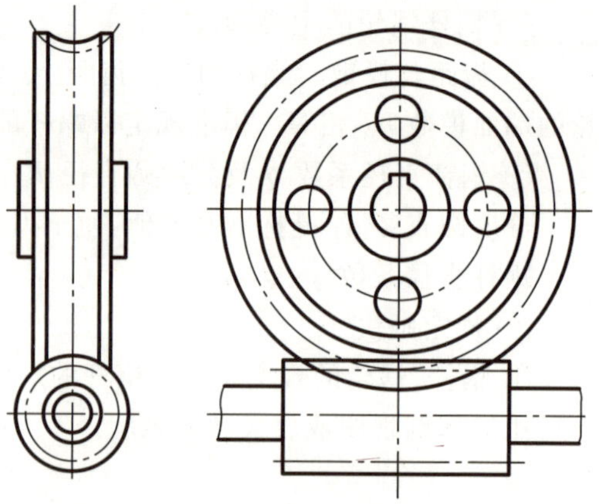
(b) 外形画法

图 2-6-41 蜗杆、蜗轮啮合的画法

2.6.5 滚动轴承

滚动轴承的作用是支承旋转轴及轴上的机件，它具有结构紧凑、摩擦力小等特点，在机械中被广泛地应用。滚动轴承是一种标准件，其结构、尺寸均已标准化，由专业厂生产，需要时可根据设计要求选择。

1. 滚动轴承的结构和分类

滚动轴承的种类很多，但结构相似，一般由外圈、内圈、滚动体和保持架组成，如图 2-6-42 所示。

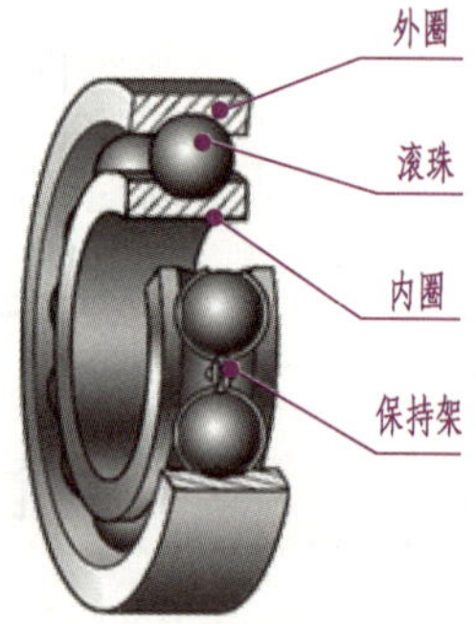

图 2-6-42 滚动轴承的结构

滚动轴承按承受载荷的方向可分为三类：

向心轴承——主要承受径向载荷，如深沟球轴承。

推力轴承——仅能承受轴向载荷，如推力球轴承。

向心推力轴承——能同时承受径向载荷和轴向载荷，如圆锥滚子轴承。

2. 滚动轴承的代号

滚动轴承的代号由基本代号、前置代号、后置代号组成。

(1) 基本代号

基本代号由轴承类型、尺寸系列代号及内径代号构成。

30208 GB/T 297
- 内径代号：$d = 08 \times 5 = 40$ mm
- 直径系列（相同内径有不同的外径）和宽度系列（相同内、外径有不同的宽度）
- 轴承类型：圆锥滚子轴承

轴承类型代号用数字或字母表示，见表 2-6-6。

表 2-6-6 轴承类型代号

代号	0	1	2		3	4	5	6	7	8	N	U	QJ
轴承类型	双列角接触球轴承	调心球轴承	调心滚子轴承	推力调心滚子轴承	圆锥滚子轴承	双列深沟球轴承	推力球轴承	深沟球轴承	角接触球轴承	推力圆柱滚子轴承	圆柱滚子轴承	外球面球轴承	四点接触球轴承

尺寸系列代号由轴承的宽(高)度系列代号和直径系列代号组合而成,用两位阿拉伯数字表示。它的主要作用是区别内径相同而宽度和外径不同的轴承,具体代号需查阅相关标准。

内径代号表示轴承的公称内径,一般用两位阿拉伯数字表示:推力调心滚子轴承代号数字为 00、01、02、03 时,分别表示轴承内径 d=10 mm、12 mm、15 mm、17 mm;代号数字为 04 至 96 时,轴承内径为代号数字乘 5。

轴承公称内径为 1～9、大于或等于 500 以及 22、28、32 时,用公称内径的毫米数直接表示,但与尺寸系列之间用"/"隔开。

(2) 前置、后置代号

前置、后置代号是轴承在结构形状、尺寸、公差、技术要求等有改变时,在其基本代号左右添加的补充代号。前置代号置于基本代号左边,用数字表示,后置代号置于基本代号右边,用字母(或加数字)表示。

3. 滚动轴承的画法

国家标准 GB/T 4459.7—1998 对滚动轴承的画法作了统一规定,有简化画法和规定画法,简化画法又分为通用画法和特征画法两种。

(1) 简化画法

用简化画法绘制滚动轴承时,应采用通用画法和特征画法。但在同一图样中,一般只采用其中的一种画法。

① 通用画法　在剖视图中,当不需要确切地表示滚动轴承的外形轮廓、载荷特性、结构特征时,可用矩形线框以及位于线框中央正立的十字形符号来表示。矩形线框和十字形符号均用粗实线绘制,十字形符号不应与矩形线框接触。通用画法的尺寸比例示例见表 2-6-7。

表 2-6-7　滚动轴承通用画法的尺寸比例示例

通用画法	需表示外圈有挡边的通用画法	需表示内圈有单挡边的通用画法
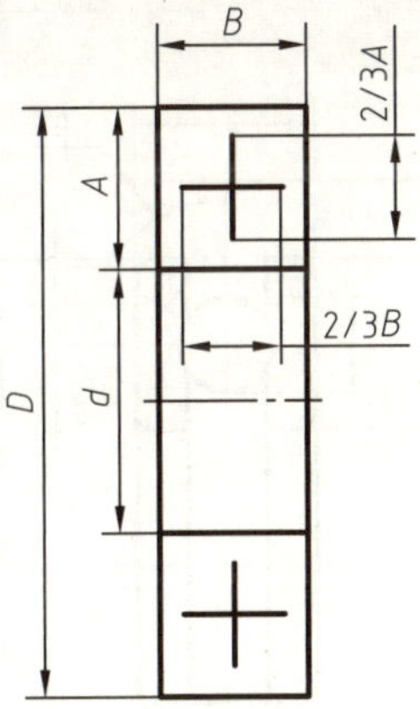	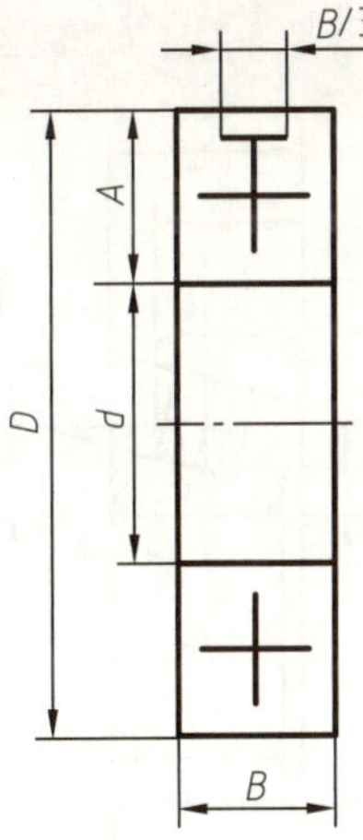	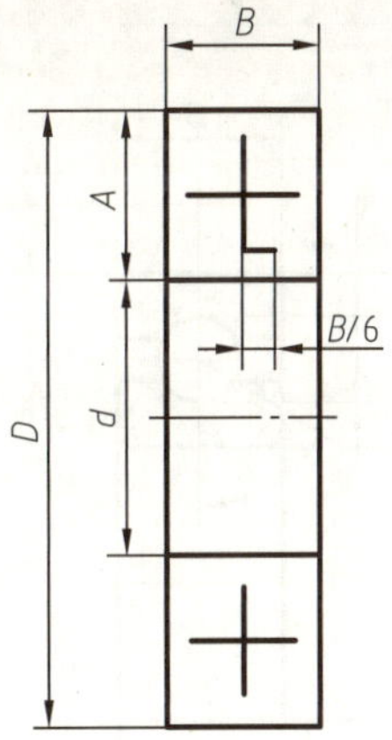

② 特征画法　在剖视图中,如果需要比较形象地表示滚动轴承的结构特征时,可采用在矩形线框内画出其结构要素符号的方法表示。特征画法的矩形线框、结构要素符号均用粗实线绘制。特征画法的尺寸比例示例见表 2-6-8。

表 2-6-8 滚动轴承特征画法的尺寸比例示例

深沟球轴承	圆锥滚子轴承	推力球轴承
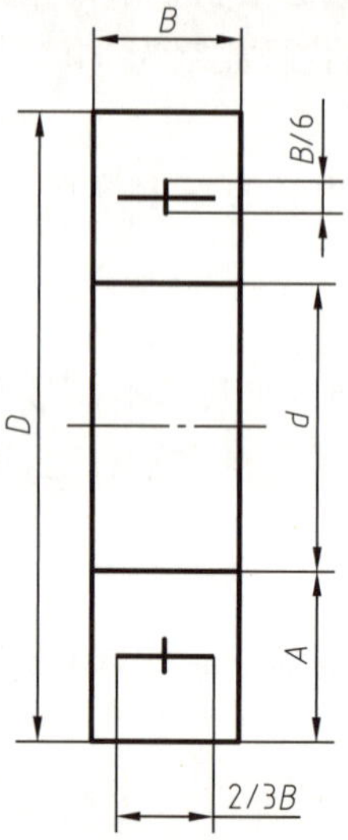	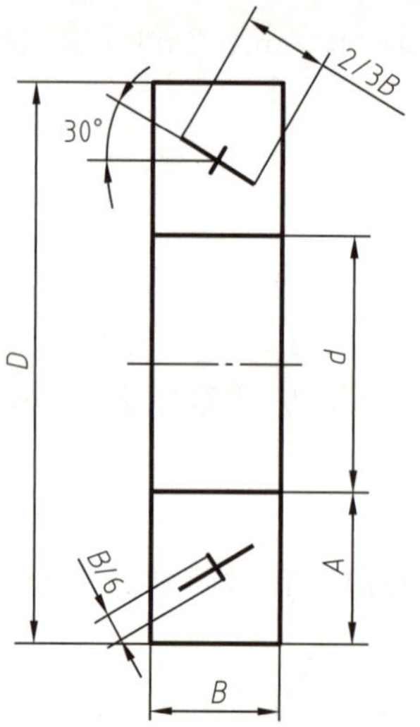	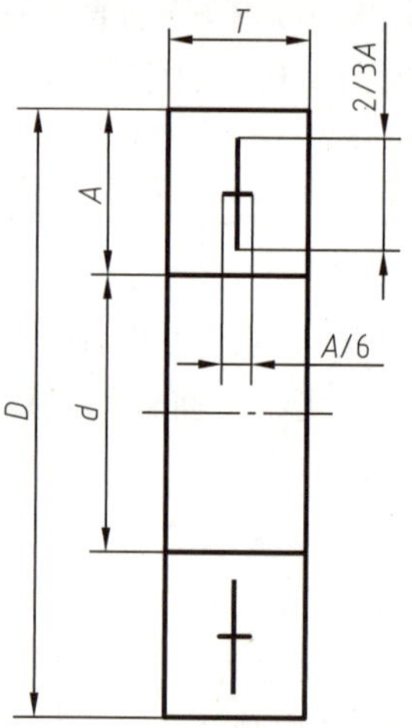

(2) 规定画法

必要时，滚动轴承可采用规定画法绘制。采用规定画法绘制滚动轴承的剖视图时，轴承的滚动体不画剖面线，其各套圈等可画成方向和间隔相同的剖面线，滚动轴承的保持架及倒角等可省略不画。规定画法一般绘制在轴的一侧，另一侧按通用画法绘制。规定画法中各种符号、矩形线框和轮廓线均用粗实线绘制，其尺寸比例示例见表 2-6-9。

表 2-6-9 滚动轴承规定画法的尺寸比例示例

深沟球轴承	圆锥滚子轴承	推力球轴承
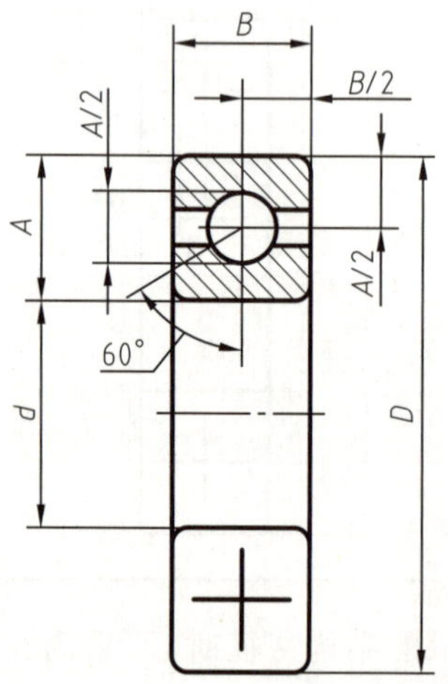	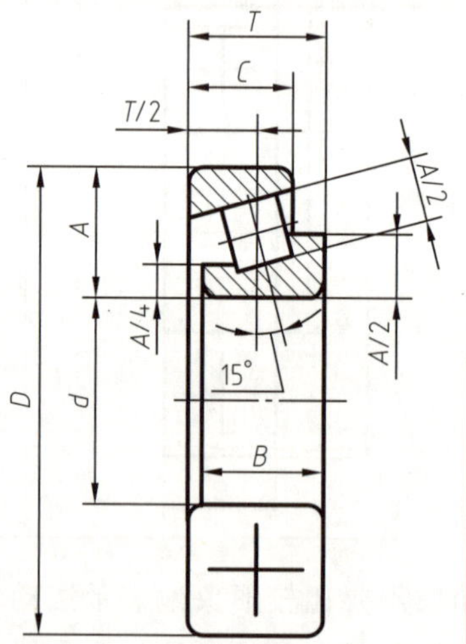	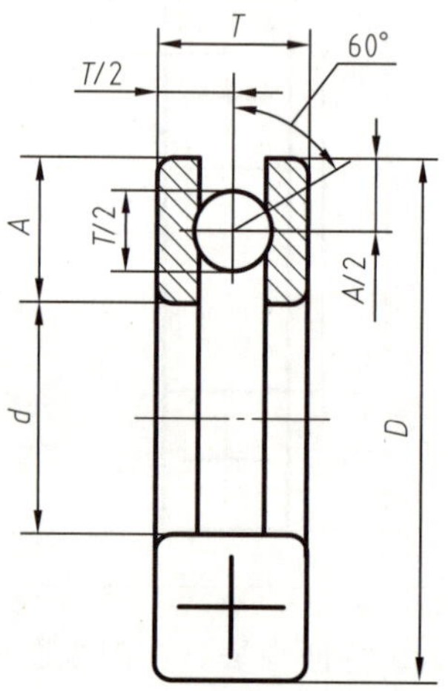

2.6.6　弹簧

弹簧是机械中常用的零件，具有功、能转换特性，可用来减震、夹紧、测力、储存能量等。弹簧种类很多，应用很广，最常见的是圆柱螺旋弹簧。圆柱螺旋弹簧根据用途可分为：压缩弹簧、拉伸弹簧和扭转弹簧，如图 2－6－43 所示。本节主要介绍圆柱螺旋压缩弹簧的各部分名称及规定画法。

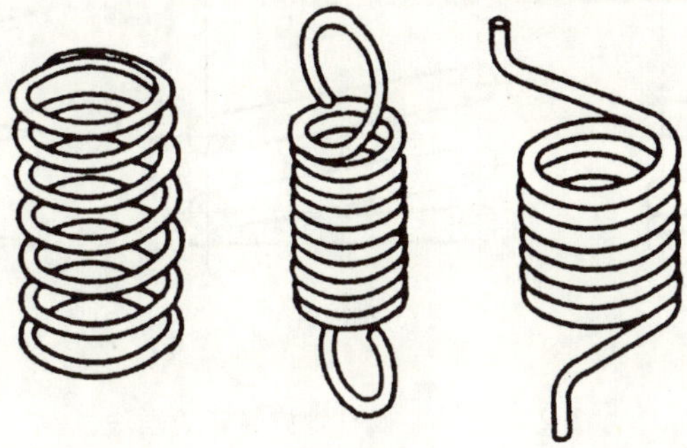

(a) 压缩弹簧　　(b) 拉伸弹簧　　(c) 扭转弹簧

图 2－6－43　圆柱螺旋弹簧

1. 圆柱螺旋压缩弹簧各部分的名称

① 线径 d　制造弹簧的钢丝直径，如图 2－6－44 所示。

② 弹簧直径：

弹簧外径 D_2　弹簧外圈直径。

弹簧内径 D_1　弹簧内圈直径，$D_1=D_2-2d$。

弹簧中径 D　弹簧的平均直径，$D=(D_2+D_1)/2=D_2-d=D_1+d$。

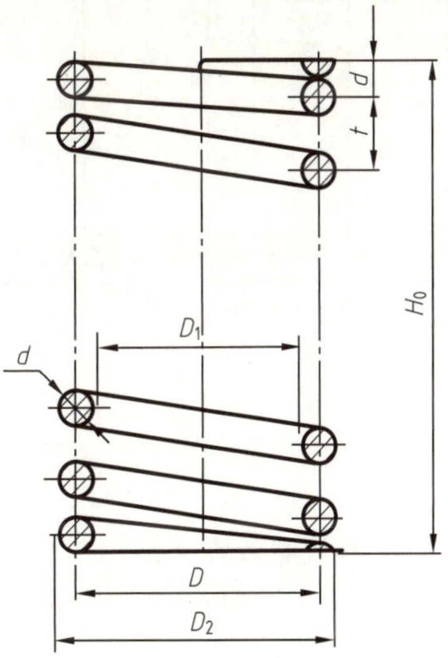

图 2－6－44　压缩弹簧的尺寸

2. 圆柱螺旋压缩弹簧的规定画法

圆柱螺旋压缩弹簧可画成视图、剖视图或示意图，如图 2－6－45 所示。

画图时应注意以下几点：

① 圆柱螺旋弹簧在平行于轴线的投影面上的视图中，各圈的轮廓形状应画成直线。

② 螺旋弹簧均可画成右旋，对于左旋螺旋弹簧，不论画

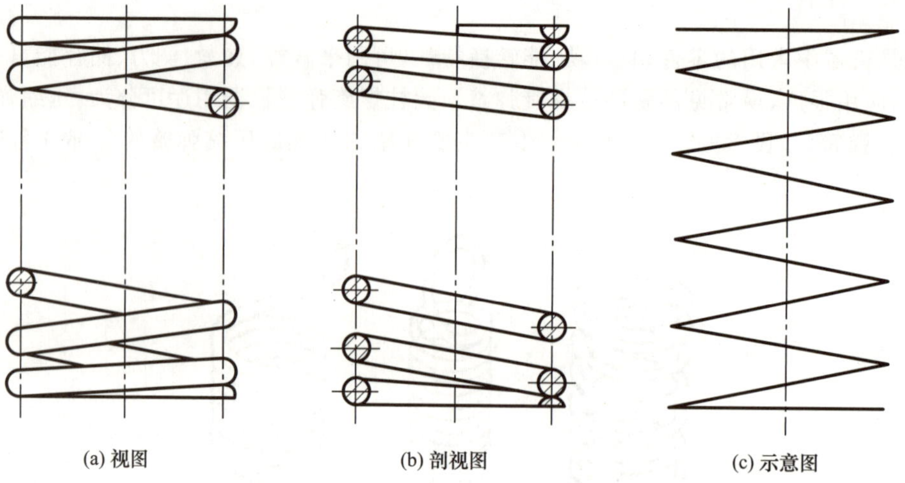

图 2-6-45 圆柱螺旋弹簧的画法

成左旋还是右旋，一律要注出旋向“LH”字。

③ 螺旋压缩弹簧，如要求两端并紧且磨平时，无论支承圈的圈数多少和末端贴紧情况如何，均按图 2-6-46 绘制，必要时也可按支承圈的实际情况绘制。

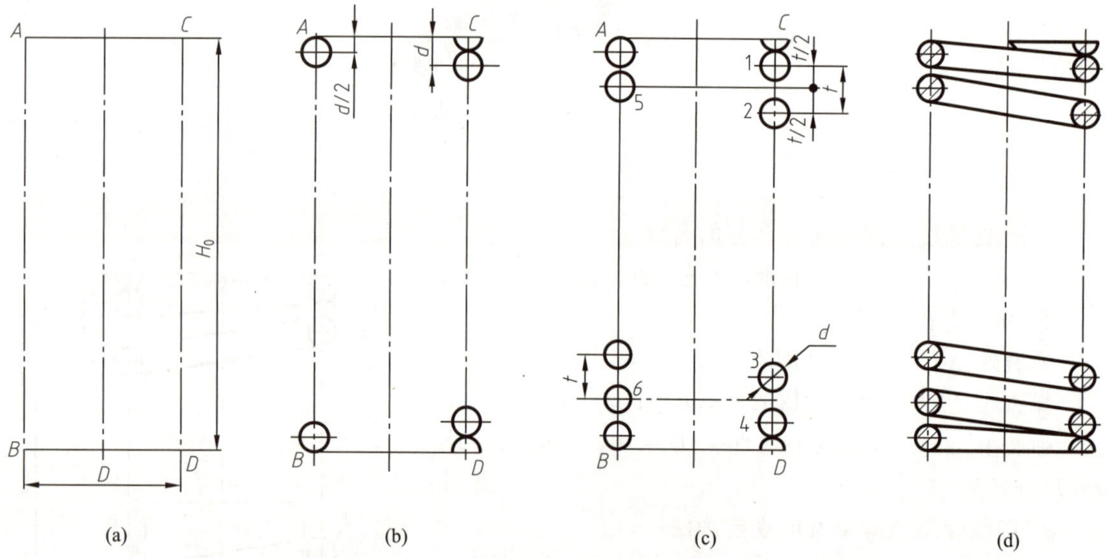

图 2-6-46 圆柱螺旋压缩弹簧的画图步骤

④ 有效圈数在 4 圈以上的螺旋弹簧，其中间部分可省略不画。省略后，允许适当缩短图形的长度。

【任务实施】

1. 螺栓连接

图中螺栓孔为 ϕ17.5，故选用公称直径为 M16 的螺栓、螺母及垫圈，由查表得螺母厚 14.8，垫圈厚 4.1，螺栓的公称长度应大于(48＋14.8＋4.1＋4.8)＝71.7，取为 70，即螺栓的规格为 M16×70。

2. 键连接

根据 ϕ45 查表确定键的宽度 b＝14，根据尺寸 60 查表确定键的长度为 50，即键的规格为 14×50。

3. 销连接

根据提示 ϕ10 及 ϕ90 从附表可直接选取销的公称尺寸为 10×90，因销与孔是配合关系，故销的两侧均应画一条线。

4. 紧定螺钉连接

从 ϕ90 及 ϕ45 可知，紧定螺钉连接处的壁厚为 22.5，从附表选取公称长度为 25，故紧定螺钉的规格为 M10×25，画图时，紧定螺钉的锥端应顶住轴上的锥孔。

标准件规格确定后，画出安装上标准件的联轴器装配图，并将标准件的规格标于各标准件名称之后，如图 2－6－47 所示。

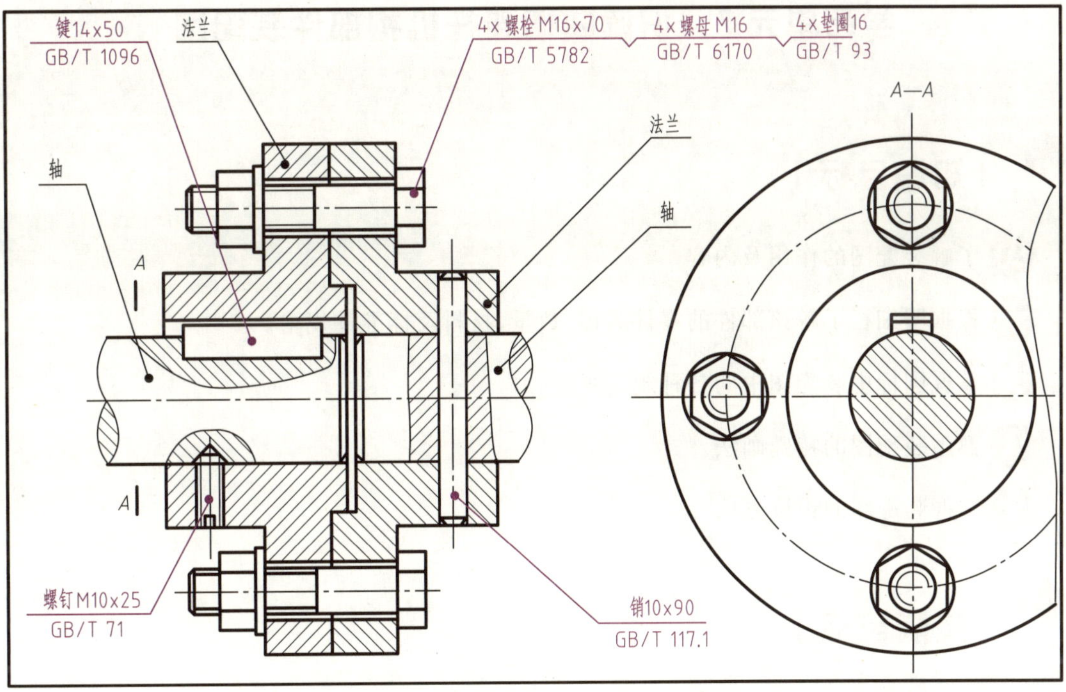

图 2－6－47　安装上标准件的联轴器装配图

【知识拓展】

汽车标准件

标准件标准的类别有国际标准、国家标准、行业标准和企业标准。

汽车标准件是对汽车结构中重复的、大量应用的各种紧固件、连接件、管路附件、密封件、润滑件等制定的标准。

汽车零件标准化可使零件的形式、尺寸规格和技术要求经济、合理、通用，从而降低零件制造、运输、储存、装配、管理等成本。

在中华人民共和国汽车行业标准（QC/T 326—2012）中，可以查到汽车标准件编号规则。

【资源链接】

2.6 识读标准件与常用件零件图\识读标准件与常用件零件图图片

2.6 识读标准件与常用件零件图\识读标准件与常用件零件图评估测试

2.6 识读标准件与常用件零件图\识读标准件与常用件零件图

学习单元 7　识读曲柄连杆机构部件装配图

【知识目标】

- 了解装配图的作用及内容。
- 根据明细栏了解该部件的零件名称、数量、材料及标准件规格。
- 掌握国标中装配图中的各种规定画法。
- 熟悉装配图的特殊画法。
- 掌握装配图的识读方法。

【技能目标】

1. 能正确识读简单部件装配图。
2. 会收集资料（说明书），了解该部件的用途、工作原理。
3. 在识读装配图过程中，养成认真负责的工作态度和一丝不苟的工作作风。

【任务导入】

识读曲柄连杆机构装配图(图 2-7-16)。要求：

1. 了解曲柄连杆机构的功用及工作原理。
2. 能正确分析零件之间的装配关系、各零件的主要结构形状和作用。
3. 正确分析和识读主要尺寸、技术要求。

【知识准备】

2.7.1　装配图的作用及识读方法

1. 读装配图的重要性

设计—绘图—制造—使用及维修机器或部件是个一体化的协调过程，在这每一个环节中，读懂装配图都是至关重要的。例如，在设计时参考其他机器或部件的图样时，要读懂它们的装配图；装配机器或部件时要按照装配图进行；安装、使用及维修机器或部件时往往还要参考装配图；即使在购买机器或部件时，有时也要读懂装配图；特别是由装配图拆画出零件图时，更要彻底读懂装配图。

2. 读装配图的目的

① 了解机器或部件的名称、功用、性能、结构(包括总体结构和分系统结构)、装配关系、拆装顺序和工作原理等。

② 了解各零件的名称、数量、材料、作用、装配位置和结构形状等。

3. 读装配图的方法与步骤

(1) 概括了解

首先看标题栏、明细表、技术说明书等，并粗略地浏览一下全图，了解装配图所表达的装配体名称、功用、零件数量、轮廓形状等。

(2) 深入分析

一般方法是：根据装配图中的视图、尺寸、技术要求、表格及说明书等资料，按照投影规律，运用结构分析、形体分析、线面分析及装配图的表达方法等，一步步地仔细推敲，想象分析出装配体的总体结构形状、功能结构形状及零件间的装配关系、工作原理等，最后总结出整机的全貌、装拆顺序及使用保养维修要求等。

(3) 归纳总结

在以上分析的基础上，进一步综合分析，归纳总结出整个装配体的结构形状及工作原理，并分解出各个零部件的位置、装配关系、作用及形状等，完成读图的任务。

2.7.2　装配图的内容

图 2-7-1 是机用台虎钳装配图，是机床工作台上用于夹紧工件，进行切削加工的一种通用工具。机用台虎钳由 11 种零件组成，其中螺钉、圆柱销为标准件。机用台虎钳的装配图主要由以下内容组成：

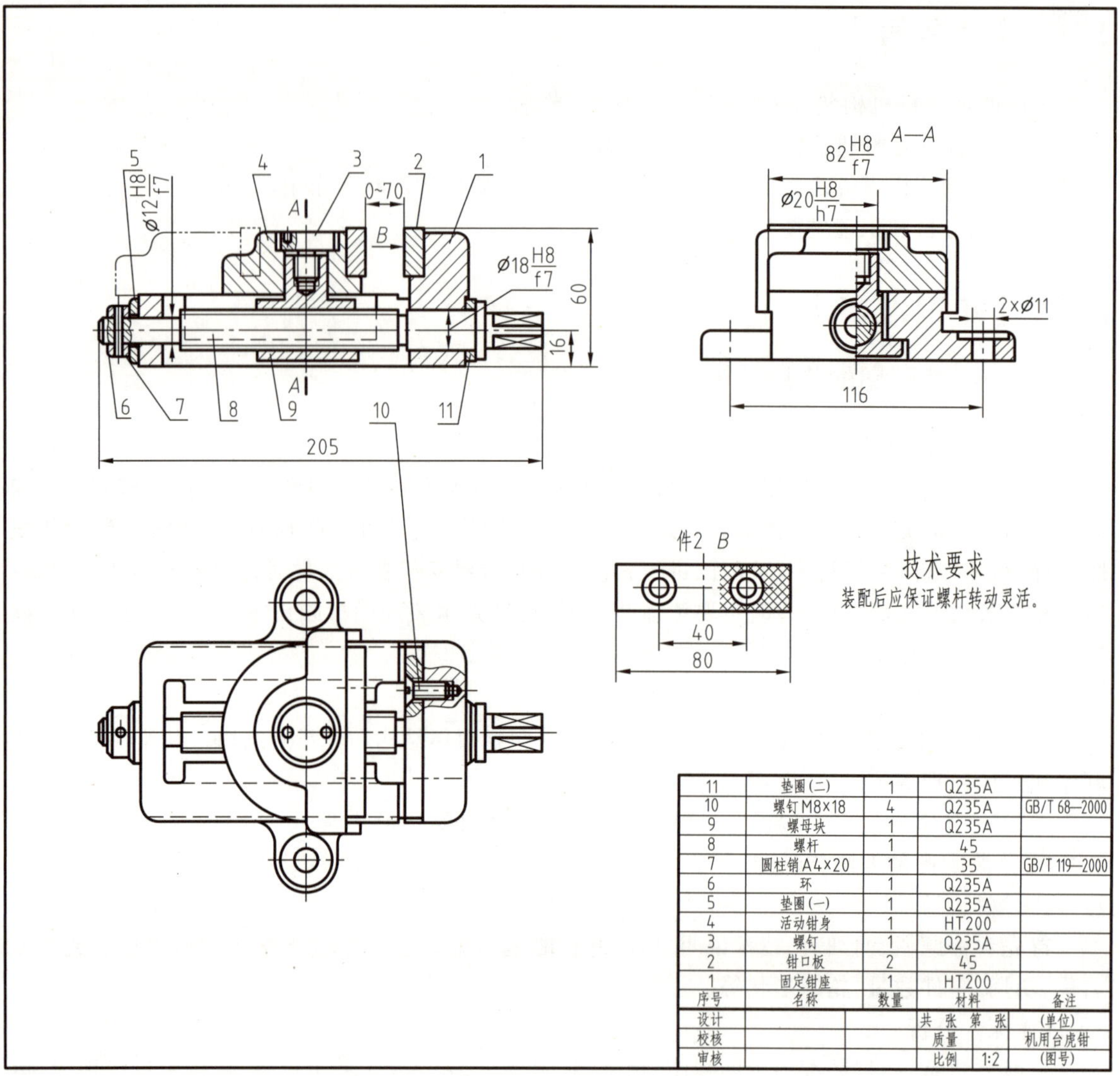

11	垫圈(二)	1	Q235A	
10	螺钉 M8×18	4	Q235A	GB/T 68—2000
9	螺母块	1	Q235A	
8	螺杆	1	45	
7	圆柱销 A4×20	1	35	GB/T 119—2000
6	环	1	Q235A	
5	垫圈(一)	1	Q235A	
4	活动钳身	1	HT200	
3	螺钉	1	Q235A	
2	钳口板	2	45	
1	固定钳座	1	HT200	
序号	名称	数量	材料	备注

设计			共 张 第 张		(单位)
校核			质量		机用台虎钳
审核			比例	1:2	(图号)

图 2-7-1 机用台虎钳装配图

(1) 一组视图

装配图由三个基本视图表达。主视图采用全剖视图，表达台虎钳的工作原理和零件间的装配关系。俯视图表达固定钳身的结构形状，并用局部剖视图表达钳口板与钳座的局部结构。左视图采用半剖视图，剖切位置标注在主视图上。

(2) 必要的尺寸

装配图中必须标注产品或部件的规格、外形、装配、安装所需的必要尺寸，另外，在设计过程中经过计算而确定的重要尺寸也必须标注。如在图 2-7-1 所示的机用台虎钳的装配图中所标注的 ϕ18H8/f7，12H8/f7，205，60，16 等。

(3) 技术要求

在装配图中，用文字或国家标准规定的符号注写出该装配体在装配、检验、使用等方面的要求。如图 2－7－1 中的“技术要求：装配后应保证螺杆转动灵活”。

(4) 标题栏

按国家标准规定的格式绘制标题栏和明细栏，说明机器或部件的图名、图号、比例、设计单位、制图、审核、日期等。如图 2－7－1 中“标题栏”所示。

(5) 编号和明细表

为了生产和管理上的需要，在装配图上按一定格式将零、部件进行编号并填写明细栏，如图 2－7－1 所示。

2.7.3 装配图的表达方法

装配图的重点是将装配体的结构、工作原理和零件间的装配关系正确、清晰地表示。前面章节所介绍的机件表示法中的画法及相关规定对装配图同样适用。但由于装配图表达的重点不同，国家标准对装配图的画法又做了一些规定。

1. 规定画法

(1) 零件间接触面、配合面的画法

相邻两个零件的接触面和基本尺寸相同的配合面，只画一条轮廓线，但若相邻两个零件的非接触面和基本尺寸不相同，则无论间隙大小，均要画成两条轮廓线，如图 2－7－2 所示。

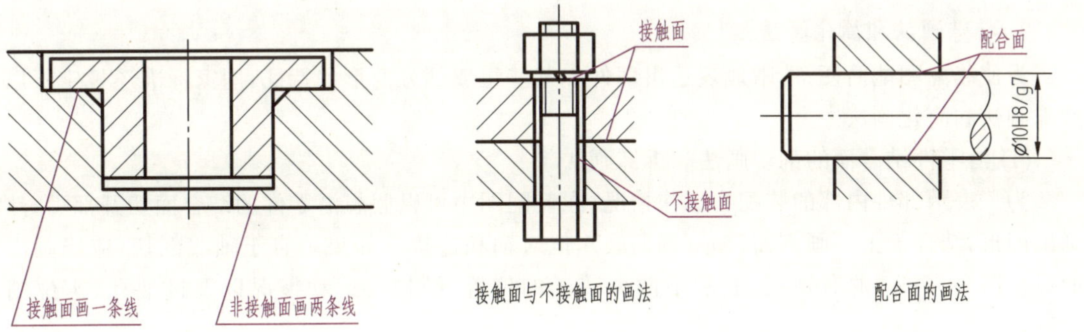

图 2－7－2 规定画法

(2) 剖面线的画法

装配图中相邻两个金属零件的剖面线，必须以不同方向或不同的间隔画出，如图 2－7－3 所示。要特别注意的是，在装配图中，所有剖视、剖面图中同一零件的剖面线方向、间隔须完全一致。另外，在装配图中，宽度小于或等于 2 mm 的窄剖面区域，可全部涂黑表示，如图 2－7－4 中的垫片。

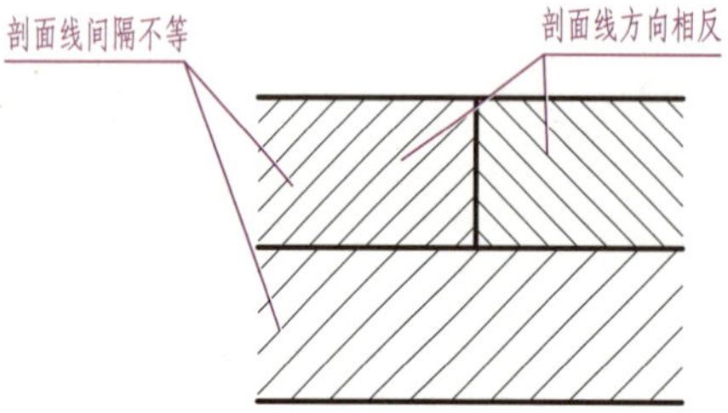

图2-7-3 相邻零件剖面线的画法

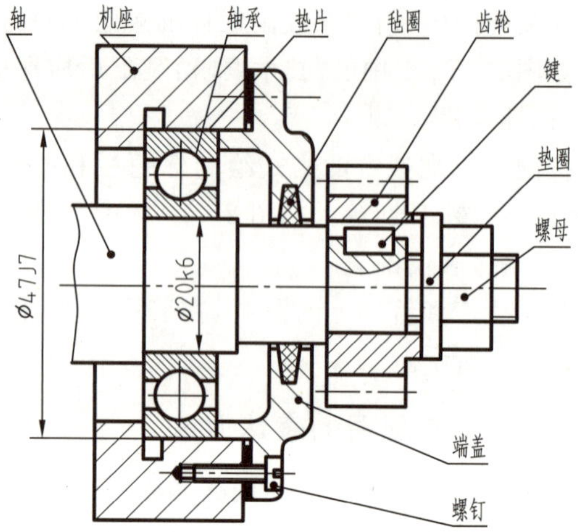

图2-7-4 实心零件的画法

(3) 实心零件的画法

在装配图中，对于紧固件及轴、球、手柄、键、连杆等实心零件，若沿纵向剖切而且剖切平面通过其对称平面或轴线时，这些零件均按不剖绘制。如果需表明零件的凹槽、键槽、销孔等结构，可用局部剖视表示。如图2-7-4中所示的轴、螺钉和键均按不剖绘制。为表示轴和齿轮间的键连接关系，采用局部剖视。

2. 特殊画法和简化画法

为使装配图能简便、清晰地表达出部件中某些组成部分的形状特征，国家标准还规定了以下特殊画法和简化画法。

(1) 沿零件结合面的剖切画法和拆卸画法

为了表示部件内部的装配和工作情况，在装配图中可以假想沿零件的结合面切开部件，然后画出图形，结合面上不画剖面符号(剖面线)，但对轴和连接件如果垂直于轴线剖切，应当画出剖面线。图2-7-5的右视图，表示了两个转子的位置、结构与运动情况以及进油孔、定位销的位置。

为了表示部件的内部结构，可以假想将某些零件拆去，然后进行投影，其他视图按不拆画出。采用拆去画法时，应在对应的视图上标明拆去零件的编号或名称，如图2-7-6所示。

(2) 假想画法

以下两种情况可以采用假想画法，被假想的零部件采用双点画线表示。一是为了表达机器或部件与相邻部件的关系，可以将不属于本机器或部件的部分用双点画线画出，如图2-7-5主视图的左侧双点画线表示机体，用双点画线表示的部分按照透明零件或部件来画，它不能遮挡实际的零部件；二是对于运动零件，为了表示它们的极限位置，可以用双点画线假想表示，如图2-7-7所示。

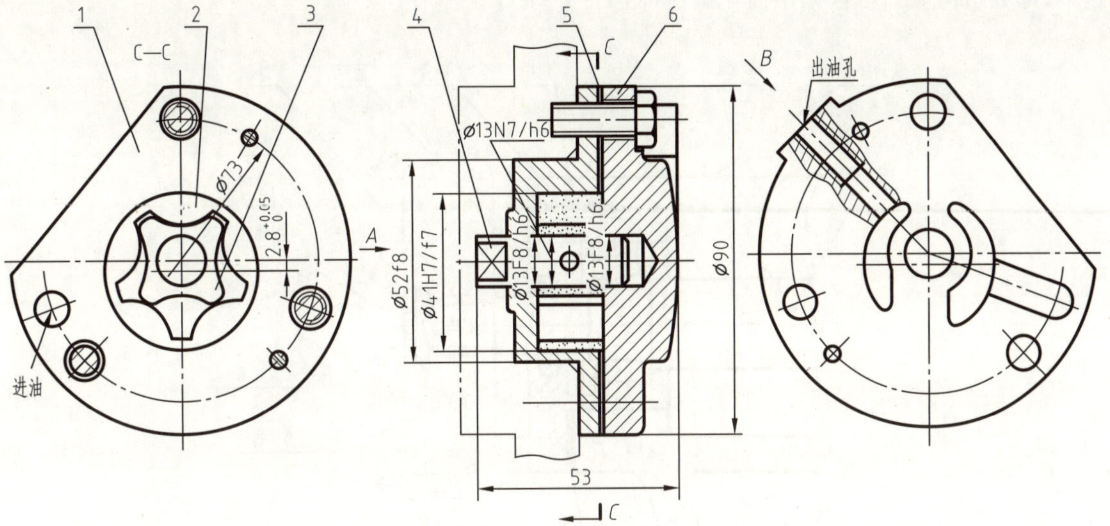

图 2-7-5　转子装配图画法

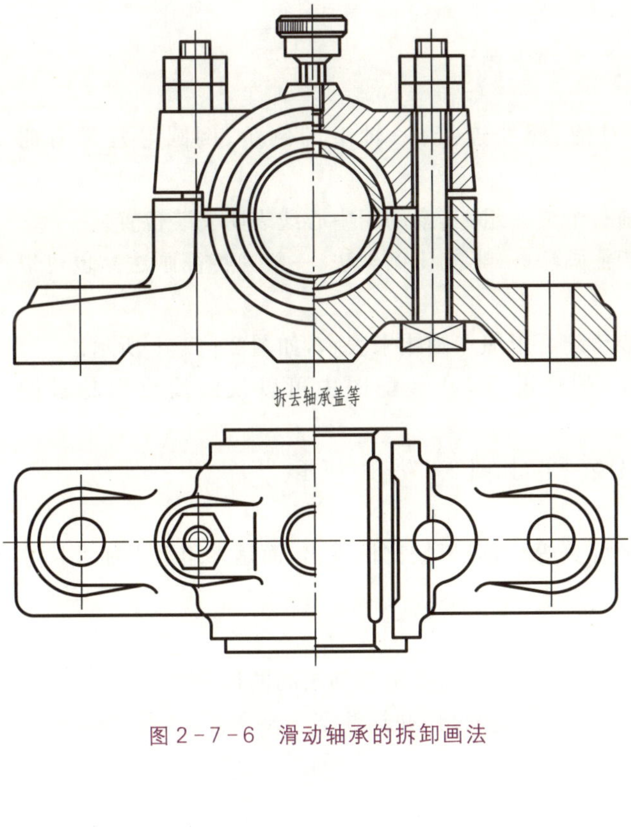

图 2-7-6　滑动轴承的拆卸画法

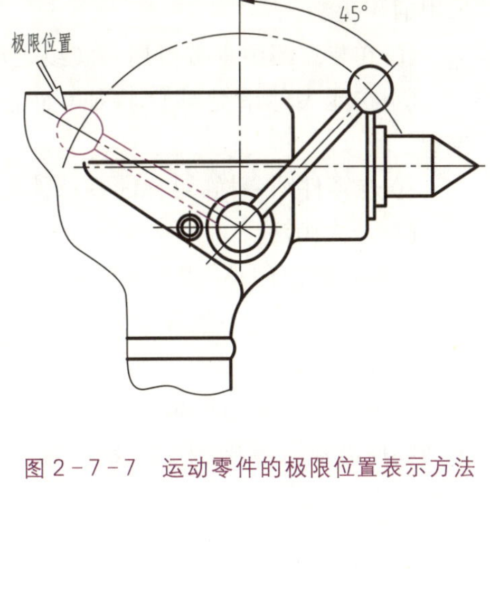

图 2-7-7　运动零件的极限位置表示方法

装配图主要表达的是部件的装配关系、工作原理，主要零部件的结构等，因此在装配图的表达中，部分结构应当尽量采用简化画法(图 2-7-8)：

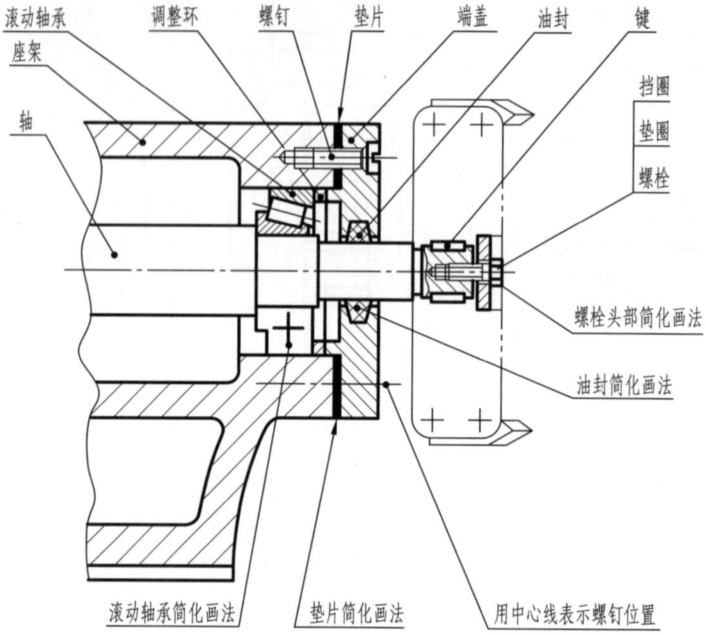

图 2-7-8 简化画法

① 零件上的工艺结构，如小圆角、退刀槽、螺纹连接件、轴上的倒角、倒圆等常常省略不画。

② 对均匀分布的螺纹连接件，允许只画一个或一组，其余的用中心线表明安装位置。

③ 对于滚动轴承和密封圈，一般采用特征画法(一半按比例画法、一般为特征画法)，也可以采用通用化法。

④ 在装配图中皮带可用粗实线表示，传动链可用细点画线来表示，如图 2-7-9 所示。

⑤ 在能表达清楚部件特征(如电机等)的情况下，在装配图中可以仅画简化后轮廓的投影。

⑥ 与零件图一样，对称的零部件可以只画一半，如图 2-7-10 所示。

(3) 夸大画法

不接触表面的小间隙、薄垫片、小直径的弹簧等，可以不按比例画出，而是采用适当加大尺寸画出，如图 2-7-8中垫片。

(4) 展开画法

为表达不在同一平面内而又相互平行的轴上的零件，以及轴与轴之间的传动关系，可以按照传动顺序沿轴线切开，然后依次将轴线展开在同一平面画出，并标注 X-X 展开，如图 2-7-11 所示。

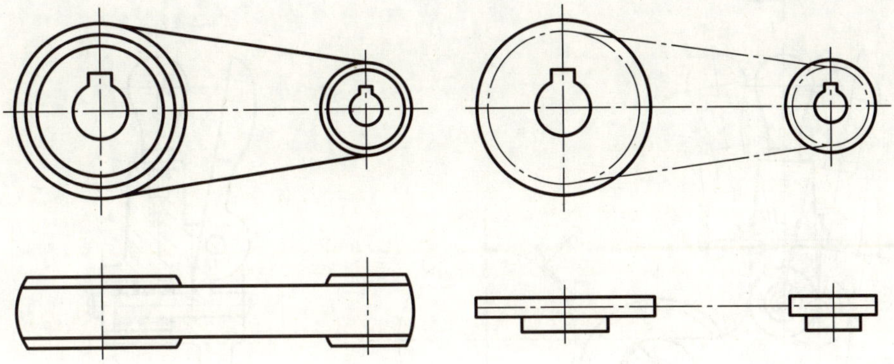

图 2-7-9 皮带和链的简化画法

2.7.4 装配图的标注与技术要求

1. 装配图上的尺寸标注

为了能够生产、加工，在零件图上要求标注的尺寸完整、清晰、合理，装配图主要用于指导机器部件的装配、维修以及工程技术人员的交流。因此，零件上的尺寸不一定全部标出，只要求标注与装配有关的几种尺寸。

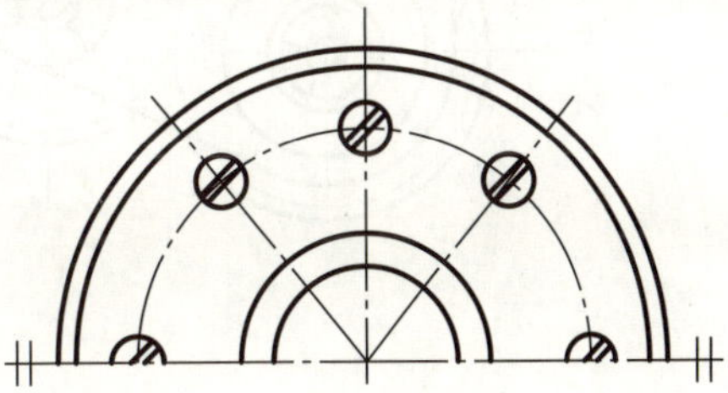

图 2-7-10 对称零部件的表达方法

(1) 规格与性能尺寸

规格尺寸或性能尺寸是机器或部件设计时要求的尺寸，例如齿轮的齿宽、重要的轴径等。

(2) 装配尺寸

① 配合尺寸　配合尺寸是装配图中十分重要的尺寸，表达相互配合的零件间的配合性质、装配间隙、装配方法。如图 2-7-1 中的 ϕ18H8/f7，表明螺杆与固定钳身的配合为间隙配合，采用的是基孔制。

② 重要的相对位置尺寸　在装配时必须保证的尺寸，如两个零件间装配后的距离等，如图 2-7-1 中的 16。

(3) 安装尺寸

机器或部件安装到基础或其他设备上时所必需的尺寸，如图 2-7-1 中的 116，它是虎钳与其他零件的连接尺寸。

(4) 外形尺寸

机器或部件整体的总长、总高、总宽。它是运输、包装和安装必须提供的尺寸，如厂房建设、包装箱的设计制造、运输车辆的选用都涉及机器的外形尺寸。外形尺寸也是用户选购的重要数据之一。如图 2-7-1 中的 205，60。

(5) 某些重要尺寸

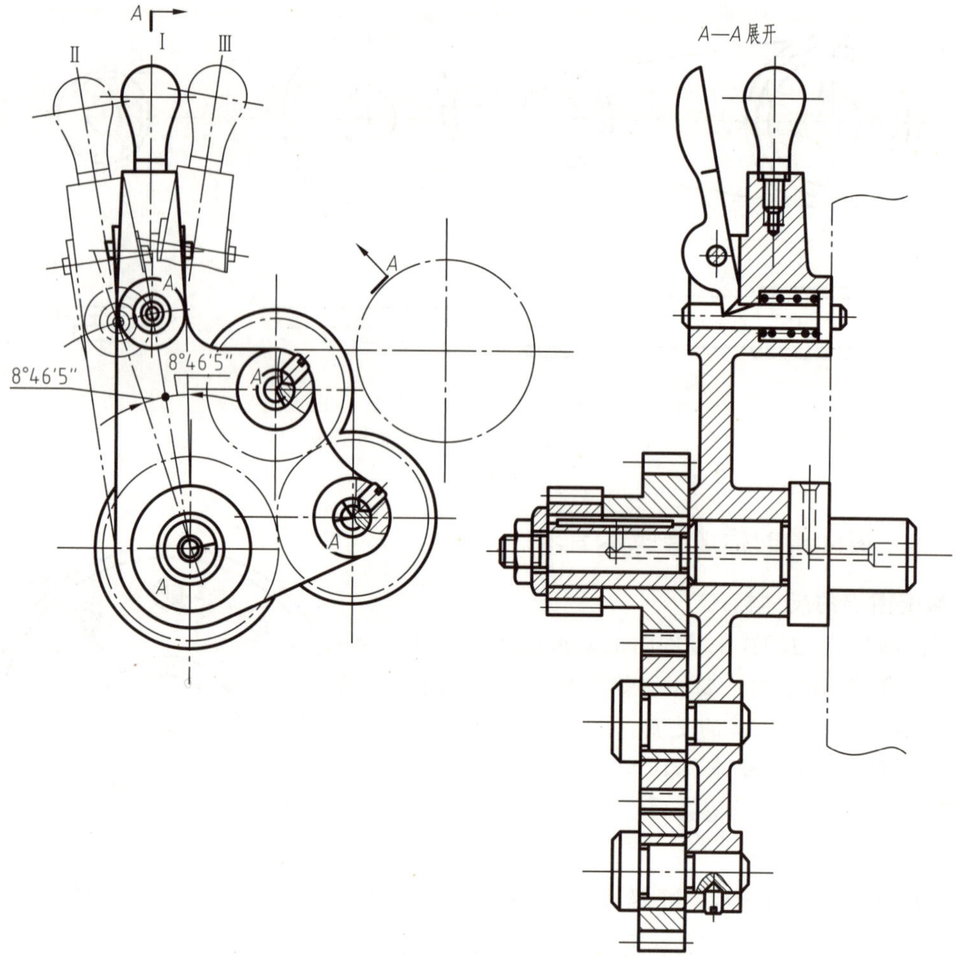

图 2-7-11 装配图中的展开画法、假想画法

运动零件的极限位置，主要结构尺寸可以在装配图中直接标注，如图 2-7-1 中的 0～70，它关系到虎钳开口的极限位置。

2. 装配图上的技术要求

技术要求是指在设计中，对机器或部件的性能、装配、安装、检验和工作所必须达到的技术指标以及某些质量和外观上的要求。如虎钳装配后要保证螺杆转动灵活等。

技术要求一般注写在装配图的空白处，对于具体的设备，其涉及的专业知识较多，可以参照同类或相近设备，结合具体的情况进行编制。

2.7.5 装配图的零、部件编号与明细栏

1. 装配图中零、部件序号及其编排方法（GB/T 4458.2—2003）

(1) 一般规定

① 装配图中所有的零、部件都必须编写序号。

② 装配图中一个部件可以只编写一个序号；同一装配图中相同的零、部件只编写一次。

③ 装配图中零、部件序号，要与明细栏中的序号一致。

(2) 序号的编排方法

① 装配图中编写零、部件序号的常用方法有三种，如图 2-7-12 所示。

② 同一装配图中编写零、部件序号的形式应一致。

③ 指引线应从所指部分的可见轮廓引出，并在末端画圆点。如所指部分轮廓内不便画圆点时，可在指引线的末端画箭头，并指向该部分的轮廓，如图 2-7-13 所示。

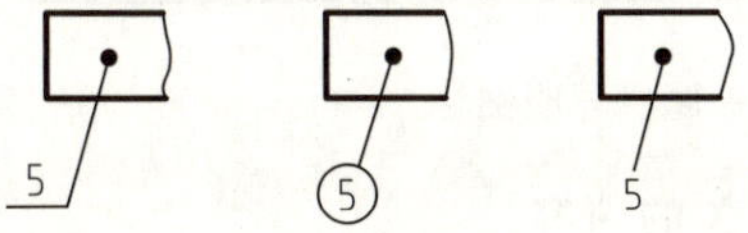

图 2-7-12 序号的编写方式

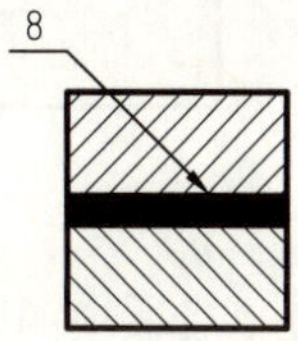

图 2-7-13 指引线画法

④ 指引线可画成折线，但只可曲折一次。

⑤ 一组紧固件以及装配关系清楚的零件组，可以采用公共指引线。如图 2-7-14 所示。

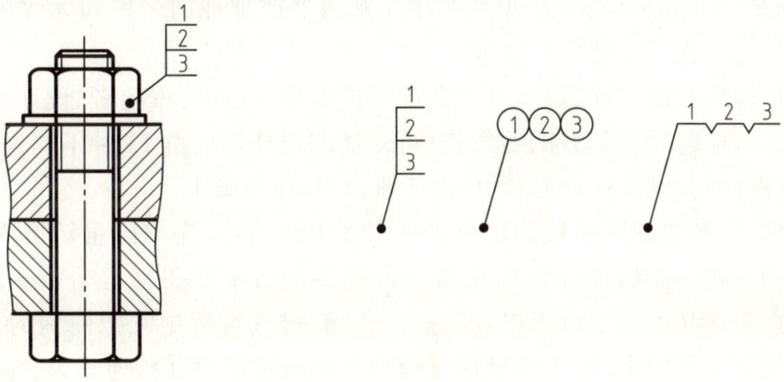

图 2-7-14 公共指引线

⑥ 零件的序号应沿水平或垂直方向按顺时针或逆时针方向排列，序号间隔应尽可能相等。如图 2-7-1 装配图中所示。

2. 装配图中的标题栏及明细栏

(1) 标题栏（GB/T 10609.1—2008）

装配图中标题栏格式与零件图中相同。

(2) 明细栏（GB/T 10609.2—2009）

明细栏按 GB/T 10609.2—2009 规定绘制，如图 2-7-15 所示。填写明细栏时要注意以下几点：

① 序号按自下而上的顺序填写，如向上延伸位置不够，可在标题栏紧靠左边自下而上延续。

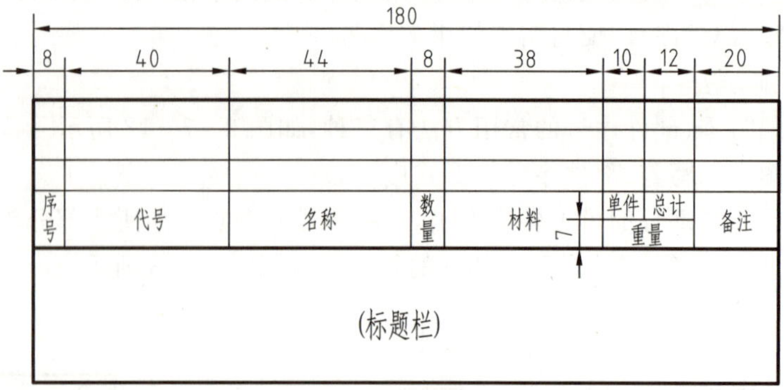

图 2-7-15 标题栏与明细栏

② 备注栏可填写该项的附加说明或其他有关的内容。

【任务实施】

识读曲柄连杆机构装配图(图 2-7-16)。

1. 概括了解

从标题栏(图 2-7-17)和有关的说明书中了解机器或部件的名称和大致用途;从明细表和图中的零部件序号了解机器或部件的组成。

读曲柄连杆机构装配图的标题栏,可知装配图的名称、设计与审核者、设计与修改设计时间、绘图比例等信息。从标题栏正上方的明细表,可知活塞连杆部件由 11 种不同规格种类的零件组成,其中有三种标准件,分别是连杆螺栓 9、连杆螺母 10 和垫圈 11。

通过查阅资料,可知曲柄连杆机构是内燃机实现工作循环,完成能量转换的传动机构,用来传递力和改变运动方式。曲柄连杆机构在做功行程中把活塞的往复运动转变成曲轴的旋转运动,对外输出动力,而在其他三个行程中,即进气、压缩、排气行程中又把曲轴的旋转运动转变成活塞的往复直线运动。总的来说,发动机通过曲柄连杆机构产生并传递动力。通过该机构,将燃料燃烧后发出的热能转变为机械能。

2. 视图分析

曲柄连杆机构装配图采用了主(局部剖视)、俯(局部剖视)、左三个视图来反映其工作原理、零件间装配关系、零件的主要结构形状。主视图主要反映曲柄连杆机构的工作原理和装配关系,将过活塞销的正平面作为剖切面对其上部进行了局部剖切,以反映活塞销、连杆衬套、连杆、锁环之间的装配关系;俯、左视图则主要反映零件的主要结构形状。

活塞连杆的工作原理是通过主视图来表达的:活塞是装在汽缸内,而连杆大头是与曲轴上的连杆轴颈相连的,因此,活塞上下运动时,通过连杆来推动曲轴作旋转运动。

3. 拆装顺序

该部件的拆卸顺序是:

① 拆下曲轴带轮。

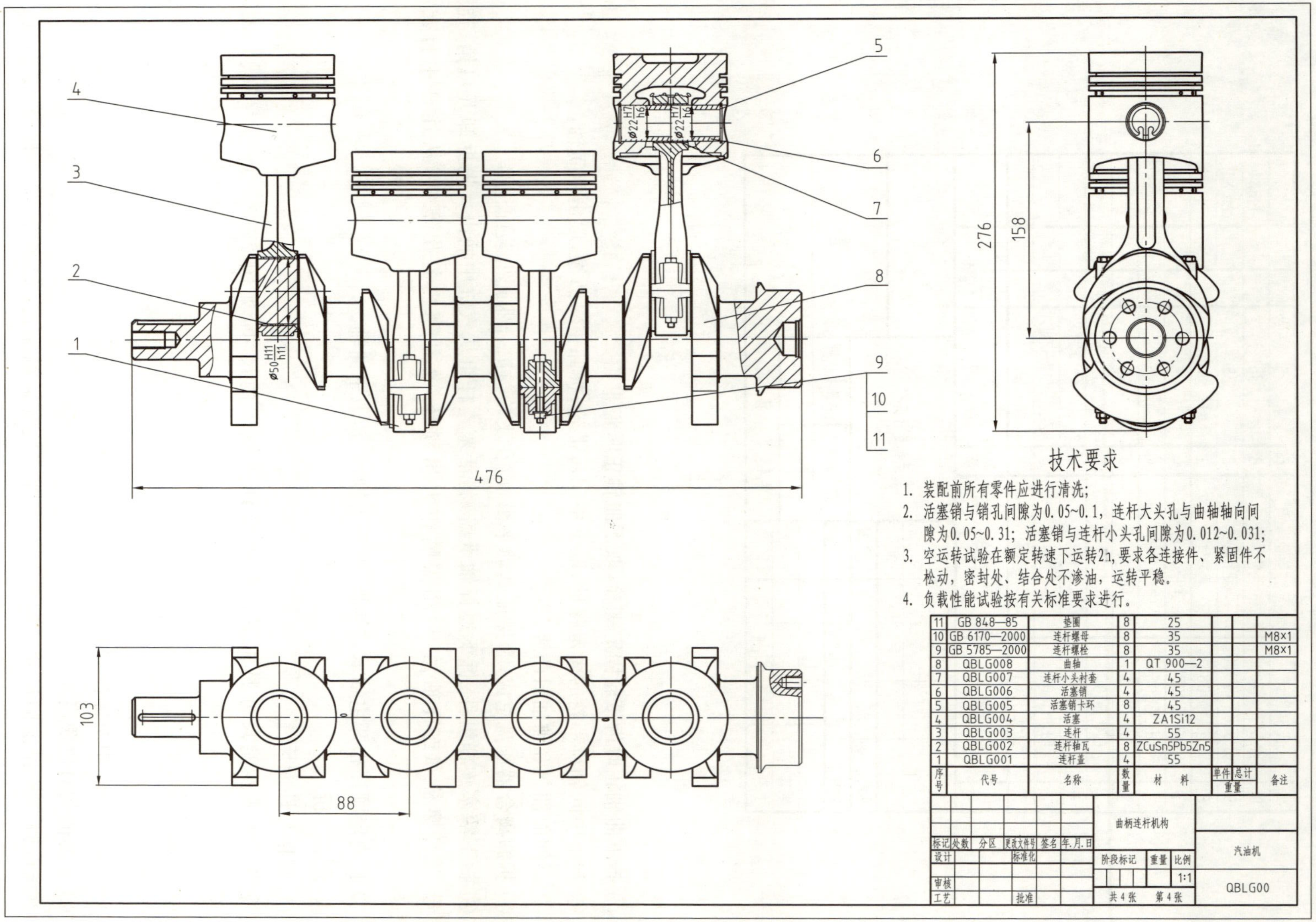

技术要求

1. 装配前所有零件应进行清洗；
2. 活塞销与销孔间隙为0.05~0.1，连杆大头孔与曲轴轴向间隙为0.05~0.31；活塞销与连杆小头孔间隙为0.012~0.031；
3. 空运转试验在额定转速下运转2h，要求各连接件、紧固件不松动，密封处、结合处不渗油，运转平稳。
4. 负载性能试验按有关标准要求进行。

序号	代号	名称	数量	材料	单件重量	总计重量	备注
11	GB 848—85	垫圈	8	25			
10	GB 6170—2000	连杆螺母	8	35			M8×1
9	GB 5785—2000	连杆螺栓	8	35			M8×1
8	QBLG008	曲轴	1	QT 900—2			
7	QBLG007	连杆小头衬套	4	45			
6	QBLG006	活塞销	4	45			
5	QBLG005	活塞销卡环	8	45			
4	QBLG004	活塞	4	ZA1Si12			
3	QBLG003	连杆	4	55			
2	QBLG002	连杆轴瓦	8	ZCuSn5Pb5Zn5			
1	QBLG001	连杆盖	4	55			

标记 处数 分区 更改文件号 签名 年.月.日	曲柄连杆机构		汽油机
设计 标准化	阶段标记	重量 比例 1:1	
审核			QBLG00
工艺 批准	共4张 第4张		

图 2-7-16 曲轴连杆机构装配图

序号	代号	名称	数量	材料	单件重量	总计重量	备注
11	GB 848—85	垫圈	8	25			
10	GB 6170—2000	连杆螺母	8	35			M8×1
9	GB 5785—2000	连杆螺栓	8	35			M8×1
8	QBLG008	曲轴	1	QT 900—2			
7	QBLG007	连杆小头衬套	4	45			
6	QBLG006	活塞销	4	45			
5	QBLG005	活塞销卡环	8	45			
4	QBLG004	活塞	4	ZA1Si12			
3	QBLG003	连杆	4	55			
2	QBLG002	连杆轴瓦	8	ZCuSn5Pb5Zn5			
1	QBLG001	连杆盖	4	55			

						曲柄连杆机构			
标记	处数	分区	更改文件号	签名	年.月.日				汽油机
设计			标准化			阶段标记	重量	比例	
								1:1	QBLG00
审核									
工艺			批准			共 4 张		第 4 张	

图 2-7-17　标题栏

② 拧下曲轴正时齿带轮固定螺栓，取下曲轴正时齿带轮。

③ 拧下中间轴齿带轮的固定螺栓，取下中间齿带轮；拆卸密封凸缘，取出中间轴。

④ 拆卸前油封和前油封凸缘。

⑤ 拆卸离合器压盘总成，为保证其动平衡，应在飞轮与离合器壳上装配记号。

⑥ 拆下活塞连杆组件：拆下连杆轴承盖，将活塞连杆组从汽缸中抽出。先拆卸开口销、连杆螺母、连杆螺栓和连杆轴瓦，后用尖嘴钳夹出锁环，从活塞内打出塞销，从连杆中打出铜套。

⑦ 按规定顺序松开主轴承盖螺栓，拆下主轴承盖，取下曲轴。

4. 尺寸分析

(1) 规格与性能尺寸

规格尺寸或性能尺寸是机器或部件设计时要求的尺寸，如图 2-7-16 中 476、103、276 等。

(2) 装配尺寸

① 配合尺寸

如图 2-7-16 中所标注的 ϕ50H11/h11，ϕ22H7/h6 所示。

② 重要的相对位置尺寸

在装配时必须保证的尺寸。例如两个零件间装配后的距离，如图 2-7-16 中尺寸 88、158 等。

【知识拓展】

1. 装配图中弹簧的简化画法

在装配图中，弹簧被看作实心物体，因此，被弹簧挡住的结构一般不画出。可见部分应画至弹簧的外轮廓或弹簧的中径处，如图 2－7－18a、b 所示。当簧丝直径在图形上小于或等于 2 mm 并被剖切时，其剖面可以涂黑表示，如图 2－7－18b 所示。也可采用示意画法，如图 2－7－18c 所示。

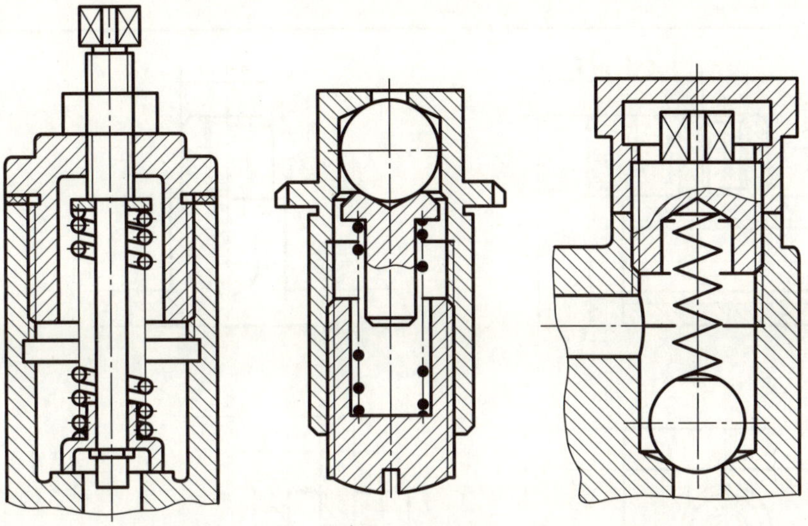

(a) 被弹簧遮挡处的画法　(b) 簧丝断面涂黑　(c) 簧丝示意画法

图 2－7－18　装配图中弹簧的画法

2. 由装配图画零件图的方法与步骤

在设计过程中，先是画出装配图，然后再根据装配图画出零件图。所以，由装配图拆画出零件图是设计工作中的一个重要环节。

现以拆画机用台虎钳装配图（图 2－7－1）中的“螺母”（序号 9）为例，介绍拆图的方法和步骤。

(1) 确定零件的结构形状，确定零件表达方案

从装配图中分离出的螺母投影如图 2－7－19 所示。左视图为半剖，说明该零件前后对称；与螺杆 8 配对应有内螺纹；与螺钉 3 配对应有内螺纹。由配合尺寸 $\phi 20$ 可知上段为圆柱。想象螺母立体形状，补全线条完成螺母投影。

经过分析、比较确定，主视图的投射方向应与装配图一致，它既符合该零件的安装位置、工作位置和加工位置，又突出了零件的结构形状特征。

(2) 尺寸标注

除了标注装配图上已给出的尺寸和可直接从装配图上量取的一般尺寸外，又确定了几个特殊尺寸。

(3) 确定表面粗糙度

有钻铰的孔和有相对运动的孔的表面粗糙度要求都低，故给出的 Ra 分别为 0.8 和 1.6，其他表面的表面粗糙度则是按常规给出的。

(4) 技术要求

参考有关同类产品的资料，注写了技术要求，并根据装配图上的公差带代号查出了相应的公差值。

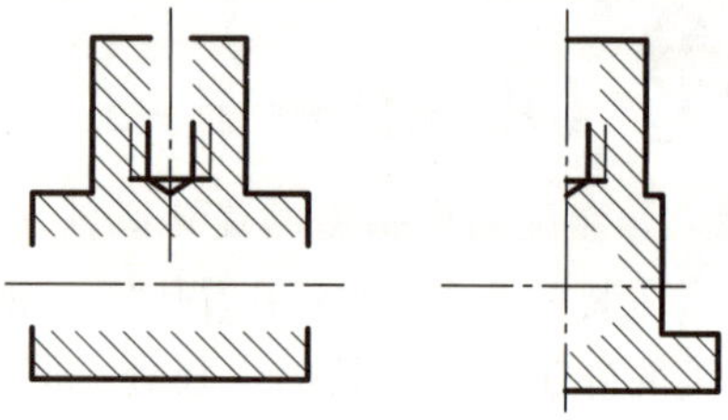

图 2-7-19 螺母投影

图 2-7-20 所示为机用虎钳装配体中螺母的零件图。

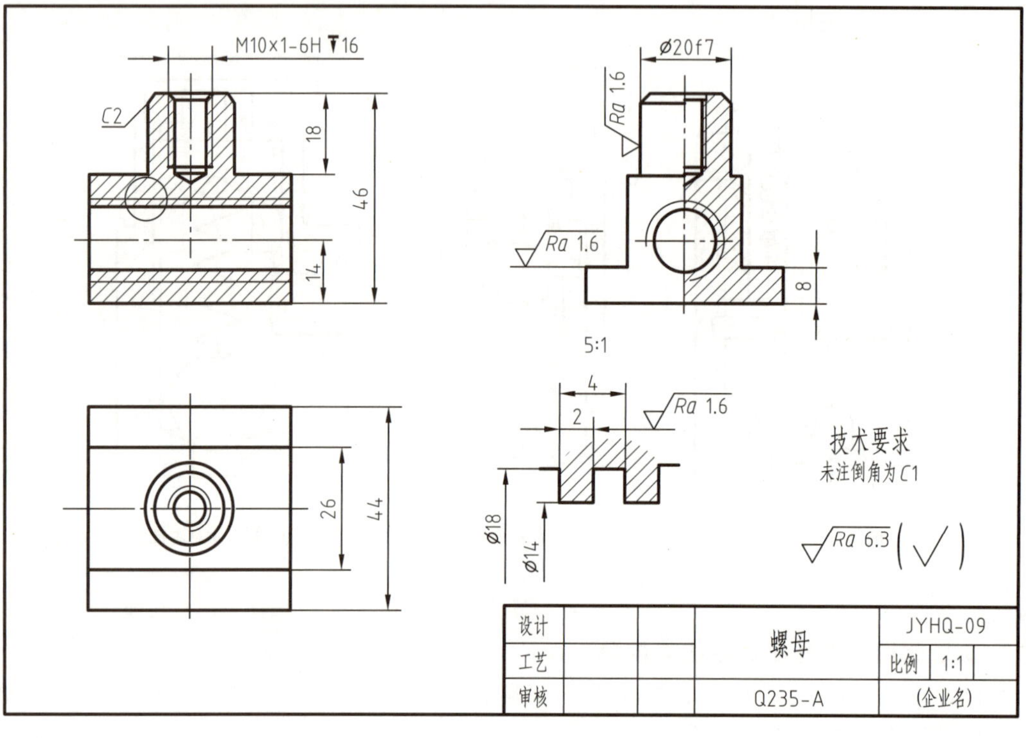

图 2-7-20 螺母零件图

【资源链接】

2.7 识读曲柄连杆机构部件装配图\识读曲柄连杆机构部件装配图教学图片

2.7 识读曲柄连杆机构部件装配图\曲柄连杆机构各个零件装配关系的展示

2.7 识读曲柄连杆机构部件装配图\识读曲柄连杆机构部件装配图评估测试

3.1 识读机油泵部件装配图\各零件装配关系的展示——机油泵部件装配图.swf

3.1 识读机油泵部件装配图\识读机油泵部件装配图图片

3.1 识读机油泵部件装配图\识读机油泵部件装配图评估测试

3.2 识读机油泵传动轴零件图\传动轴零件的形状展示

3.2 识读机油泵传动轴零件图\识读传动轴零件图图片

3.2 识读机油泵传动轴零件图\识读传动轴零件图评估测试

3.3 识读机油泵泵体零件图\机油泵泵体零件的形状展示

3.3 识读机油泵泵体零件图\识读泵体零件图图片

资源链接

- ppt
- 教学设计
- 试题库
- 实训指导

学习情境3 识读汽车零部件图图例

【知识目标】

掌握识读汽车零部件图的方法

【技能目标】

熟练识读汽车零部件图

【任务实施】

任务一:识读前悬架弹簧钢板弹簧销零件图(图3-1)

1. 读标题栏

从标题栏了解零件的名称、材料、画图的比例等信息。

该零件名称是前悬架弹簧钢板弹簧销,材料45,比例1∶1。

2. 分析视图

该零件的基本形状是回转体,内部钻孔,表面铣平面、圆弧面,右端面倒角。

主视图按其加工位置选择,轴线水平放置,主视图采用局部剖,表达内部孔的形状和连接情况,用 $A-A$ 断面图表达右端 $\phi5$ 孔与水平孔的相贯,$B-B$ 断面图表达左端上、下平面的距离。

3. 分析尺寸

该零件的径向基准是轴线,长度基准是零件的左端面。孔和槽的位置均标注定位尺寸。左端面上、下截平面的距离在 $B-B$ 断面图标注,上端 $\phi12.5$ 槽的位置定位尺寸是 26 ± 0.1;其他的定位尺寸还有20、68、99、32。$Rc1/3$ 表示55°密封管螺纹-圆锥内螺纹尺寸代号是1/3。

4. 分析技术要求

该零件图有尺寸公差、几何公差、表面粗糙度和热处理等技术要求。$\phi12.5$ 圆弧面的轴线对 $\phi30$ 圆柱轴线的垂直度公差是0.3;图中标出表面高频淬火区域,硬度52～63HRC。表面粗糙度最高值是 $Ra0.8$。

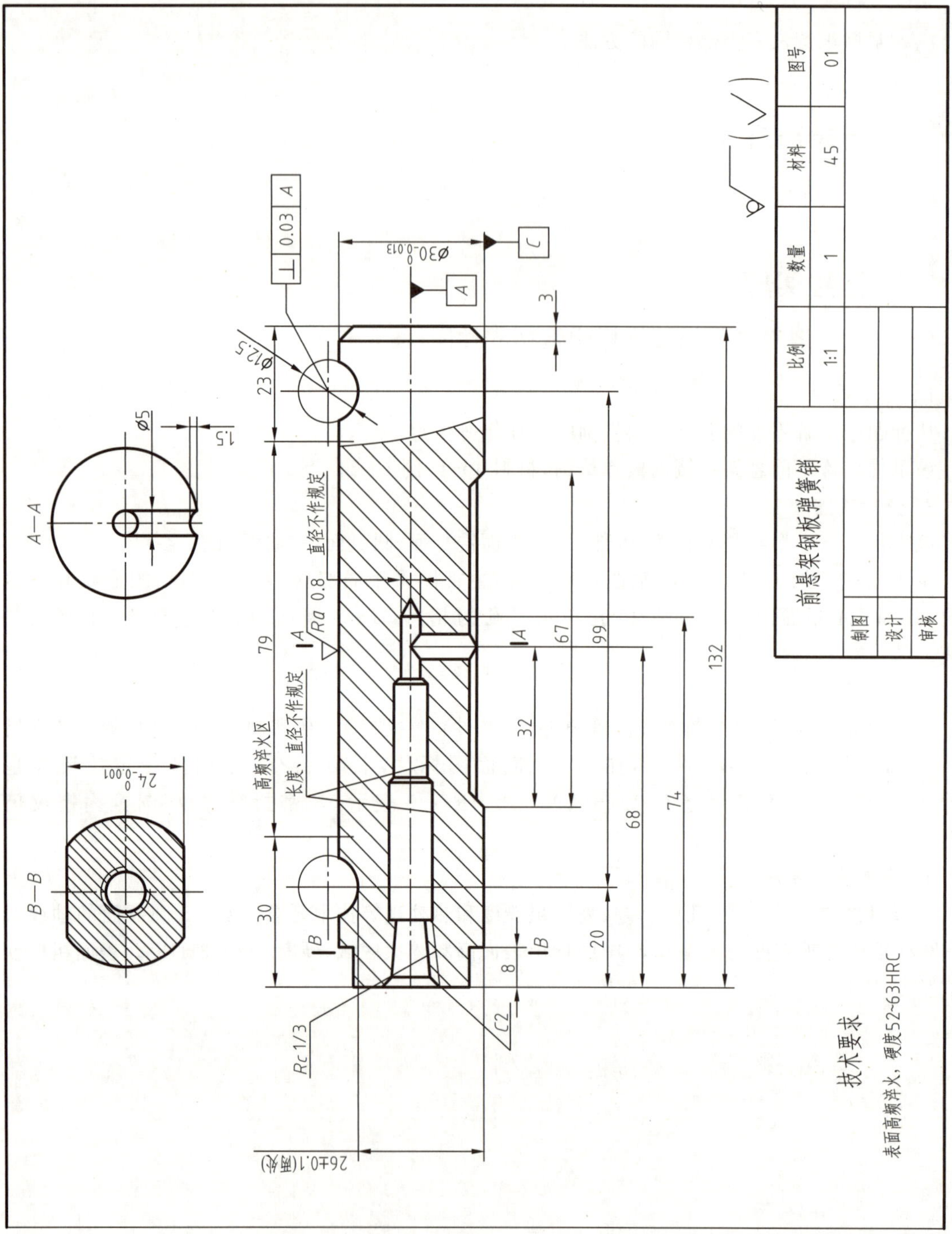

图3-1 前悬架钢板弹簧销零件图

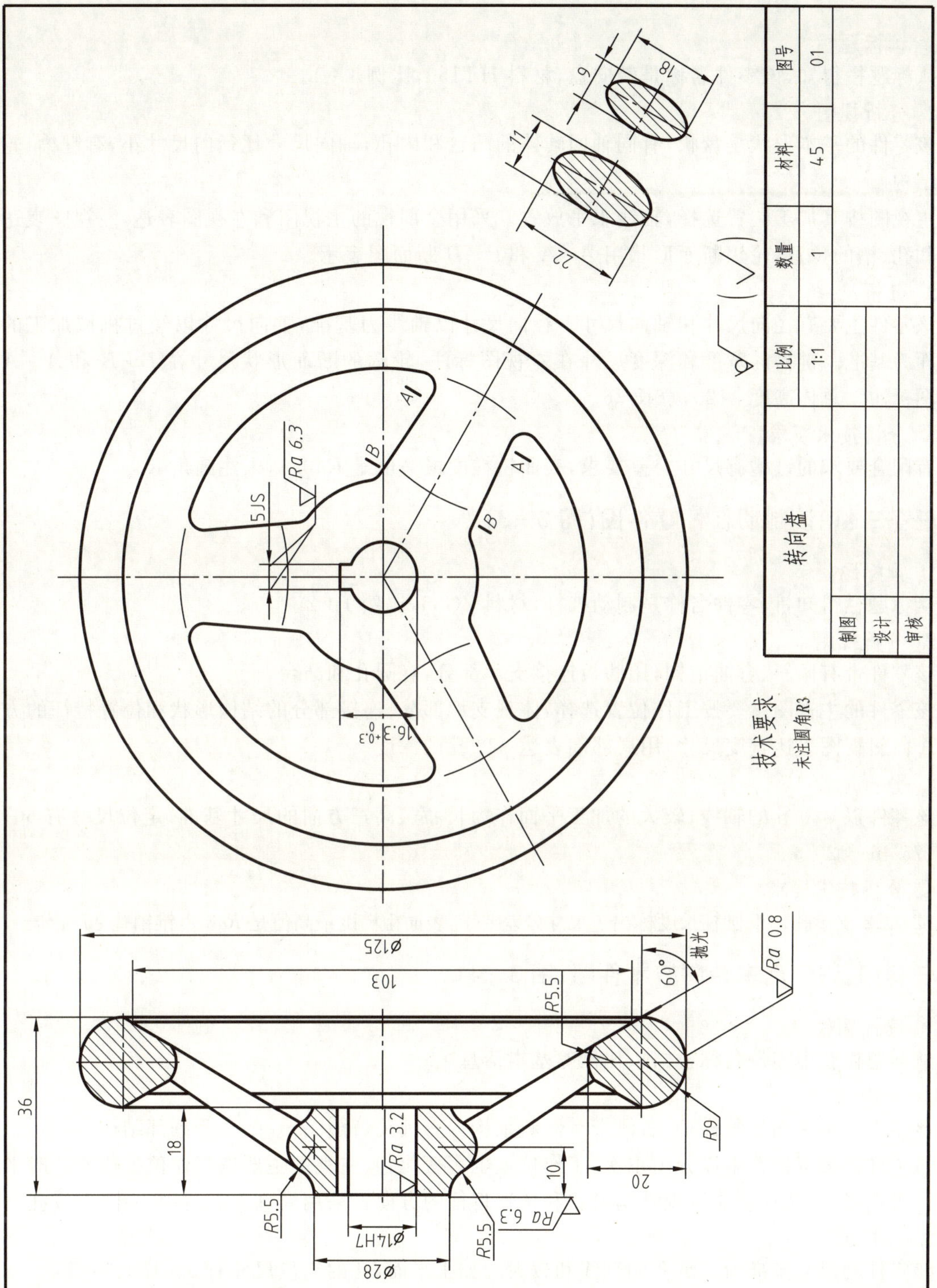
转向盘
比例 1:1
数量 1
材料 45
图号 01
制图
设计
审核
技术要求
未注圆角R3
Ra 6.3
Ra 3.2
Ra 0.8
抛光
5JS
16.3 +0.3 0
ø125
103
60°
R5.5
R9
36
18
10
20
ø14H7
ø28
9
18
11
22

图 3－2　转向盘零件图

任务二：识读转向盘零件图（图3-2）

1. 读标题栏

从标题栏得知，该零件名称是转向盘，材料 HT150，比例 1∶1。

2. 分析视图

该零件的基本形状是盘状，有同轴回转体的凸台和内孔，轴向尺寸比径向尺寸小，有键槽、轮辐等结构。

主视图按其加工位置选择，轴线水平放置。采用全剖视的主视图和左视图表达，左视图表达轮辐和孔、槽的位置，轮辐断面形状用 *A*-*A* 和 *B*-*B* 断面图表示。

3. 分析尺寸

该零件主要有径向尺寸和轴向尺寸。径向尺寸以轴线为基准，轴向尺寸以经过机械加工的右端面为基准。键槽的宽度和深度尺寸在左视图标注，轮辐的断面形状尺寸在 *B*-*B* 和 *A*-*A* 断面图标注。总体高度 ϕ125，总长 36。

4. 分析技术要求

有配合要求的键槽有尺寸公差要求，表面粗糙度最高值是 *Ra*0.8，未注圆角 *R*3。

任务三：识读制动杠杆零件图（图3-3）

1. 读标题栏

从标题栏得知，该零件名称是制动杠杆，材料 ZG35，比例 1∶2。

2. 分析视图

该零件带有倾斜、弯曲结构，用肋板连接支承部分，有圆孔和凸台。

该零件的主视图主要按工作位置选择，体现支承部分、连接部分的结构形状和位置特征的方向。*A* 向斜视图表达宽度尺寸，用局部剖表达 ϕ20 孔的深度。

3. 分析尺寸

该零件以 ϕ20 孔的轴线、较大的加工平面作为长、宽、高三方向的尺寸基准，定位尺寸有 60、98、9、$75^\circ46'\pm20''$。

4. 分析技术要求

ϕ20、ϕ12 支承孔、ϕ35 圆柱长度标出了尺寸公差要求，表面粗糙度最高值是 *Ra*3.2，锥销孔 ϕ5 配作。

任务四：识读汽车转向节零件图（图3-4）

1. 读标题栏

从标题栏获得零件名称、材料、比例等基本信息。

2. 分析视图

该零件结构左侧是阶梯轴，右侧带有倾斜结构。有圆孔、螺孔、槽、凸台等细部结构。

该零件的加工位置难以分出主次，工作位置也多变化，其主视图主要按工作位置或安装时平放的位置选择，并选择最能体现结构形状和位置特征的方向。采用局部剖表达中心孔、螺纹孔。

3. 分析尺寸

该零件的尺寸基准为支承孔的轴线和较大的加工平面，孔的定位尺寸有 35、160、28 等。

4. 分析技术要求

几何公差要求有同轴度公差、垂直度公差、位置度公差。例如 ϕ40、ϕ55、ϕ85 处圆柱的轴线对

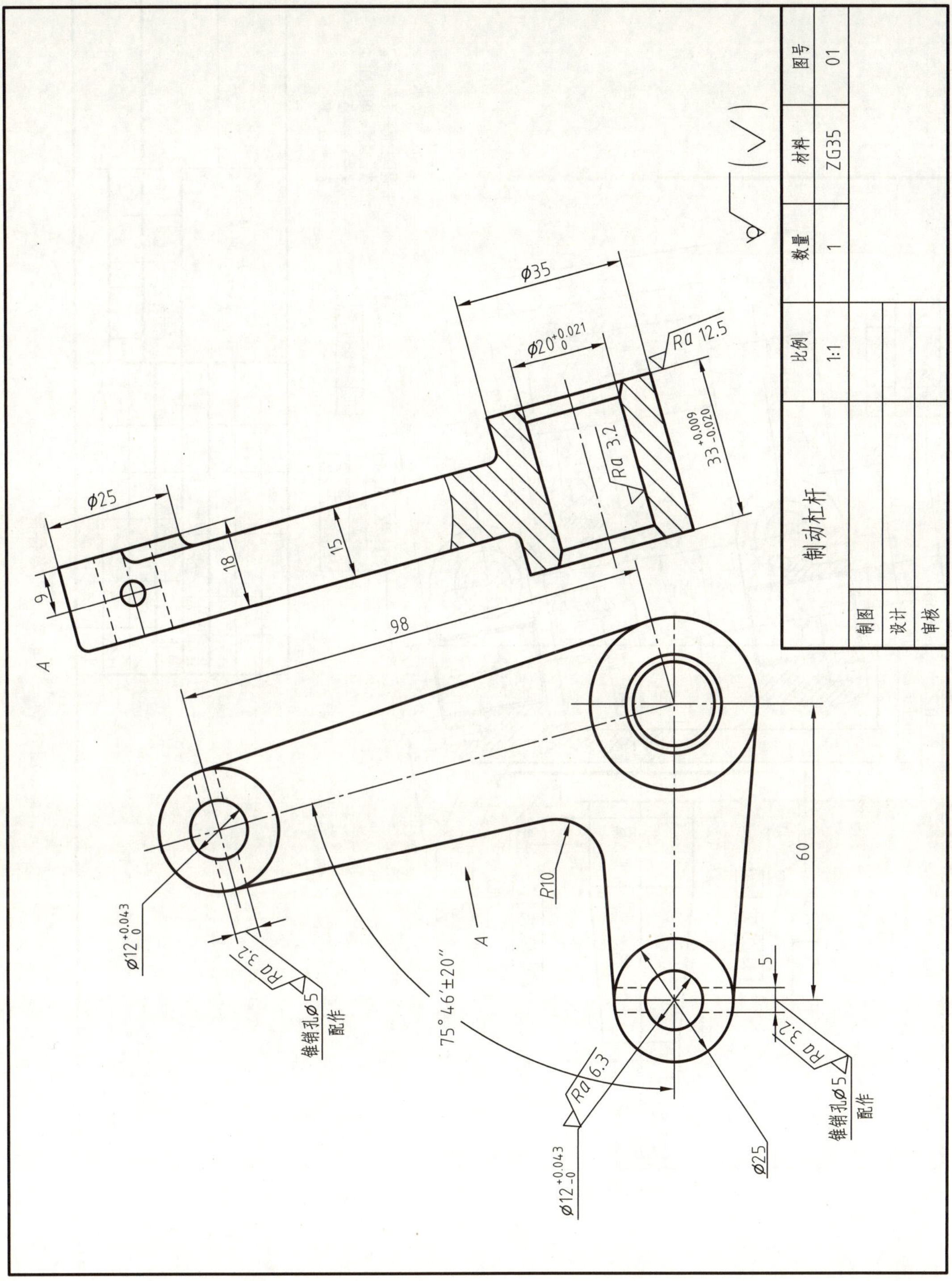

Ra 12.5
Ra 3.2
Ra 6.3
Φ35
Φ20 +0.021 0
33 +0.009 -0.020
Φ25
18
15
9
98
60
5
R10
75°46′±20″
A
Φ12 +0.043 0
Φ12 +0.043 -0
锥销孔Φ5
配作
制动杠杆
比例 1:1
数量 1
材料 ZG35
图号 01
制图
设计
审核

图3-3　制动杠杆零件图

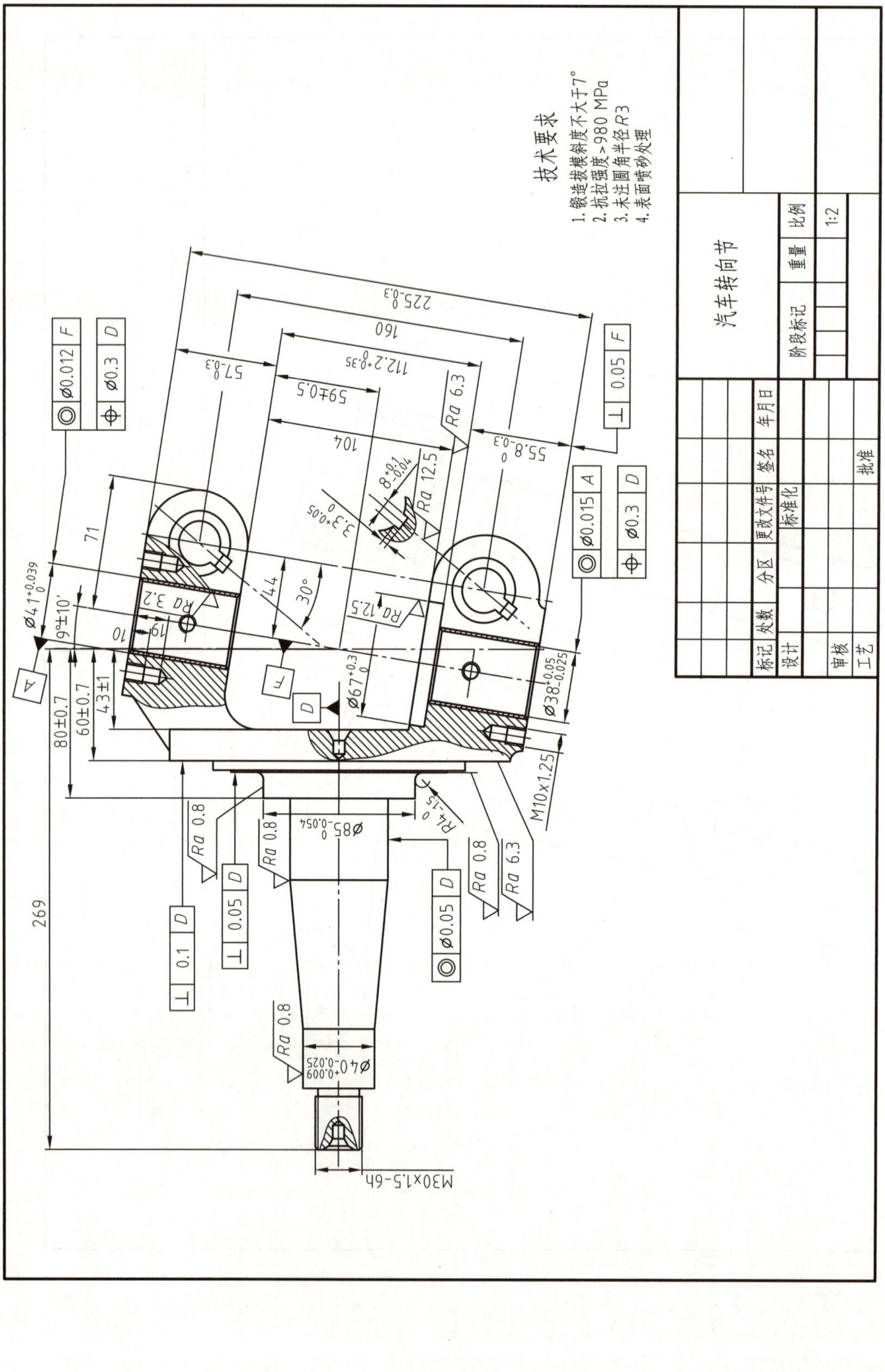

图 3-4 汽车转向节零件图

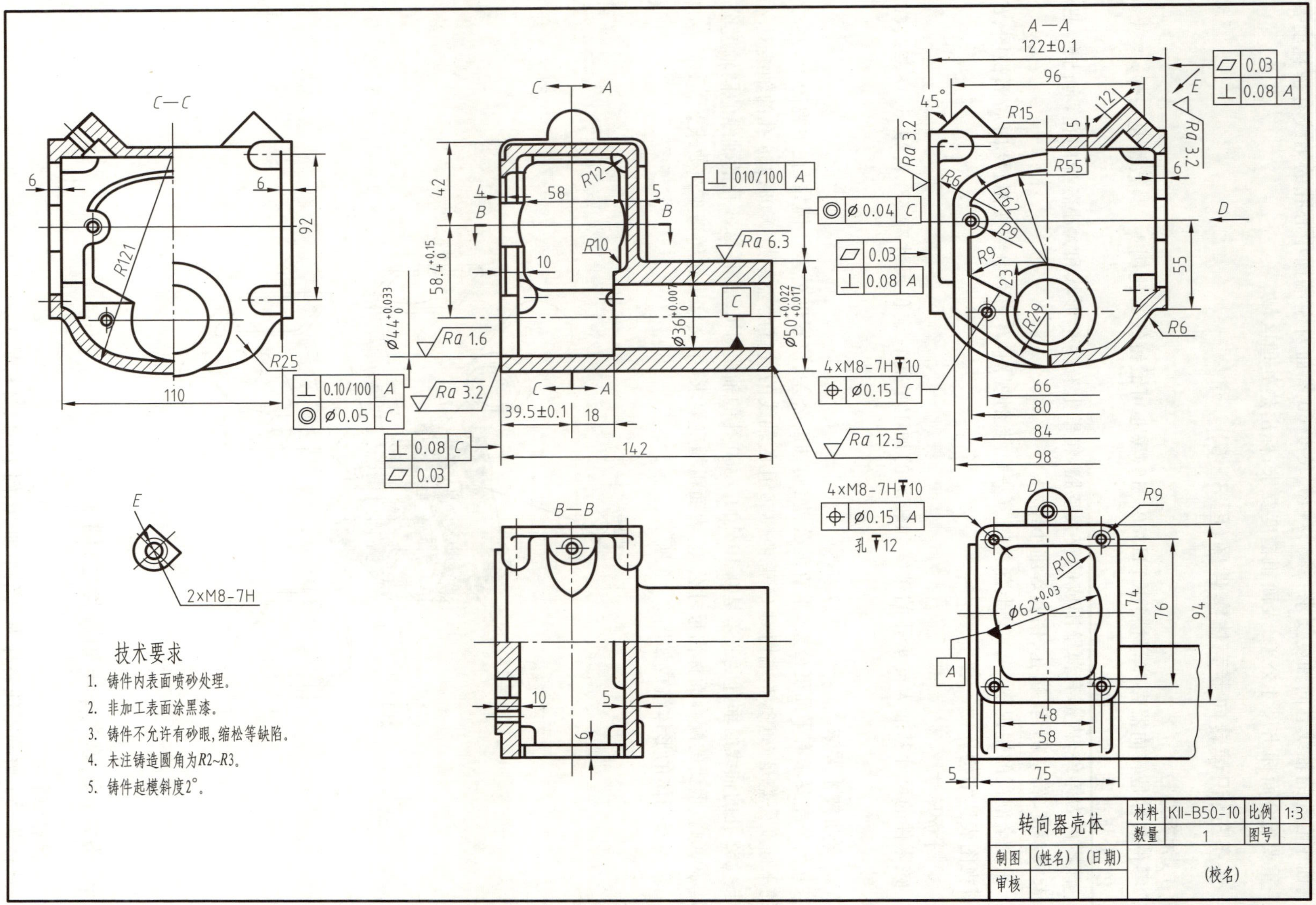

图 3-5 转向器壳体零件图

左端面中心孔的轴线有同轴度要求；ϕ85、ϕ140、长度 60 端面对左端面中心孔的轴线有垂直度要求。重要配合面标出尺寸公差、表面粗糙度要求；标出热处理区域。

任务五：识读转向器壳体零件图（图 3－5）

1. 读标题栏

零件名称是转向器壳体，材料 KTH350－10（黑心可锻铸铁），比例 1∶3，数量是一件。

2. 分析视图

该零件为铸件，内部有薄壁围成的较大空腔，箱壁上有多个形状和大小各异的孔，有凸台、凹坑、起模斜度、铸造圆角、螺孔、销孔等细小结构。

采用全剖视的主视图、*A*－*A* 半剖视图、*C*－*C* 半剖视图、*B*－*B* 半剖视图、*D* 向局部视图、*E* 向斜视图表达结构。

3. 分析尺寸

该零件的尺寸基准为支承孔的轴线和较大的加工平面。定位尺寸有 58.4、39.5、18、92、66 等尺寸。

4. 分析技术要求

几何公差要求有平面度公差、垂直度公差、同轴度公差、位置度公差。例如，在主视图上，左端面的平面度公差是 0.03，左端面对 *C* 基准- ϕ36 孔的轴线的垂直度公差是 0.08；ϕ36 孔的轴线对 *A* 基准- ϕ62 孔的轴线的垂直度公差是 0.10/100。ϕ50 孔的轴线对 *C* 基准- ϕ36 孔的轴线的同轴度公差是 ϕ0.04。重要的配合面标出尺寸公差、表面粗糙度要求，用文字表达铸造工艺要求。

转向器壳体的形体组成如图 3－6 所示。

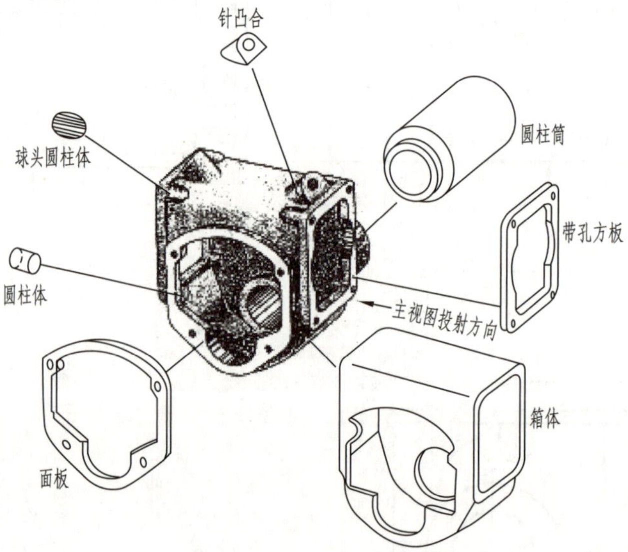

图 3－6 转向器壳体的形体组成

任务六：识读汽车半轴零件图（图 3－7）

1. 读标题栏

从标题栏了解到零件名称为汽车半轴、比例 1∶1、材料是 45。

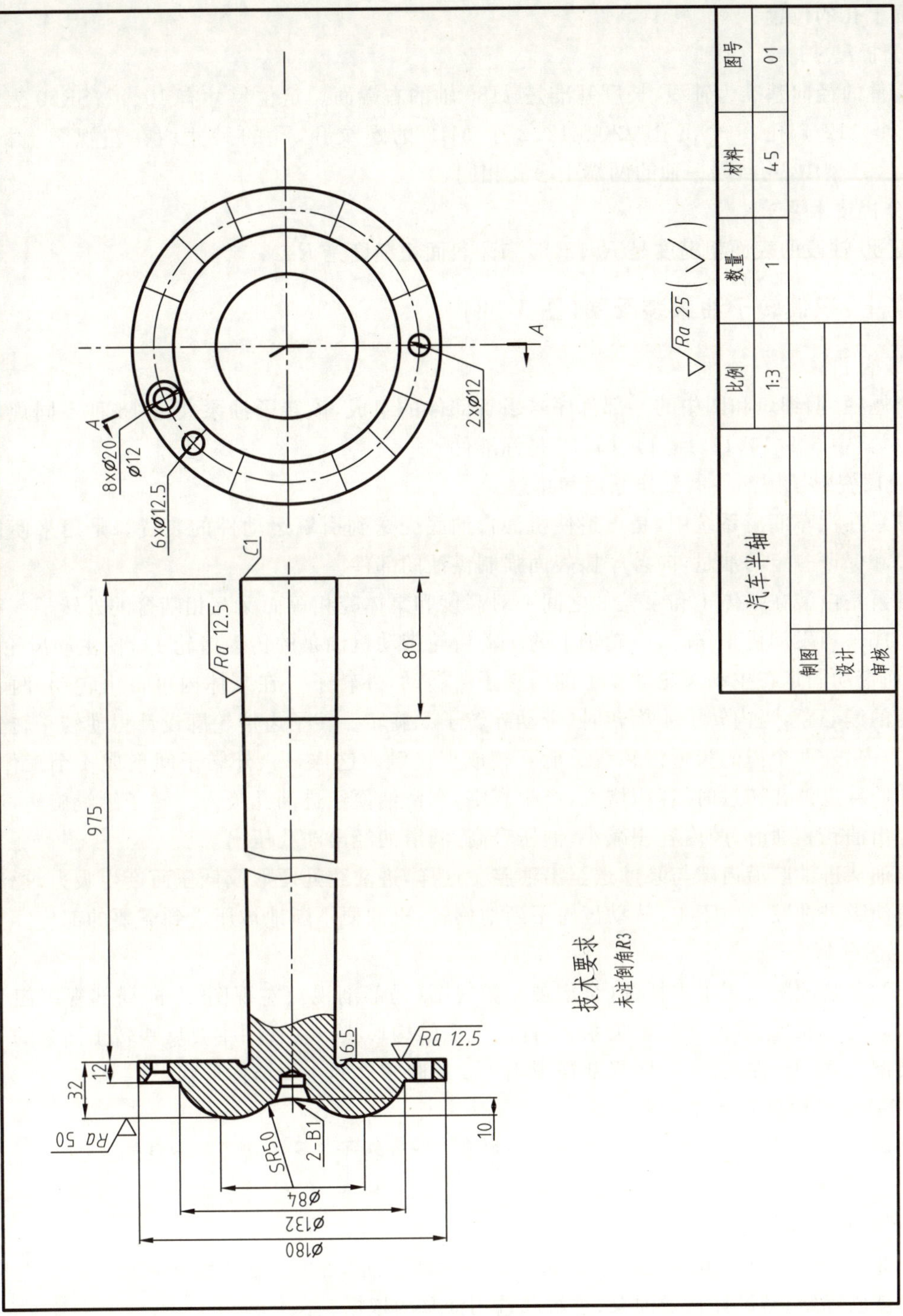
A
8×Ø20
Ø12
6×Ø12.5
2×Ø12
A
C1
Ra 12.5
80
975
Ra 12.5
6.5
12
32
10
Ra 50
SR50
2-B1
Ø84
Ø132
Ø180
技术要求
未注倒角R3
Ra 25
汽车半轴
比例
1:3
数量
1
材料
45
图号
01
制图
设计
审核

图3-7 汽车半轴零件图

2. 分析视图

该零件的左段形状是盘状，中间凹面处是球面，右段是轴，主视图表达直径和长度，左视图表达左端面上孔的位置。

3. 分析尺寸

该零件的径向基准为轴线，长度基准是 ϕ180 轴的右端面。定位尺寸有 10、12；SR50 表示球面；有 6 个 ϕ12.5 孔、8 个沉孔 ϕ20/ϕ12、2 个 M12 的螺纹孔，孔的尺寸均在左视图上标注。2-B1表示 B 型中心孔，同一轴的两端中心孔相同。

4. 分析技术要求

长度 80 轴段的表面粗糙度是 Ra12.5，未注表面粗糙度是 Ra25。

任务七：识读转子油泵装配图（图 3-8）

1. 概括了解

从标题栏、明细表和图中的零部件序号了解部件的组成，该转子油泵共由 16 种不同规格种类的零件，其中 3、9、10、12、13、14、15、16 是标准件。

2. 查阅资料了解部件的工作原理和用途

机油泵在汽车润滑系统中，是可迫使机油自油底壳送到引擎运动件的装置。是用来使机油压力升高和保证一定的油量，向各摩擦表面强制供油的部件。

机油泵是由装在泵体 1 和泵盖 8 之间一对高度和泵体腔相等而又互相啮合的外转子 5 和内转子 4 组成。当发动机工作时，凸轮轴上的驱动齿轮带动机油泵的传动齿轮 11，使主动齿轮轴 6 旋转，从而带动固定在主动齿轮轴 6 上的内转子 4 转动，外转子 5 在泵体内可自由转动，两者之间有一定的偏心距，当内转子 4 旋转时，带动外转子 5 旋转。转子齿形轮廓设计得使转子转到任何角度时，内、外两个齿的齿形齿廓线总能互相成点接触。这样，内、外转子间形成 4 个工作腔，某一工作腔从进油孔转过时，容积增大，产生真空，润滑油便经进油孔吸入。转子继续旋转，当该工作腔与出油孔相通时，腔内容积减小，油压升高，润滑油经出油孔压出。

将机油从进油腔沿齿隙与泵壁送至出油腔。这样，进油腔处便形成低压而产生吸力，把油底壳内的机油吸进油腔。由于主、从动齿轮不断地旋转，机油便不断地被压送到需要的部位。

3. 视图分析

转子油泵装配图采用了主视图（全剖视）、俯视图（局部剖视）、左视图、A 向局部视图四个视图来反映其工作原理、零件间装配关系、零件的主要结构形状。主视图主要反映转子油泵的工作原理和装配关系，俯、左视图、A 向局部视图则主要反映零件的主要结构形状。

4. 齿轮式机油泵的拆装顺序

传动齿轮 11→泵盖 8→垫片 7→泵体 1→衬套 2→外转子 5→内转子 4→泵轴。

5. 尺寸分析

(1) 规格与性能尺寸

如图 3-8 所示，中进出油孔尺寸 ϕ12，它是表示转子油泵的吸、压油性能和规格。这类尺寸在设计时就已确定，是设计转子油泵、了解和选用油泵的依据。

(2) 装配尺寸

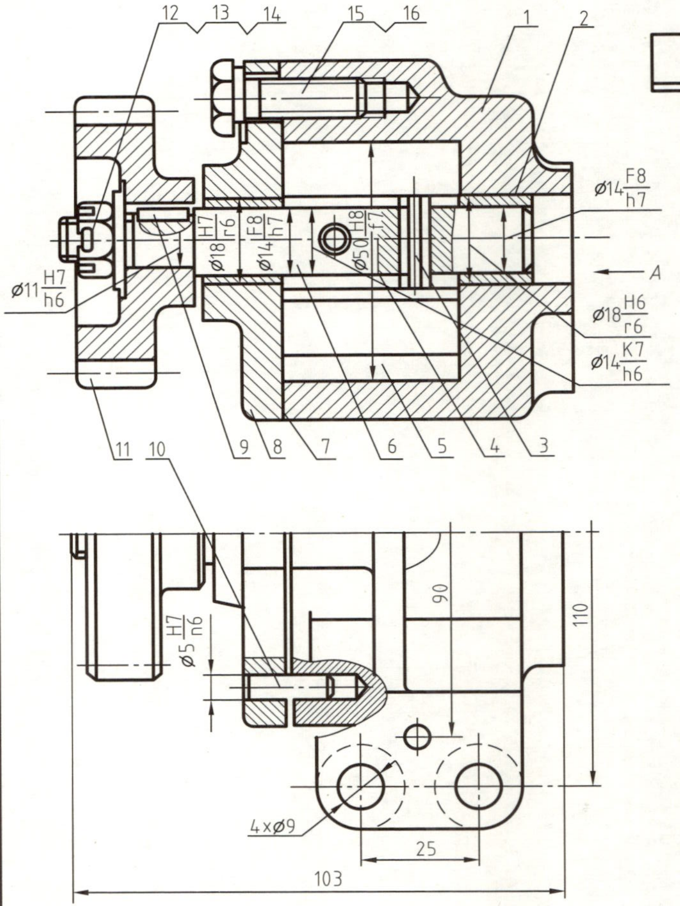

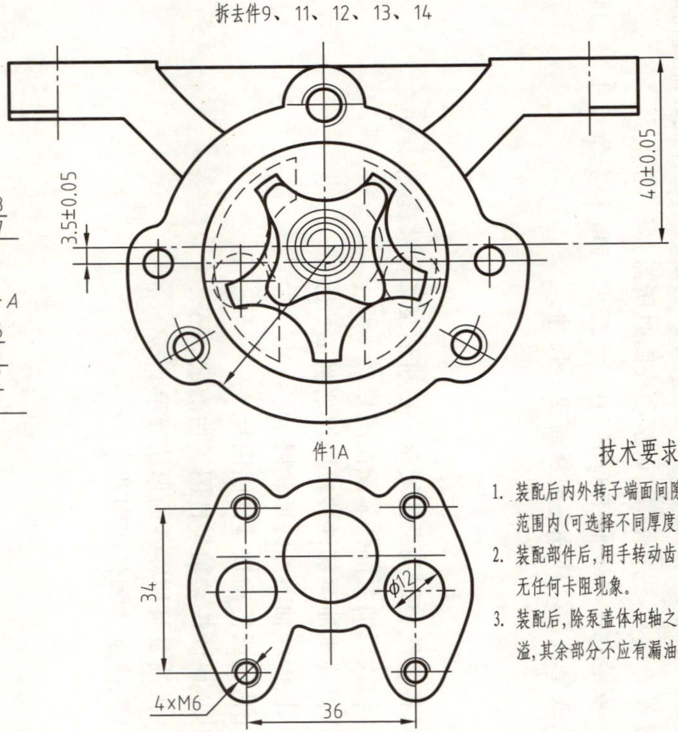

技术要求

1. 装配后内外转子端面间隙应在0.08~0.15mm范围内(可选择不同厚度的垫片来控制)。
2. 装配部件后,用手转动齿轮,在转动时应均匀无任何卡阻现象。
3. 装配后,除泵盖体和轴之间的间隙有少量外溢,其余部分不应有漏油现象。

16	垫圈8	3	65Mn	GB/T 93	5	外转子	1	铁基粉末冶金	
15	螺栓M8×25	3	Q235	GB/T 5783	4	内转子	1	铁基粉末冶金	
14	开口销2×20	1	15	GB/T 91	3	销5×20	2	65Mn	GB/T119.1
13	垫圈10	1	Q235	GB/T 97.2	2	衬套	2	ZPb5b15Sn5	
12	螺母M10	1	Q235	GB/T 6178	1	条件	1	HT200	
11	传动齿轮	1	40Cr	m=3z=18	序号	名称	件数	材料	备注
10	销5×18	2	45	GB/T 119.1	转子油泵		比例	1:1.5	(图号)
9	键4×10	1	45	GB/T 1098			件数		
8	泵备	1	HT200		班级	(学号)	共张	第 张	成绩
7	垫片		描图纸		制图	(日期)	(校名)		
6	垫轴	1	45		审核	(日期)			

图 3－8　转子油泵装配图

装配尺寸包括作为装配依据的配合尺寸和重要的相对位置尺寸。

① 装配尺寸　如图 3-8 所示，转子油泵装配图中衬套与泵体配合尺寸 $\phi18H7/r6$，泵轴与内转子的配合尺寸 $\phi14K7/h6$ 等，是表示两零件间配合性质的尺寸，一般在尺寸数字后面都注明配合代号。配合尺寸是装配和拆画零件图时确定零件尺寸偏差的依据。

② 相对位置尺寸　如图 3-8 中的尺寸 40±0.05、3.5±0.05。它是表示设计或装配机器时需要保证的零件间较重要相对位置的尺寸，也是装配、调整和校图时所需要的尺寸。

③ 安装尺寸　如图 3-8 中，安装孔 4×ϕ9 和中心距 110、25 及 4×M6 和定位尺寸 36、34。表示将机油泵安装在其他零件上或泵盖与泵体相连时所需要的尺寸。

【资源链接】

3.1 识读机油泵部件装配图\各零件装配关系的展示——机油泵部件装配图.swf

3.1 识读机油泵部件装配图\识读机油泵部件装配图图片

3.1 识读机油泵部件装配图\识读机油泵部件装配图评估测试.doc

3.2 识读机油泵传动轴零件图\传动轴零件的形状展示.swf

3.2 识读机油泵传动轴零件图\识读传动轴零件图图片

3.2 识读机油泵传动轴零件图\识读传动轴零件图评估测试.doc

3.3 识读机油泵泵体零件图\机油泵泵体零件的形状展示.swf

3.3 识读机油泵泵体零件图\识读泵体零件图图片

附　录

附录 1　公差与配合

附表 1－1　标准公差数值(摘自 GB/T 1800.2—2009)

基本尺寸/mm		标准公差等级																	
		IT1	IT2	IT3	IT4	IT5	IT6	IT7	IT8	IT9	IT10	IT11	IT12	IT13	IT14	IT15	IT16	IT17	IT18
大于	至	公差数值/μm											公差数值/mm						
—	3	0.8	1.2	2	3	4	6	10	14	25	40	60	0.1	0.14	0.25	0.4	0.6	1	1.4
3	6	1	1.5	2.5	4	5	8	12	18	30	48	75	0.12	0.18	0.3	0.48	0.75	1.2	1.8
6	10	1	1.5	2.5	4	6	9	15	22	36	58	90	0.15	0.22	0.36	0.58	0.9	1.5	2.2
10	18	1.2	2	3	5	8	11	18	27	43	70	110	0.18	0.27	0.43	0.7	1.1	1.8	2.7
18	30	1.5	2.5	4	6	9	13	21	33	52	84	130	0.21	0.33	0.52	0.84	1.3	2.1	3.3
30	50	1.5	2.5	4	7	11	16	25	39	62	100	160	0.25	0.39	0.62	1	1.6	2.5	3.9
50	80	2	3	5	8	13	19	30	46	74	120	190	0.3	0.46	0.74	1.2	1.9	3	4.6
80	120	2.5	4	6	10	15	22	35	54	87	140	220	0.35	0.54	0.87	1.4	2.2	3.5	5.4
120	180	3.5	5	8	12	18	25	40	63	100	160	250	0.4	0.63	1	1.6	2.5	4	6.3
180	250	4.5	7	10	14	20	29	46	72	115	185	290	0.46	0.72	1.15	1.85	2.9	4.6	7.2
250	315	6	8	12	16	23	32	52	81	130	210	320	0.52	0.81	1.3	2.1	3.2	5.2	8.1
315	400	7	9	13	18	25	36	57	89	140	230	360	0.57	0.89	1.4	2.3	3.6	5.7	8.9
400	500	8	10	15	20	27	40	63	97	155	250	400	0.63	0.97	1.55	2.5	4	6.3	9.7
500	630	9	11	16	22	32	44	70	110	175	280	440	0.7	1.1	1.75	2.8	4.4	7	11
630	800	10	13	18	25	36	50	80	125	200	320	500	0.8	1.25	2	3.2	5	8	12.5
800	1 000	11	15	21	28	40	56	90	140	230	360	560	0.9	1.4	2.3	3.6	5.6	9	14
1 000	1 250	13	18	24	33	47	66	105	165	260	420	660	1.05	1.65	2.6	4.2	6.6	10.5	16.5
1 250	1 600	15	21	29	39	55	78	125	195	310	500	780	1.25	1.95	3.1	5	7.8	12.5	19.5
1 600	2 000	18	25	35	46	65	92	150	230	370	600	920	1.5	2.3	3.7	6	9.2	15	23
2 000	2 500	22	30	41	55	78	110	175	280	440	700	1 100	1.75	2.8	4.4	7	11	17.5	28
2 500	3 150	26	36	50	68	96	135	210	330	540	860	1 350	2.1	3.3	5.4	8.6	13.5	21	33

附表 1-2　轴的基本偏差数值(摘自 GB/T 1800.1—2009)

基本尺寸/mm \ 基本偏差	上偏差(es)/μm														下偏差(ei)/μm																
	a*	b*	c	cd	d	e	ef	f	fg	g	h	js**	j			k		m	n	p	r	s	t	u	v	x	y	z	zx	zb	zc
	所有等级												5,6	7	8	4~7	≤3 >7	所有等级													
≤3	−270	−140	−60	−34	−20	−14	−10	−6	−4	−2	0		−2	−4	−6	0	0	+2	+4	+6	+10	+14		+18		+20		+26	+32	+40	+60
>3~6	−270	−140	−70	−46	−30	−20	−14	−10	−6	−4	0		−2	−4		+1	0	+4	+8	+12	+15	+19		+23		+28		+35	+42	+50	+80
>6~10	−280	−150	−80	−56	−40	−25	−18	−13	−8	−5	0		−2	−5		+1	0	+6	+10	+15	+19	+23		+28		+34		+42	+52	+67	+97
>10~14	−290	−150	−95		−50	−32		−16		−16	0		−3	−6		+1	0	+7	+12	+18	+23	+28		+33		+40		+50	+64	+90	+130
>14~18																									+39	+45		+50	+77	+108	+150
>18~24	−300	−160	−110		−65	−40		−20		−7	0		−4	−8		+2	0	+8	+15	+22	+28	+35		+41	+47	+54	+63	+73	+98	+135	+188
>24~30																							+41	+48	+55	+64	+75	+88	+118	+160	+218
>30~40	−310	−170	−120		−80	−50		−25		−9	0		−5	−10		+2	0	+9	+17	+26	+34	+43	+48	+60	+68	+80	+94	+112	+148	+200	+274
>40~50	−320	−180	−130																				+54	+70	+81	+97	+114	+136	+180	+242	+325
>50~65	−340	−190	−140		−100	−60		−30		−10	0		−7	−12		+2	0	+11	+20	+32	+41	+53	+66	+87	+102	+122	+144	+172	+226	+300	+405
>65~80	−360	−200	−150																		+43	+59	+75	+102	+120	+146	+174	+210	+274	+360	+480
>80~100	−380	−220	−170		−120	−72		−36		−12	0	偏差=±IT/2	−9	−15		+3	0	+13	+23	+37	+51	+71	+91	+124	+146	+178	+214	+258	+335	+445	+585
>100~120	−410	−240	−180																		+54	+79	+104	+144	+172	+210	+254	+310	+400	+525	+690
>120~140	−460	−260	−200		−145	−85		−43		−14	0		−11	−18		+3	0	+15	+27	+43	+63	+92	+122	+170	+202	+248	+300	+365	+470	+620	+800
>140~160	−520	−280	−210																		+65	+100	+134	+190	+228	+280	+340	+415	+535	+700	+900
>160~180	−530	−310	−230																		+68	+108	+146	+210	+252	+310	+380	+465	+600	+780	+1 000
>180~200	−660	−340	−240		−170	−100		−50		−15	0		−13	−21		+4	0	+17	+31	+50	+77	+122	+166	+236	+248	+350	+425	+520	+670	+880	+1 150
>200~225	−740	−380	−260																		+80	+130	+180	+258	+310	+385	+470	+575	+740	+950	+1 250
>225~250	−820	−420	−280																		+84	+140	+196	+284	+340	+425	+520	+640	+820	+1 050	+1 350
>250~280	−920	−480	−300		−190	−110		−56		−17	0		−16	−26		+4	0	+20	+34	+56	+94	+158	+218	+315	+385	+475	+580	+710	+920	+1 200	+1 550
>280~315	−1 050	−540	−330																		+98	+170	+240	+350	+425	+525	+650	+790	+1 000	+1 300	+1 700
>315~355	−1 200	−600	−360		−210	−125		−62		−18	0		−18	−28		+4	0	+21	+37	+62	+108	+190	+268	+390	+475	+590	+730	+900	+1 150	+1 500	+1 900
>355~400	−1 350	−680	−400																		+114	+208	+294	+435	+530	+660	+820	+1 000	+1 300	+1 650	+2 100
>400~450	−1 500	−760	−440		−230	−135		−68		−20	0		−20	−32		+5	0	+23	+40	+68	+126	+232	+330	+490	+595	+740	+920	+1 100	+1 450	+1 850	+2 400
>450~500	−1 650	−840	−480																		+132	+252	+360	+540	+660	+820	+1 000	+1 250	+1 600	+2 100	+2 600

注：1. *基本尺寸小于或等于1时，各级的 s 和 b 均不采用。

2. **js 的数值，对 IT7 至 IT11，若 IT 的数值(μm)为奇数时，则取 js=±(IT−1)/2。

附表 1-3 孔的基本偏差数值

基本尺寸/mm \ 基本偏差 公差等级	下偏差 EI/μm												上偏差 ES/μm								
	A*	B*	C	CD	D	E	EF	F	FG	G	H	JS**	J			K		M		N*	
	所有等级												6	7	8	≤8	>8	≤8	>8	≤8	>8
≤3	+270	+140	+60	+34	+20	+14	+10	+6	+4	+2	0	偏差=±IT/2	+2	+4	+6	0	0	−2	−2	−4	−4
>3~6	+270	+140	+70	+46	+30	+20	+14	+16	+6	+4	0		+5	+6	+10	−1+Δ		−4+Δ	−4	−8+Δ	0
>6~10	+280	+150	+80	+56	+40	+25	+18	+13	+8	+5	0		+5	+8	+12	−1+Δ		−6+Δ	−6	−10+Δ	0
>10~14	+290	+150	+95		+50	+32		+16		+6	0		+6	+10	+15	−1+Δ		−7+Δ	−7	−12+Δ	0
>14~18																					
>18~24	+300	+160	+110		+65	+40		+20		+7	0		+8	+12	+20	−2+Δ		−8+Δ	−8	−15+Δ	0
>24~30																					
>30~40	+310	+170	+120		+80	+50		+25		+9	0		+10	+14	+24	−2+Δ		−9+Δ	−9	−17+Δ	0
>40~50	+320	+180	+130																		
>50~65	+340	+190	+140		+100	+60		+30		+10	0		+13	+18	+28	−2+Δ		−11+Δ	−11	−20+Δ	0
>65~80	+360	+200	+150																		
>80~100	+380	+220	+170		+120	+72		+36		+12	0		+16	+22	+34	−3+Δ		−13+Δ	−13	−23+Δ	0
>100~120	+410	+240	+180																		
>120~140	+460	+260	+200		+145	+85		+43		+14	0		+18	+26	+41	−3+Δ		−15+Δ	−15	−27+Δ	0
>140~160	+520	+280	+210																		
>160~180	+580	+310	+230																		
>180~200	+600	+340	+240		+170	+100		+50		+15	0		+22	+30	+47	−4+Δ		−17+Δ	−17	−31+Δ	0
>200~225	+740	+380	+260																		
>225~250	+820	+420	+280																		
>250~280	+920	+480	+300		+190	+110		+56		+17	0		+25	+36	+55	−4+Δ		−20+Δ	−20	−34+Δ	—
>280~315	+1 050	+540	+330																		
>315~355	+1 200	+600	+360		+210	+125		+62		+18	0		+29	+39	+60	−4+Δ		−21+Δ	−21	−37+Δ	0
>355~400	+1 350	+580	+400																		

注：1. * 基本尺寸小于 1 mm 时，各级的 A 和 B 及大于 8 级的 N 均不采用。

2. ** JS 的数值，对 IT7 至 IT11，若 IT 的数值(μm)为奇数，则 JS=±(IT−1)/2。

（摘自 GB/T 1800.1—2009）

上偏差 ES/μm													Δ/μm					
P~ZC	P	R	S	T	U	V	X	Y	Z	ZA	ZB	ZC						
≤7	>7												3	4	5	6	7	8
在>7级的相应数值上增加一个Δ值	−6	−10	−14		−18		−20		−26	−32	−40	−60	0					
	−12	−15	−19		−23		−28		−35	−42	−50	−80	1	1.5	1	3	4	6
	−15	−19	−23		−28		−34		−42	−52	−67	−97	1	1.5	2	3	6	7
	−8	−23	−28		−33		−40		−50	−64	−90	−130	1	2	3	3	7	9
						−39	−45		−60	−77	−108	−150						
	−22	−28	−35		−41	−47	−54	−63	−73	−98	−136	−188	1.5	2	3	4	8	12
				−41	−48	−55	−64	−75	−88	−118	−160	−218						
	−26	−34	−43	−48	−60	−68	−80	−94	−112	−148	−200	−274	1.5	3	4	5	9	14
				−54	−70	−81	−97	−114	−136	−180	−242	−325						
	−32	−41	−53	−66	−87	−102	−122	−144	−172	−226	−300	−405	2	3	5	6	11	16
		−43	−59	−75	−102	−120	−146	−174	−210	−274	−360	−480						
	−37	−51	−71	−91	−124	−146	−178	−214	−258	−335	−445	−585	2	4	5	7	13	19
		−54	−79	−104	−144	−172	−210	−254	−310	−400	−525	−690						
	−43	−63	−92	−122	−170	−202	−248	−300	−365	−470	−620	−800	3	4	6	7	15	23
		−65	−100	−134	−190	−228	−280	−340	−415	−535	−700	−900						
		−68	−108	−146	−210	−252	−310	−380	−465	−600	−780	−1 000						
	−50	−77	−122	−166	−236	−284	−350	−425	−520	−670	−880	−1 150	3	4	6	9	17	26
		−80	−130	−180	−258	−310	−385	−470	−575	−740	−960	−1 250						
		−84	−140	−196	−284	−340	−425	−520	−640	−820	−1 050	−1 350						
	−56	−94	−158	−218	−315	−385	−475	−580	−710	−920	−1 200	−1 550	4	4	7	9	20	29
		−98	−170	−240	−350	−425	−525	−650	−790	−1 000	−1 300	−1 700						
	−62	−108	−190	−268	−390	−470	−590	−730	−900	−1 150	−1 500	−1 900	4	5	7	11	21	32
		−114	−208	−294	−435	−530	−660	−820	−1 000	−1 300	−1 650	−2 100						

附录 2　螺纹

附表 2-1　普通螺纹的直径和螺距(摘自 GB/T 197—2003)　　单位:mm

标记示例:

M10(粗牙普通外(或内)螺纹、公称直径 d(或 D)=10、右旋、中径及顶径公差带代号均为 6g(或 6H)、中等旋合长度);

M10×1-LH(细牙普通内(或外)螺纹、公称直径 D(或 d)=10、螺距 P=1、左旋、中径及顶径公差带代号均为 6H(或 6g)、中等旋合长度)

公称直径 D,d/mm		螺距 P/mm		粗牙中径 D_2,d_2/mm	粗牙小径 D_2,d_1/mm
第一系列	第二系列	粗牙	细牙		
3		0.5	0.25	2.675	2.459
	3.5	0.6		3.110	2.850
4		0.7	0.50	3.545	3.242
	4.5	0.75		4.013	3.688
5		0.8		4.480	4.134
6		1	0.75	5.350	4.917
8		1.25	1,0.75	7.188	5.647
10		1.5	1.25,1,0.75	9.026	8.376
12		1.75	1.5,1.25,1	10.863	10.106
	14	2	1.5,1.25*,1	12.701	11.836
16		2	1.5,1	14.701	13.835
	18	2.5	2,1.5,1	15.376	15.294
20		2.5		18.376	17.294
	22	2.5		20.376	19.295
24		3		22.051	20.752
	27	3		25.051	23.752
30		3.5	(3),2,1.6,1	27.727	26.211
	33	3.5	(3),2,1.5	30.727	29.211
36		4	3,2,1.5	33.402	31.570
	39	4		36.402	34.670
42		4.5	4,3,2,1.5	39.007	37.129
	45	4.5		42.077	40.129
48		5		44.752	42.587
	52	5		48.752	46.587
56		5.5		52.428	50.046
	60	5.5		56.428	54.046
64		6		60.103	57.505
	68	6		64.103	61.505

注:1. 优先选用第一系列,第三系列未列入。
2. 括号内尺寸尽可能不用。
3. * M14×1.25 仅用于火花塞。

附录 3　螺纹紧固件

附表 3-1　六角头螺栓　　单位：mm

六角头螺栓——C 级（摘自 GB/T 5780—2000）
六角头螺栓——A 和 B 级（摘自 GB/T 5782—2000）

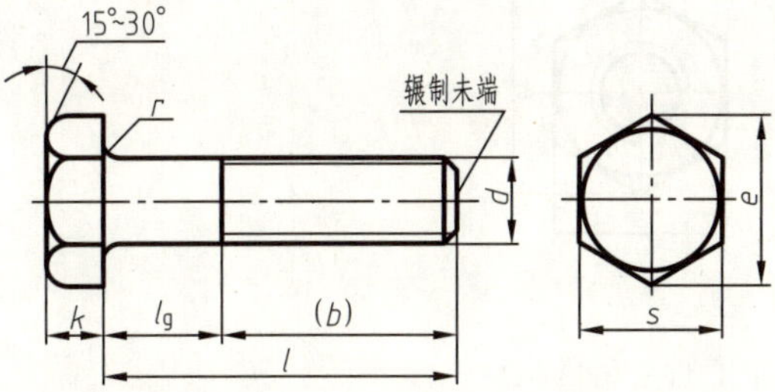

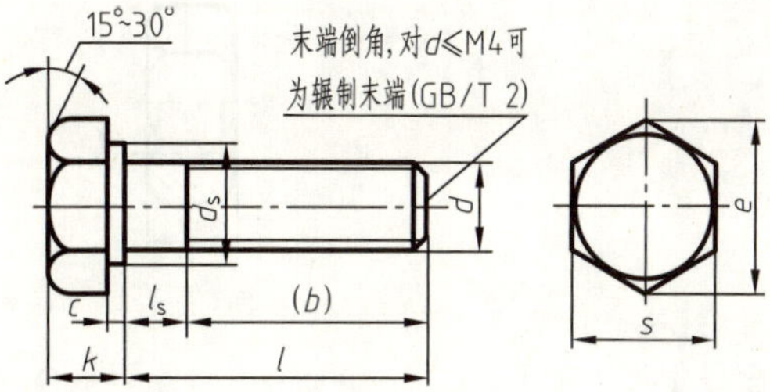

标记示例：
螺纹规格 $d=12$、公称长度 $l=80$、性能等级为 8.8 级、表面氧化、A 级的六角头螺栓
记为：螺栓　GB/T 5782—2000　M12×80

螺纹规格 d			M3	M4	M5	M6	M8	M10	M12	M16	M20	M24	M30	M36	M42
b 参考	$l \leqslant 125$		12	14	16	18	22	26	30	38	46	54	66		
	$125 < l \leqslant 200$		18	20	22	24	28	32	36	44	52	60	72	84	96
	$l > 200$		31	33	35	37	41	45	49	57	65	73	85	97	109
c			0.4	0.4	0.5	0.5	0.6	0.6	0.6	0.8	0.8	0.8	0.8	0.8	1
d_s	产品等级	A	4.75	5.88	6.88	8.88	11.63	14.63	16.63	22.49	28.19	33.61			
		B、C	4.45	5.74	6.74	8.74	11.47	14.47	16.47	22	27.7	33.25	42.75	51.11	59.95
e	产品等级	A	5.01	7.66	8.79	11.05	14.38	17.77	20.03	26.75	33.53	39.98			
		B、C	5.88	7.50	8.63	10.89	14.20	17.59	19.85	26.17	32.95	39.55	50.85	60.79	72.02
k 公称			2	2.8	3.5	4	5.3	6.4	7.5	10	12.5	15	18.7	22.5	26
r			0.1	0.2	0.2	0.25	0.4	0.4	0.6	0.6	0.8	0.8	1	1	1.2
s 公称			5.5	7	8	10	13	16	18	24	30	36	46	55	65
l（产品规格范围）			20～30	25～40	25～50	30～60	40～80	45～100	50～120	65～160	80～200	90～240	110～300	140～360	160～440
l 系列			12,16,20,25,30,35,40,45,50,55,60,65,70,80,90,100,110,120,130,140,150,160,180,200,220,240,260,280,300,320,340,360,380,400,420,440,460,480,500												

注：1. A 级用于 $d \leqslant 24$ 和 $l \leqslant 10d$ 或 $\leqslant 150$ 的螺栓；B 级用于 $d > 24$ 和 $l > 10d$ 或 > 150 的螺栓。
2. 螺纹规格 d 范围：GB/T 5780—2000 为 M5～M64；GB/T 5782—2000 为 M1.6～M64。
3. 公称长度范围：GB/T 5780—2000 为 25～500；GB/T 5782—2000 为 12～500。

附表 3-2 六角螺母 单位:mm

六角螺母——C 级 (GB/T 41—2000)　　1 型六角螺母——A 和 B 级 (GB/T 6170—2000)　　六角薄螺母——A 和 B 级 (GB/T 6172.1—2000)

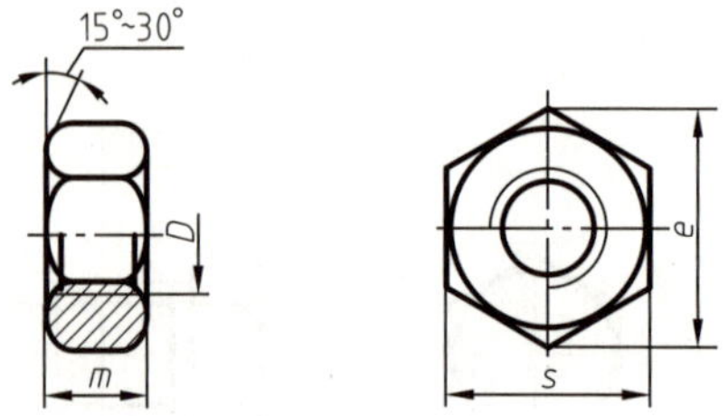

标记示例:

螺纹规格 D=M12、C 级六角螺母　　记为:螺母 GB/T 41—2000 M12

螺纹规格 D=M12、A 级 1 型六角螺母　　记为:螺母 GB/T 6170.1—2000 M12

螺纹规格 D=M12、A 级六角薄螺母　　记为:螺母 GB/T 6172.1—2000 M12

螺纹规格 D		M3	M4	M5	M6	M8	M10	M12	M16	M20	M24	M30	M36	M42
e_{min}	GB/T 41			8.63	10.89	14.20	17.59	19.85	26.17	32.95	39.55	50.85	60.79	72.02
	GB/T 6170	6.01	7.66	8.79	11.05	14.38	17.77	20.03	26.75	32.95	39.55	50.85	60.79	72.02
	GB/T 6172	6.01	7.66	8.79	11.05	14.38	17.77	20.03	26.75	32.95	39.55	50.85	60.79	72.02
s_{max}	GB/T 41			8	10	13	16	18	24	30	36	46	55	65
	GB/T 6170	5.5	7	8	10	13	16	18	24	30	36	46	55	65
	GB/T 6172	5.5	7	8	10	13	16	18	24	30	36	46	55	65
m_{max}	GB/T 41			5.6	6.4	7.9	9.5	12.2	15.9	18.7	22.3	26.4	31.9	34.9
	GB/T 6170	2.4	3.2	4.7	5.2	6.8	8.4	10.8	14.8	18	21.5	25.6	31	34
	GB/T 6172	1.8	2.2	2.7	3.2	4	5	6	8	10	12	15	18	21

注:A 级用于 $D\leqslant 16$ mm;B 级用于 $D>16$ mm。

附表 3-3 垫 圈　　单位：mm

小垫圈——A 级（GB/T 848—2002）
平垫圈——A 级（GB/T 97.1—2002）
平垫圈 倒角型——A 级（GB/T 97.2—2002）

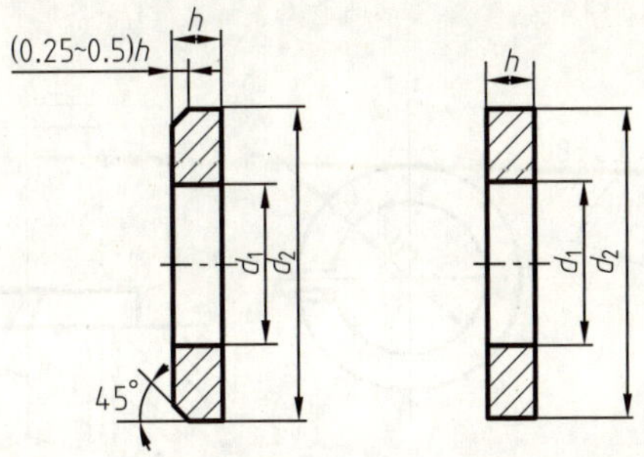

标记示例：
标准系列、公称规格为 8 mm、由钢制造的硬度等级为 200 HV 级、不经表面处理的平垫圈
记为：垫圈 GB/T 97.1—2002 8

公称规格（螺纹大径 d）	内径 d_1		外径 d_2		厚度 h		
	公称(min)	max	公称(max)	min	公称	max	min
1.6	1.7	1.84	4	3.7	0.3	0.35	0.25
2	2.2	2.34	5	4.7	0.3	0.35	0.25
2.5	2.7	2.84	6	5.7	0.5	0.55	0.45
3	3.2	3.38	7	6.64	0.5	0.55	0.45
4	4.3	4.48	9	8.64	0.8	0.9	0.7
5	5.3	5.48	10	9.64	1	1.1	0.9
6	6.4	6.62	12	11.57	1.6	1.8	1.4
8	8.4	8.62	16	15.57	1.6	1.8	1.4
10	10.5	10.77	20	19.48	2	2.2	1.8
12	13	13.27	24	23.48	2.5	2.7	2.3
16	17	17.27	30	29.48	3	3.3	2.7
20	21	21.33	37	36.38	3	3.3	2.7
24	25	25.33	44	43.38	4	4.3	3.7
30	31	31.39	56	55.26	4	4.3	3.7
36	37	37.62	66	64.8	5	5.6	4.4
42	45	45.62	78	76.8	8	9	7
48	52	52.74	92	90.6	8	9	7
56	62	62.74	105	103.6	10	11	9
64	70	70.74	115	113.6	10	11	9

附表 3-4 弹簧垫圈 单位:mm

标准型弹簧垫圈(摘自 GB/T 93—1987)
轻型弹簧垫圈(摘自 GB/T 859—1987)

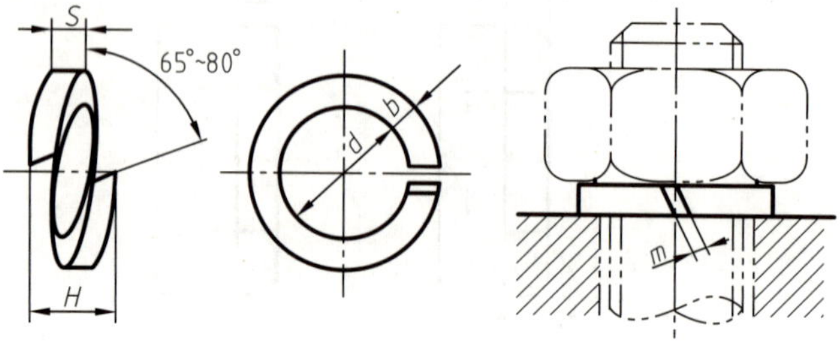

标记示例:
规格 16 mm、材料为 65Mn、表面氧化的标准型弹簧垫圈
记为:垫圈 GB/T 93—1987 16

规格(螺纹大径)		3	4	5	6	8	10	12	(14)	16	(18)	20	(22)	24	(27)	30
d		3.1	4.1	5.1	6.1	8.1	10.2	12.2	14.2	16.2	18.2	20.2	22.5	24.5	27.5	30.5
H	GB/T 93	1.6	2.2	2.6	3.2	4.2	5.2	6.2	7.2	8.2	9	10	11	12	13.5	15
	GB/T 859	1.2	1.6	2.2	2.6	3.2	4	5	6	6.4	7.2	8	9	10	11	12
$S(b)$	GB/T 93	0.8	1.1	1.3	1.6	2.1	2.6	3.1	3.6	4.1	4.5	5	5.5	6	6.8	7.5
S	GB/T 859	0.6	0.8	1.1	1.3	1.6	2	2.5	3	3.2	3.6	4	4.5	5	5.5	6
$m\leqslant$	GB/T 93	0.4	0.55	0.65	0.8	1.05	1.3	1.55	1.8	2.05	2.25	2.5	2.75	3	3.4	3.75
	GB/T 859	0.3	0.4	0.55	0.65	0.8	1	1.25	1.5	1.6	1.8	2	2.25	2.5	2.75	3
b	GB/T 859	1	1.2	1.5	2	2.5	3	3.5	4	4.5	5	5.5	6	7	8	9

注:1. 括号内的规格尽可能不用。
2. m 应大于零。

附表 3-5 双头螺柱(摘自 GB/T 897～900—1988) 单位：mm

双头螺柱——$b_m=1d$(摘自 GB/T 897—1988)
双头螺柱——$b_m=1.25d$(摘自 GB/T 898—1988)
双头螺柱——$b_m=1.5d$(摘自 GB/T 899—1988)
双头螺柱——$b_m=2d$(摘自 GB/T 900—1988)

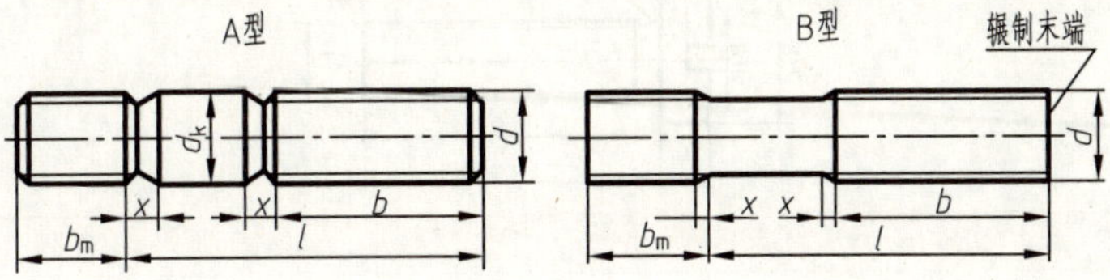

标记示例：

两端均为粗牙普通螺纹，$d=10$ mm，$l=50$ mm，性能等级为 4.8 级，B 型，$b_m=1d$

记为：螺柱 GB/T 897—1988 M10×50

旋入端为粗牙普通螺纹，紧固端为 $P=1$ mm 的细牙普通螺纹，$d=10$ mm，$l=50$ mm，性能等级为 4.8 级，A 型，$b_m=1d$

记为：螺柱 GB/T 897—1988 AM10—M10×1×50

螺纹规格 d	b_m(旋入端长度)				d_k	x	l/b(螺柱长度/紧固端长度)
	GB/T 897	GB/T 898	GB/T 899	GB/T 900			
M4			6	8	4	1.5P	16～22/8 25～40/14
M5	5	6	8	10	5	1.5P	16～22/10 25～50/16
M6	6	8	10	12	6	1.5P	20～22/10 25～30/14 32～75/18
M8	8	10	12	16	8	1.5P	20～22/12 25～30/16 32～90/22
M10	10	12	15	20	10	1.5P	25～28/14 30～38/16 40～120/26 130/32
M12	12	15	18	24	12	1.5P	25～30/16 32～40/20 45～120/30 130～180/36
M16	16	20	24	32	16	1.5P	30～38/20 40～55/30 60～120/38 130～200/44
M20	20	25	30	40	20	1.5P	35～40/25 45～65/35 70～120/45 130～200/52
M24	24	30	36	48	24	1.5P	45～50/30 55～75/45 80～120/54 130～200/60
M30	30	38	45	60	30	1.5P	60～65/40 70～90/50 95～120/66 130～200/72 210～250/85
M36	36	45	54	72	36	1.5P	65～75/45 80～110/60 120/78 130～200/84 210～300/97
M42	42	52	65	84	42	1.5P	70～80/50 85～110/70 120/90 130～200/96 210～300/109
M48	48	60	72	96	48	1.5P	80～90/60 95～110/80 120/102 130～200/108 210～300/121
l 系列	12,(14),16,(18),20,(22),25,(28),30,(32),35,(38),40,45,50,(55),60,(65),70,(75),80,(85),90,(95),100,110～260(10 进位),280,300						

注：1. 括号内的规格尽可能不用。

2. P 为螺距。

3. $b_m=1d$，一般用于钢对钢；$b_m=1.25d$、$b_m=1.5d$，一般用于钢对铸铁；$b_m=2d$，一般用于钢对铝合金。

附表 3-6　开槽盘头螺钉(摘自 GB/T 67—2008)　　单位:mm

标记示例:

螺纹规格 d=M5、公称长度 l=20、性能等级为 4.8 级、不经表面处理的 A 级开槽盘头螺钉,记为:螺钉 GB/T 67—2000　M5×20

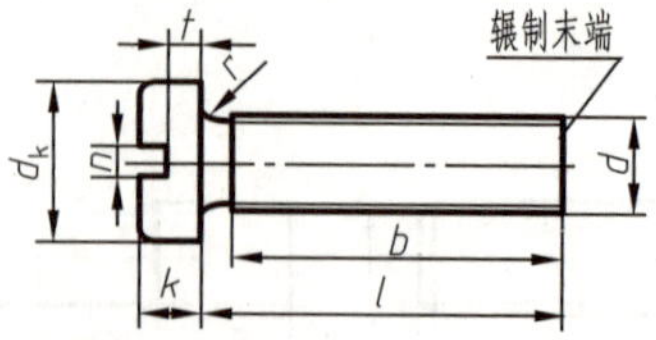

螺纹规格 d	M1.6	M2	M2.5	M3	M4	M5	M6	M8	M10
P(螺距)	0.35	0.4	0.45	0.5	0.7	0.8	1	1.25	1.5
b	25	25	25	25	38	38	38	38	38
d_k	3.2	4	5	5.6	8	9.5	12	16	20
k	1	1.3	1.5	1.8	2.4	3	3.6	4.8	6
n	0.4	0.5	0.6	0.8	1.2	1.2	1.6	2	2.5
r	0.1	0.1	0.1	0.1	0.2	0.2	0.25	0.4	0.4
t	0.35	0.5	0.6	0.7	1	1.2	1.4	1.9	2.4
公称长度 l	2～6	2.5～20	3～25	4～30	5～40	6～50	8～60	10～80	12～80
l 系列	2,2.5,3,4,5,6,8,10,12,(14),16,20,25,30,35,40,45,50,(55),60,(65),70,(75),80								

注:1. 括号内的规格尽可能不用。

2. M1.6～M3 的螺钉,公称长度 $l \leqslant 30$ 的,制出全螺纹;M4～M10 的螺钉,公称长度 $l \leqslant 40$ 的,制出全螺纹。

附表 3-7　开槽沉头螺钉(摘自 GB/T 68—2000)

标记示例:

螺纹规格 d=M5、公称长度 l=20、性能等级为 4.8 级、不经表面处理的 A 级开槽沉头螺钉,记为:螺钉 GB/T 68—2000　M5×20

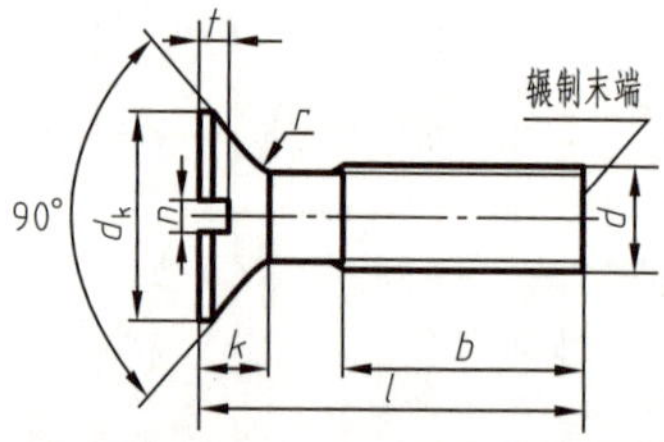

螺纹规格 d	M1.6	M2	M2.5	M3	M4	M5	M6	M8	M10
P(螺距)	0.35	0.4	0.45	0.5	0.7	0.8	1	1.25	1.5
b	25	25	25	25	38	38	38	38	38
d_k	3.6	4.4	5.5	6.3	9.4	10.4	12.6	17.3	20
k	1	1.2	1.5	1.65	2.7	2.7	3.3	4.65	5
n	0.4	0.5	0.6	0.8	1.2	1.2	1.6	2	2.5
r	0.4	0.5	0.6	0.8	1	1.3	1.5	2	2.5
t	0.5	0.6	0.75	0.85	1.3	1.4	1.6	2.3	2.6
公称长度 l	2.5～16	3～20	4～25	5～30	6～40	8～50	8～60	10～80	12～80
l 系列	2.5,3,4,5,6,8,10,12,(14),16,20,25,30,35,40,45,50,(55),60,(65),70,(75),80								

注:1. 括号内的规格尽可能不用。

2. M1.6～M3 的螺钉,公称长度 $l \leqslant 30$ 的,制出全螺纹;M4～M10 的螺钉,公称长度 $l \leqslant 45$ 的,制出全螺纹。

附表 3－8　开槽圆柱头螺钉（摘自 GB/T 65—2000）　　单位：mm

标记示例：

螺纹规格 d＝M5、公称长度 l＝20、性能等级为 4.8 级、不经表面氧化的 A 级开槽圆柱头螺钉，记为：螺钉 GB/T 65—2000　M5×20

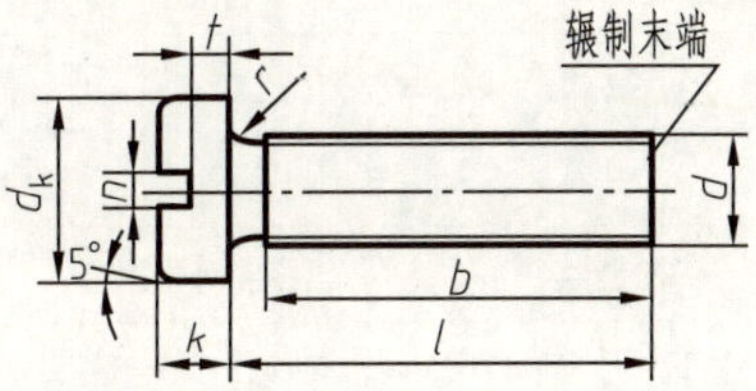

螺纹规格 d	M1.6	M2	M2.5	M3	M4	M5	M6	M8	M10
P（螺距）	0.35	0.4	0.45	0.5	0.7	0.8	1	1.25	1.5
b	25	25	25	25	38	38	38	38	38
d_k	3	3.8	4.5	5.5	7	8.5	10	13	16
k	1.1	1.4	1.8	2.0	2.6	3.3	3.9	5.0	6.0
n	0.4	0.5	0.6	0.8	1.2	1.2	1.6	2	2.5
r	0.1	0.1	0.1	0.1	0.2	0.2	0.25	0.4	0.4
t	0.35	0.5	0.6	0.7	1	1.2	1.4	1.9	2.4
公称长度 l	2～16	3～20	3～25	4～30	5～40	6～50	8～60	10～80	12～80
l 系列	2，3，4，5，6，8，10，12，(14)，16，20，25，30，35，40，45，50，(55)，60，(65)，70，(75)，80								

注：1. M1.6～M3 的螺钉，公称长度 $l \leqslant 30$ 的，制出全螺纹；M4～M10 的螺钉，公称长度 $l \leqslant 40$ 的，制出全螺纹。

2. 括号内的规格尽可能不用。

附录 4 键与销

附表 4-1 平键与键槽的尺寸与公差

（摘自 GB/T 1095—2003 和 GB/T 1096—2003） 单位：mm

键：键尺寸 $b\times h$	键：宽度极限偏差（h8）	键：高度 h 极限偏差（h11）	键槽：宽度 b 基本尺寸 b	键槽：宽度 b 极限偏差 松连接 轴 H9	松连接 毂 D10	正常连接 轴 N9	正常连接 毂 JS9	紧密连接 轴和毂 P9	深度 轴 t_1 基本尺寸	轴 t_1 极限偏差	深度 毂 t_2 基本尺寸	毂 t_2 极限偏差
2×2	0 −0.014	—	2	+0.025 0	+0.060 +0.020	−0.004 −0.029	±0.012 5	−0.006 −0.031	1.2	+0.1 0	1.0	+0.1 0
3×3			3						1.8		1.4	
4×4	0 −0.018	—	4	+0.030 0	+0.078 +0.030	0 −0.030	±0.015	−0.012 −0.042	2.5		1.8	
5×5			5						3.0		2.3	
6×6			6						3.5		2.8	
8×7	0 −0.022	0 −0.090	8	+0.036 0	+0.098 +0.040	0 −0.036	±0.018	−0.015 −0.051	4.0	+0.2 0	3.3	+0.2 0
10×8			10						5.0		3.3	
12×8	0 −0.027		12	+0.043 0	+0.120 +0.050	0 −0.043	±0.021 5	−0.018 −0.061	5.0		3.3	
14×9			14						5.5		3.8	
16×10			16						6.0		4.3	
18×11		0 −0.110	18						7.0		4.4	
20×12	0 −0.033		20	+0.052 0	+0.149 +0.065	0 −0.052	±0.026	−0.022 −0.074	7.5		4.9	
22×14			22						9.0		5.4	
25×14			25						9.0		5.4	
28×16			28						10.0		6.4	

附表 4-2　销　　　单位：mm

圆柱销（摘自 GB/T 119.1—2000）
圆锥销（摘自 GB/T 117—2000）
开口销（摘自 GB/T 91—2000）

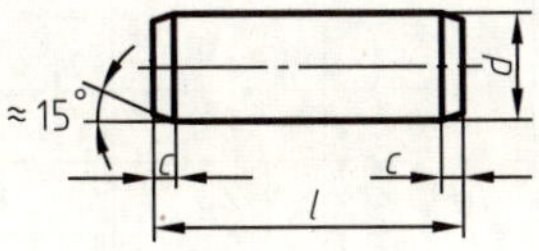

(a) 圆柱销

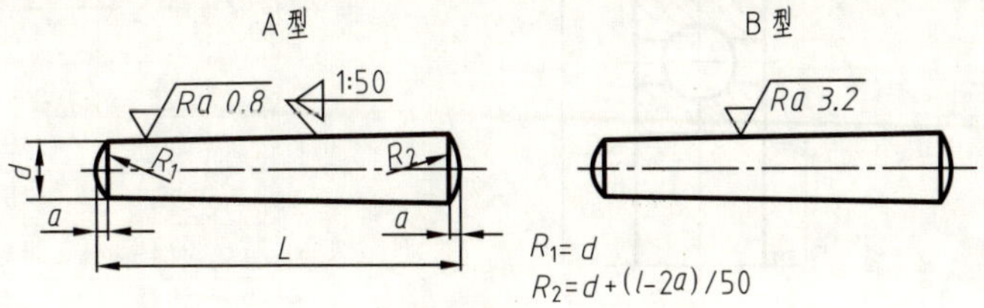

(b) 圆锥销

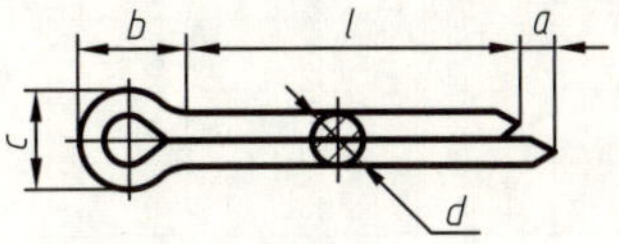

(c) 开口销

标记示例：
公称直径 10 mm、长 50 mm、公差为 m6 的圆柱销，记为：销 GB/T 119.1—2000　10 m6×50
公称直径 10 mm、长 60 mm 的 A 型圆锥销，记为：销 GB/T 117—2000　10×60
公称直径 5 mm、长 50 mm 的开口销，记为：销 GB/T 91—2000　5×50

名称	公称直径 *d*	1	1.2	1.5	2	2.5	3	4	5	6	8	10	12
圆柱销 GB/T 119.1	*c*≈	0.20	0.25	0.30	0.35	0.40	0.50	0.63	0.80	1.2	1.6	2	2.5
圆锥销 GB/T 117	*a*≈	0.12	0.16	0.20	0.25	0.30	0.40	0.50	0.53	0.80	1	1.2	1.8
开口销 GB/T 91	*d*(公称)	0.5	0.8	1	1.2	1.6	2	2.5	3.2	4	5	6.3	8
	c	1	1.4	1.8	2	2.8	3.6	4.6	5.8	7.4	9.2	11.8	15
	b≈	2	2.4	3	4	3.2	4	5	5.4	8	10	12.8	16
	l(商品规格范围公称长度)	4～12	5～16	6～20	8～25	8～32	10～40	12～50	14～65	18～80	22～100	30～120	40～160
l 系列	2,3,4,5,6,7,8,10,12,14,16,18,20,22,24,26,28,30,32,35,40,45,50,55,60,65,70,75,80,85,90,100,120												

附录 5　滚动轴承

附表 5-1　深沟球轴承(摘自 GB/T 276—1994)　　单位:mm

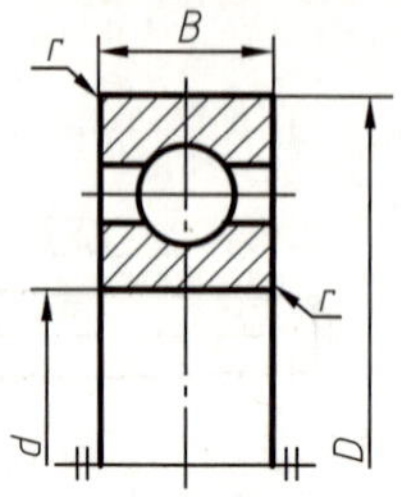

标记示例:滚动轴承 6210　GB/T 276—1994

轴承代号	尺寸/mm			
	d	D	B	r_{min}
02 系列				
6200	10	30	9	0.6
6201	12	32	10	0.6
6202	15	35	11	0.6
6203	17	40	12	0.6
6204	20	47	14	1
6205	25	52	15	1
6206	30	62	16	1
6207	35	72	17	1.1
6208	40	80	18	1.1
6209	45	85	19	1.1
6210	50	90	20	1.1
6211	55	100	21	1.5
6212	60	110	22	1.5
6213	65	120	23	1.5
6214	70	125	24	1.5
6215	75	130	25	1.5
6216	80	140	26	2
6217	85	150	28	2
6218	90	160	30	2
6219	95	170	32	2.1
6220	100	180	34	2.1
03 系列				
6300	10	35	11	0.6
6301	12	37	12	1
6302	15	42	13	1
6303	17	47	14	1
6304	20	52	15	1.1
6305	25	62	17	1.1
6306	30	72	19	1.1
6307	35	80	21	1.5
6308	40	90	23	1.5
6309	45	100	25	1.5
6310	50	110	27	2
6311	55	120	29	2
6312	60	130	31	2.1
6313	65	140	33	2.1
6314	70	150	35	2.1
6315	75	160	37	2.1
6316	80	170	39	2.1
6317	85	180	41	3
6318	90	190	43	3
6319	95	200	45	3
6320	100	215	47	3
04 系列				
6403	17	62	17	1.1
6404	20	72	19	1.1
6405	25	80	21	1.5
6406	30	90	23	1.5
6407	35	100	25	1.5
6408	40	110	27	2
6409	45	120	29	2
6410	50	130	31	2.1
6411	55	140	33	2.1
6412	60	150	35	2.1
6413	65	160	37	2.1
6414	70	170	39	3
6415	75	180	42	3
6416	80	190	45	3
6417	85	200	48	4
6418	90	210	52	4
6419	95	225	54	4
6420	100	250	58	4

注:d 为轴承公称内径;D 为轴承公称外径;B 为轴承公称宽度;r 为内外圈公称倒角尺寸的单向最小尺寸;r_{min} 为 r 的单向最小尺寸。

附表 5-2 圆锥滚子轴承(摘自 GB/T 297—1994)

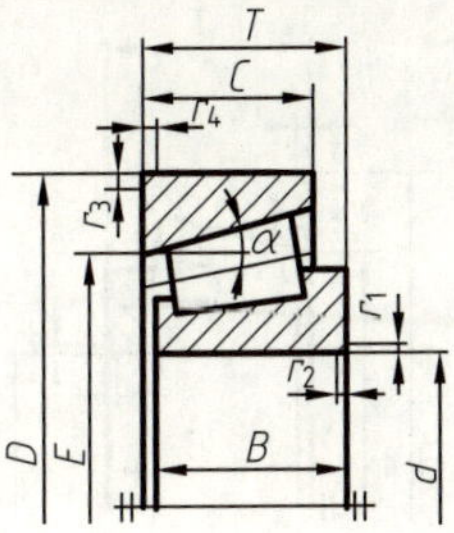

标记示例：
滚动轴承 30312 GB/T 297—1994

轴承代号	尺寸/mm							
	d	D	B	C	T	r_{1min} r_{2min}	r_{3min} r_{4min}	α
02 系列								
30203	17	40	12	11	13.25	1	1	12°57′10″
30204	20	47	14	12	15.25	1	1	12°57′10″
30205	25	52	15	13	16.25	1	1	14°02′10″
30206	30	62	16	14	17.25	1	1	14°02′10″
30207	35	72	17	15	18.25	1.5	1.5	14°02′10″
30208	40	80	18	16	19.75	1.5	1.5	14°02′10″
30209	45	85	19	16	20.75	1.5	1.5	15°06′34″
30210	50	90	20	17	21.75	1.5	1.5	15°38′32″
30211	55	100	21	18	22.75	2	1.5	15°06′34″
30212	60	110	22	19	23.75	2	1.5	15°06′34″
30213	65	120	23	20	24.75	2	1.5	15°06′34″
30214	70	125	24	21	26.25	2	1.5	15°38′32″
30215	75	130	25	22	37.25	2	1.5	16°10′20″
30216	80	140	26	22	28.25	2.5	2	15°38′32″
30217	85	150	28	24	30.5	2.5	2	15°38′32″
30218	90	160	30	26	32.5	2.5	2	15°38′32″
30219	95	170	32	27	34.5	3	2.5	15°38′32″
30220	100	180	34	29	37	3	2.5	15°38′32″

续表

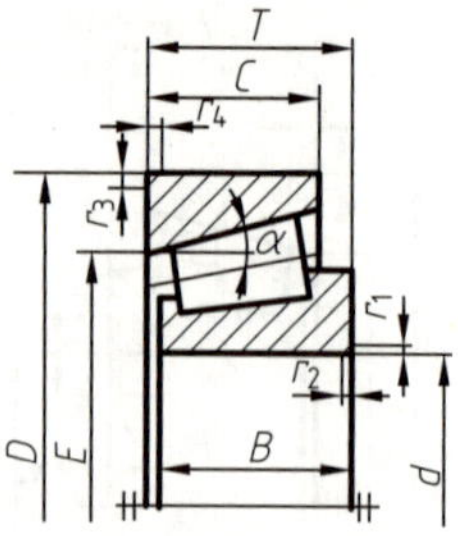

标记示例：
滚动轴承 30312 GB/T 297—1994

轴承代号	尺寸/mm							
	d	D	B	C	T	r_{1min} r_{2min}	r_{3min} r_{4min}	α
03 系列								
30302	15	42	13	11	14.25	1	1	10°45′29″
30303	17	47	14	12	15.25	1	1	10°45′29″
30304	20	52	15	13	16.25	1.5	1.5	11°18′36″
30305	25	62	17	15	18.25	1.5	1.5	11°18′36″
30306	30	72	19	16	20.75	1.5	1.5	11°51′35″
30307	35	80	21	18	22.75	2	1.5	11°51′35″
30308	40	90	23	20	25.25	2	1.5	12°57′10″
30309	45	100	25	22	27.25	2	1.5	12°57′10″
30310	50	110	27	23	29.25	2.5	2	12°57′10″
30311	55	120	29	25	31.5	2.5	2	12°57′10″
30312	60	130	31	26	33.5	3	2.5	12°57′10″
30313	65	140	33	28	36	3	2.5	12°57′10″
30314	70	150	35	30	38	3	2.5	12°57′10″
30315	75	160	37	31	40	3	2.5	12°57′10″
30316	80	170	39	33	42.5	3	2.5	12°57′10″
30317	85	180	41	34	41.5	4	3	12°57′10″
30318	90	190	43	36	46.5	4	3	12°57′10″
30319	95	200	45	38	49.5	4	3	12°57′10″
30320	100	215	47	39	51.5	4	3	12°57′10″

附表 5-3 推力球轴承(摘自 GB/T 28697—2012)

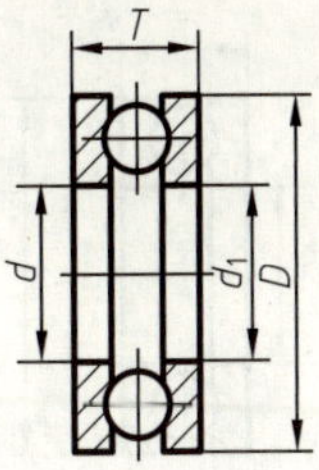

51000 型

标准外形

标记示例:滚动轴承 51214 GB/T 28697—2012

轴承代号	尺寸/mm			
	d	d_1	D	T
12、22 系列				
51200	10	12	26	11
51201	12	14	28	11
51202	15	17	32	12
51203	17	19	35	12
51204	20	22	40	14
51205	25	27	47	15
51206	30	32	52	16
51207	35	37	62	18
51208	40	42	68	19
51209	45	47	73	20
51210	50	52	78	22
51211	55	57	90	25
51212	60	62	95	26
51213	65	67	100	27
51214	70	72	105	27
51215	75	77	110	27
51216	80	82	115	28
51217	85	88	125	31
51218	90	93	135	35
51220	100	103	150	38
13、23 系列				
51304	20	22	47	18
51305	25	27	52	18
51306	30	32	60	21

续表

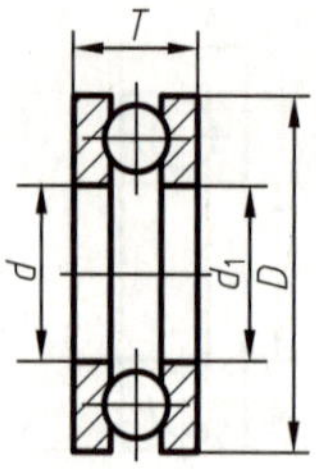

51000 型
标准外形
标记示例:滚动轴承 51214 GB/T 28697—2012

轴承代号	尺寸/mm			
	d	d_1	D	T
13、23 系列				
51307	35	37	68	24
51308	40	42	78	26
51309	45	47	85	28
51310	50	52	95	31
51311	55	57	105	35
51312	60	62	110	35
51313	65	67	115	36
51314	70	72	125	40
51315	75	77	135	44
51316	80	82	140	44
51317	85	88	150	49
51318	90	93	155	52
51320	100	103	170	55
14、24 系列				
51405	25	27	60	24
51406	30	32	70	28
51407	35	37	80	32
51408	40	42	90	36
51409	45	47	100	39
51410	50	52	110	43
51411	55	57	120	48
51412	60	62	130	51
51413	65	68	140	56
51414	70	73	150	60
51415	75	78	160	65
51417	85	88	180	72
51418	90	93	190	77
51420	100	103	210	85

参考文献

[1] 易波．汽车零部件识图．北京:机械工业出版社,2012.

[2] 杨丽琴,冯学敦．汽车识图．北京:机械工业出版社,2011.

[3] 高玉芬,朱凤艳．机械制图．3版．大连:大连理工大学出版社,2008.

[4] 柳阳明．汽车识图．北京:机械工业出版社,2005.

[5] 柳阳明．汽车识图习题册．北京:机械工业出版社,2010.

[6] 布仁．汽车机械识图．北京:化学工业出版社,2010.

[7] 胡勇,董继明．汽车机械识图．北京:化学工业出版社,2010.

[8] 刘贵森．汽车机械识图．北京:机械工业出版社,2012.

[9] 曹静,陈金炆．汽车机械识图．北京:机械工业出版社,2010.